北京市中国特色社会主义理论体系研究中心重大项目成果

新发展理念的科学内涵

与实践路径研究

杨生平 / 著

首都师范大学出版社
CAPITAL NORMAL UNIVERSITY PRESS

图书在版编目(CIP)数据

新发展理念的科学内涵与实践路径研究 / 杨生平著. —北京：首都师范大学出版社，2021.1

ISBN 978-7-5656-6285-0

Ⅰ.①新… Ⅱ.①杨… Ⅲ.①中国特色社会主义—发展战略—研究 Ⅳ.①D610

中国版本图书馆 CIP 数据核字(2021)第 016562 号

XINFAZHAN LINIAN DE KEXUE NEIHAN YU SHIJIAN LUJING YANJIU
新发展理念的科学内涵与实践路径研究
杨生平 著

责任编辑 罗 菁
首都师范大学出版社出版发行
地 址 北京西三环北路 105 号
邮 编 100048
电 话 68418523(总编室) 68982468(发行部)
网 址 http://cnupn.cnu.edu.cn
印 刷 北京虎彩文化传播有限公司
经 销 全国新华书店
版 次 2021 年 1 月第 1 版
印 次 2021 年 1 月第 1 次印刷
开 本 910mm×640mm 1/16
印 张 20.5
字 数 210 千
定 价 58.00 元

导 论

发展问题是影响国际国内局势的重大战略问题，也是解决一切问题的基础和关键，它的合理解决既涉及社会进步，也关乎社会政治安全稳定。综合来看，发展问题既包括经济发展，又包括社会发展和制度发展等多方面内容。科学发展既要考虑历史发展客观规律，又要结合不同国家特殊国情和具体发展实际。经济社会的健康发展，合理的发展模式固然重要，但科学的发展理念也必不可少。发展理念是制约发展之根本，是管全局、管方向、管根本和管长远的战略思想，是中国特色社会主义基本方略的重要组成部分。

作为一种科学的发展理论，新发展理念是在深刻总结国内外发展经验教训和分析国内外发展大势的基础上，针对当前我国发展中的突出矛盾和问题提出来的，是指导新时代中国特色社会主义长期发展的新发展观，是中国特色社会主义进入新时代的必然产物。新发展理念是由创新、协调、绿色、开放和共享五个方面构成的既相对独立又普遍联系的一个统一整体，是与现阶段我国社会生产力发展水平相适应的科学发展理论，是经济社会层面的立体式综合发展思想。它不是单纯的五种发展，而是一种发展五个逻辑层面的规定性。其中，创新是龙头，协调是保障，绿色是基础，开放是条件，共享是本质。它不仅是以创新为龙头的多元要素综合作用的内涵式发展，也是深刻诠释着以经济为核心，政治、文化、社会联动式的发展，更是以发展原创力为核心，以经济发展为基础的社会综合式发展过程。

新发展理念作为中国特色社会主义新发展观，实现了发展理念的自我革命：既坚持了社会主义新的发展要求，又推动了发展理念质的飞跃；既是对社会健康发展规律的深刻把握，也是改革开放实践基础上的经验总结；既是对中国现代性发展问题的理论探索，又为解决“后发展时代”的世界难题贡献了中国的智慧和力量，体现了社会主义普遍建设规律与中国特色社会主义特殊建设规律的统一、现代化建设的一般规律与中国具体国情的统一以及合规律性与合目的性的统一。新发展理念的产生有着特定的社会历史背景，既是对以往发展理念的继承与发展，又是切合新的历史条件下指导我国未来经济与社会发展的科学思想。它有如下特殊意义：

第一，它标志着中国特色社会主义已经进入一个新的发展阶段。社会主义初级阶段是整个社会主义发展的一个过程与阶段，但其本身也会区分为若干不同过程与阶段。如何区分这些过程与阶段，自然要看其特殊矛盾性。随着中国特色社会主义进入新时代，我国在国内与国外两方面都出现了新情况与新特点。就国内而言，如果说改革开放后每次重大改革措施都是为了让绝大多数人受益的话，那么，目前已经进入利益阶层固化时期。任何一项改革措施的落实都会触动一部分人的利益，只有一部分人让利，才可能使另一部分人得利。用国际现代化发展经验的术语表示，当前中国处于“中等收入陷阱”时期。就国外而言，如果说改革开放初期中国产品以物美价廉受到国外人民青睐的话，那么，随着近些年来我国劳动力成本的提高，这方面的优势已明显减弱。另外，随着中国的崛起，许多国家不再以欢迎而是以防范的方式对待中国。这里存在另一个国际社会所谓的陷阱——修昔底德陷阱。面对此时我国国内与国际状况，提出一般协调社会各方面关系的发展观是不够的，关键是要确定科学的核心发展理念，并以特殊方法协调各方面关系。也就是说，此时发展观还是强调协调发展，但已不是一种单纯重视形式的协调发展，而是更注重内容的协调发展。此时更需要的是大智慧、大思想以及系统的治国理政方略。

第二，它标志着中国已真正进入从外延式发展走向内涵式发展阶段。市场经济的发展既可以靠建立合理的市场秩序来实现，也可以靠丰富、完善生产要素市场来实现。近些年来，我国在这两方面都取得了不少成绩，从而推动了我国经济与社会的发展。但随着我国人口红利的减少，我国经济的发展渐渐主要依靠创新来实现，发展方式也由高速度发展向高质量发展转变。把“创新”列为新发展理念之首，说明其在我国经济发展中的重要性与迫切性。

第三，它标志着中国处于从“引进来”的开放走向“走出去”的开放时期。开放有两种，一种是以“引进来”为主的开放，另一种是以“走出去”为主的开放。如果留意自改革开放以来我国的开放形式，可以发现是以前者为主。虽然我国也向国外出口产品，但大多是廉价的劳动力与一般产品，而引进来的却是资金、技术、科学思想和话语理念。随着我国经济规模不断壮大，以“走出去”为主的开放需要迫切提上日程。

第四，它标志着中国经济发展渐渐由跟跑世界经济发展走向并跑和引跑世界经济的发展阶段。自改革开放后融入世界经济发展之中，中国经济发展无疑得益于世界经济发展，但同时也给世界经济发展注入了新的动力和活力。随着中国经济的不断发展，世界各国对中国为世界经济发展做出更多、更大贡献的呼声也越来越高，中国有能力也有需要为世界经济发展做出更多、更大的贡献，只有这样，中国才可能掌握发展主动权，提升国际竞争力和综合国力，真正影响世界经济、政治与文化发展，才能真正成为名副其实的世界强国，自信洋溢地走向世界中央。

第五，它标志着马克思主义理论和中国特色社会主义理论的新发展。新发展理念传承了党的发展理论，坚持以人民为中心的发展思想，科学地回答了新时代实现什么样的发展、怎样实现发展的问题，深刻揭示了实现更高质量、更有效率、更加公平、更注重可持续发展的必由之路，深化了我们党对中国特色社会主义经济发展规律的认识，开拓了中国特色社会主义政治经济学的新境界。由于当前我国的发展已不是单纯的经济发展，而是以经济发展为基础的社会综合式发展，因而单从经济发展层面建构发展理论还不足以指导我国未来经济与社会的健康发展，所以必须上升到社会发展层面去建构整体、全局式的发展理论。由此，以习近平总书记为核心的党中央紧紧围绕新时代坚持和发展什么样的中国特色社会主义以及怎样坚持和发展中国特色社会主义这一基本问题，从总目标、总任务、总体布局、战略布局和发展方向、发展方式、发展动力、战略步骤、外部条件和政治保证等方面，对新时代中国特色社会主义发展问题进行了整体谋划和理论建构，形成了较为完整的思想体系，不但为我国未来经济和社会发展指明了方向，还将中国特色社会主义理论推向了一个新的阶段。

新发展理念具有整体性、开放性、发展性和实践性特征。其整体性不仅是指新发展理念是一个相互联系、相互作用的整体，也指它们是一个相互协调、彼此渗透的统一整体。它不仅从宏观上抓住了发展的核心问题，拥有共同的物质基础和价值底蕴，而且深刻诠释着以创新为龙头的内涵式发展系统。其整体性内生于发展理念之中，各要素之间是你中有我、我中有你的命运共同体，要素之间的相互作用决定了新发展理念必然具有开放性的特征。其开放性既指它是国际开放的必然产物，又指它是国内开放的必然要求，也是内在开放的必然结果，成为维系发展系统生命的重要力量。开放性的时代特征助推发展理念不断超越自我、与时俱进，走向更加广阔的社会实践空间，从而构成了发展性的独特内涵。其发展性既指它是对以往发展理论的继承性发展，又指它本身也有一个随着实践的发展而发展的过程。它不仅是"四个全面"发展战略的逻辑呈现，也是科学发展观的时代升华，为解决现代性的发展难题乃至发展理念本身的自我革新奠定了理论基础。发展性是新发展理念的核心特征，注定要随着实践的深化而不断发展自我。实践性构成了新发展理念的本质特征，新发展理念既是一种科学理论，也是一种现实的社会实践活动，是理论性与实践性的统一。其实践性既指它来源于实践，是社会实践经验的现实总结，具有鲜明的问题导向性和现实操作性，也指它要直接应用于并指导社会实践活动，直至转变为一种全民的、自觉的深度实践。

发展理念的特征规约着实践中的贯彻落实，是推动新发展理念走向实践的重要影响因素。践行新发展理念，是一项系统工程，需要树立一套系统的思维方式，建立和完善相关的制度保障。

首先，必须确立以人民为中心的发展思想。"依靠谁""为了谁""我是谁"是涉及发展指导思想的根本性问题，只有这个问题合理解决了，才能真正激发发展的活力，使发展进入持续健康的轨道。发展并不是最终目的，社会进步和人民幸福才是发展的最终目的，只有确立以人民为中心的发展思想，广泛调动人民的积极性和主动性，让人民有更多的获得感、幸福感和安全感，新发展理念才能真正落实到位。当然，以人民为中心也不是说让人民的利益一步到位，一下子就让每个人达到自由全面发展的程度，这里也有一个渐进式过程，需要正确处理和解决人民目前利益与长远利益、局部利益与整体利益的关系等问题。在社会主义初级阶段短时间内不可能达到共同富裕，必须在让一部分人先富裕起来的过程中逐步实现共同富裕；即使全面建成了小康社会，也不可能是平均式的共同富裕，仍然而且必须存在一定程度的利益上的差距，这是由社会主义初级阶段发展的根本任务决定的。没有发展，就不可能为人民谋幸福；而不以人民为中心的发展就是片面的发展，最终不可能健康持久。任何割裂二者辩证关系的解读，都将导致一种片面的畸形发展。这里需要处理好发展与以人民为中心思想的辩证关系。

其次，改革和完善发展机制，建立制度保障。由于新发展理念是以创新为龙头、多元要素综合作用的内涵式发展，以及以经济为核心、政治文化社会联动式的综合发展，这就要求在做好经济体制改革的同时，一并进行政治体制、文化体制、社会体制与生态体制的改革，将“四个全面”的战略布局与“五位一体”的总体布局紧密结合起来，最终建立和健全适应新发展理念的制度和机制体系。在全面深化改革和建设社会主义现代化国家理念的引导下，建构以经济为中心的社会综合保障机制，为经济社会的全面进步和健康发展保驾护航，这里需要处理好两方面的关系：一方面，改革经济体制、政治体制、文化体制、社会体制和生态体制，让其能更好地适应新发展理念并为之服务；另一方面，用社会主义根本制度的性质与任务规范引领发展方向，避免陷入西方“发展主义”陷阱。只有正确处理好这两方面的关系，才能推动新发展理念逐步走向实践，进而实现人们对于美好生活的向往。

最后，全面推进依法治国，提升国家治理能力。现代经济更多的是法治经济，法治思维日益渗透到现代生活之中，成为人们实践活动的重要评判标准。在落实新发展理念的过程中，要树立一种与社会主义市场经济相适应的法治理念，以宪法和具体法律为支撑，以社会现实问题为动力，建立健全新发展理念的法治基础。一方面，要将新发展理念的现实要求贯彻到具体的法治实践之中，通过不断提升立法质量和水平，完善现行的法治系统，为新发展理念的贯彻落实保驾护航；另一方面，要建立健全相应的法律监督机制，促进社会公平正义的实现，积极稳妥地推进司法体制改革，在促进司法公正的过程中加大社会自治力度，完善群众监督机制，进而提升贯彻落实新发展理念的治理水平。

在改革完善发展机制和制度、提升国家治理能力的同时，主要应从以下三方面践行新发展理念。

一是积极探索新发展理念的具体路径。按照新发展理念总体和具体要求推进各项工作。创新在新发展理念中居于首位，是引领发展的第一动力，要把创新摆在国家发展全局的首要位置，不断推进理论创新、制度创新、科技创新、文化创新等各方面的创新：以创新培育经济增长的新动力；以全国一盘棋的视野推进协调发展，在确保社会实现平稳转型和发展的同时，努力推动区域协调发展、城乡协调发展、物质文明和精神文明协调发展、经济建设和国防建设融合发展以及国内和国外、目前与长远协调发展；以绿色推进人与自然和谐共生，在加大环保宣传力度的同时，运用法律手段为绿色发展护航，推进美丽中国建设；以开放的姿态在全球化发展中掌握主动权，完善对外开放战略布局，构建广泛的利益共同体，促进对外开放体制和产业结构升级；以共享实现社会公平正义，以有效制度设计和安排、增强公共服务功能和实施脱贫攻坚工程等方式，使全体人民在共建共享中有更多的幸福感、获得感和安全感，朝着共同富裕和共同发展的方向迈进。

二是提升贯彻执行新发展理念的水平和能力。落实好新发展理念，关键要抓好领导干部这个“关键少数”，提升他们的工作能力和工作水平。领导干部要有坚定的新发展理念的信念和信心，要以新发展理念指导具体的实际工作，充分发挥党员干部的先锋模范作用，树立科学的政绩观，确立忧患意识和责任担当意识，努力践行新发展理念；要树立两点论与重点论相统一的思维方式，辩证处理新发展理念之间以及现实工作中各方面的关系，协调各方面的利益冲突；要确立底线战略思维，树立风险意识，建立和完善防控风险机制，提升防范和化解各种重大风险的能力。只有充分调动领导干部的战斗堡垒作用，以此形成广泛的示范效应，才能为新发展理念的贯彻落实奠定扎实的社会根基。

三是健全文化和教育相结合的思想宣传机制。新发展理念既是国家重大发展理论与战略，也跟百姓的生活与日常行为息息相关，只有让百姓深刻理解新发展理念的内涵与意义，他们才能内化于心、外化于行，自觉践行新发展理念要求，并形成广泛生动的群众实践。由此，需要做好思想宣传与舆论引导工作，坚持先进文化的正确导向作用，弘扬社会主义核心价值观，以优秀的作品、高尚的精神传播发展正能量。在全面落实责任制的同时，充分挖掘传统文化的资源优势，凝聚新发展理念的思想共识；通过创新宣传手段和利用多种文化资源等方式加强思想宣传与教育工作，采取群众喜闻乐见的文化宣传方式，调动和发挥人民群众的积极性和主动性；健全文化和教育相结合的宣传机制，营造发展理念深度实践的社会文化氛围，进而为推动新发展理念的贯彻落实奠定广泛的群众基础。

总之，新发展理念是中国特色社会主义新发展观，是管全局、管根本、管方向、管长远的战略思想，是指导社会主义现代化建设的纲领性思想。它不仅是一种科学的发展理念，充分吸收和借鉴了国际社会的发展经验，更是一种现实的社会实践活动，直接作用于指导客观实际。践行新发展理念，必须以以人民为中心的发展思想为指导，以制度性的改革为保障，建构以经济为核心的社会综合机制，按其统一又具体的要求逐项推进各方面工作，并将实际工作开展与有效思想宣传结合起来，在逐步捋顺并建立新发展秩序的同时，广泛激发社会各方面的发展活力。只有深入理解发展理念的内涵，才能铭记于心、落实于行，真正形成人人共享、全民实践的社会氛围，从而有效促进和形成全民践行新发展理念的生动局面。

目录

第一章

新发展理念的重大意义

经济的持久健康发展，不仅需要有科学的经济发展方式，还需要有合理的发展理念。发展理念是管全局、管根本、管方向和管长远的重要指引，是社会发展进步的重要坐标，演绎着社会历史进程的内在轨迹，其对经济社会的健康发展有着持久且深远的影响。若无科学的发展理念引导，即使短时期内实现一定程度的发展，但从长远来看，也将会带来一种建设性的破坏，最终阻碍社会的全面进步。表面上看经济发展方式与发展理念只是与经济发展密切相关，实际上它也与社会、政治、文化等方面的发展密切相连。发展不单单是一种经济模式的建构，也是一种社会制度的安排，更是一种潜移默化的社会文化氛围。发展是以经济为核心的社会联动式综合发展过程，是人与自然、人与社会以及人与人之间的动态平衡。科学发展必须坚持创新、协调、绿色、开放、共享的发展理念，不断调整社会发展布局，优化经济发展结构，开拓中国当代发展的新境界。对发展理念内涵、特征与实践路径的考察必须上升到社会发展的整体层面，坚持以人民为中心的发展思想，建构以经济为核心的社会综合保障机制，才能深化我们对发展理念的理解，使其内化于心、外化于行，直至转变为一种自觉的、全民的深度实践。

发展问题是当今世界具有全球性的重大战略问题，是解决一切问题的基础和关键，不仅关乎国内社会的健康发展，也深刻影响着国际环境的和平稳定。习近平总书记提出“创新、协调、绿色、开放、共享”的发展理念①，是引领社会实践的一场深刻变革，成为中国特色社会主义新发展观。新发展理念植根于中国特色社会主义的伟大实践中，既是对长期以来国内发展问题的现实反映，也是对国际发展经验的深刻反思，是立足国内与放眼全球的内在统一，具有广泛的社会辐射力和参考价值。它不仅是对经济社会发展方式的深入思考，更是改革开放以来社会实践经验的深刻总结，指引着中国特色社会主义现代化建设的历史进程，是未来发展的航标指向和人们开展社会实践活动的根本遵循。发展观是以经济为龙头并联动社会各方面因素协调发展的过程，涉及经济发展、社会发展、制度发展与生态发展等多个层面，是以发展原创力为核心、以经济发展为基础

① 习近平总书记在2015年10月召开的党的十八届五中全会的讲话中首次提出“创新、协调、绿色、开放、共享”的发展理念，随后又在党的十八届五中全会第二次全体会议讲话中提到“新的发展理念”和“五大发展理念”。2016年1月，他在省部级主要领导干部学习贯彻党的十八届五中全会精神专题研讨班讲话中又称之为“新发展理念”。自这一思想提出后，国内主流媒体和学界大多用“五大发展理念”表述之，这种提法在这一新思想刚提出后是有益的，它可以让人们清晰地了解其五个方面的规定性。但长此以往，也让一些人产生了它们是五种独立平行发展理念的误解，不如用“新发展理念”表述更为科学和准确。更因党的十九大报告和党的主要文件都用“新发展理念”，故而本文统一用“新发展理念”指称这一思想。

的社会综合式发展过程。对发展观意义与内涵的理解，既要考虑到社会发展的普遍规律，又要考虑到特殊时期的特殊规律，努力做到合规律性和合目的性的统一。新发展理念立足于现阶段的社会生产力发展水平，是对我国改革开放以来发展观以及国际先进经验与理论的继承与发展，是指导中国特色社会主义初级阶段新时期经济与社会发展的纲领性思想，是经济社会健康发展的根本行动指南。

第一节　经济发展的实质和发展观的层次性

一般来说，经济发展就是通过对劳动者、劳动资料与劳动工具等诸要素的合理运用以及对其关系的合理配置，以达到社会财富的增加，从而促使社会诸方面的进步与发展。历史与现实发展的事实证明，市场经济是当代社会经济发展较好的运行方式。它通过“经济人”的设定，以肯定个人合理利益追逐的永恒性和利益最大化原则的自然性，促进资源的合理配置，最终达到提高社会效率的目的。

经过若干年理论与实践的验证、丰富与发展，西方国家已形成了包括市场秩序和资本、劳动力、技术和信息等要素市场较完备，并在一定程度上行之有效的市场经济体系与理论。但市场不是万能的，尽管利益追逐和利益最大化原则可以使市场供求达到某种程度的平衡，但若这种平衡是一种“非现实”的平衡，即需求达不到以一定经济条件为基础的“有效需求”，那么，有效的经济发展不仅得不到实现，还可能诱发一定程度的经济危机，最终导致整个社会经济瘫痪，这是马克思的独到贡献。马克思的经济危机理论说明，发展不纯粹是一种经济现象，它是以经济为龙头的整个社会多方面因素联动作用的过程与结果。美国经济学家丹尼尔·布罗姆利在比较亚当·斯密经济学和马克思经济学作用时说："对斯密来说，他发现了激励的秘密所在，即激励因素引发了所有经济活动参与者的勤勤恳恳、兢兢业业的经济行为。亚当·斯密强调的是确立具有激励性的权利的重要性，而卡尔·马克思集中关注的是对经济活动产生的经济剩余的控制。通过对英国的考察，马克思对产业革命的不良后果(斯密之后的大约100年)深恶痛绝。他一直告诫我们，无视财富的极端分配和资源的巨大浪费将不可避免地导致暴力革命。尽管马克思关于收入分配的重要性的见解是正确的，但他似乎对生产的激励甚不关心。"①尽管马克思经济学思想没有被当今西方社会所接受，但其关于经济危机等的核心思想还是得到了当代西方重要经济学家的高度重视，并在正视中加以吸收与借鉴。正是因为正视经济危机问题，凯恩斯等经济学家才提出了"有效需要不足"和国家干预等理论，并经后来经济学家通过对社会福利与累进税收等政策建议，逐步建立并完善了国家干预资本主义体系。这一体系的应用不仅在某种程度上缓和了

① [美]丹尼尔·W. 布罗姆利著：《经济利益与经济制度：公共政策的理论基础》，陈郁等译，上海人民出版社，1996年版，中译本序，第3页。

资本主义社会矛盾，而且在一定程度上也避免了周期性的经济危机，还从二战以后把资本主义国家带入了长达三四十年的黄金发展时期。尽管到了20世纪80年代，国家干预的资本主义理论因严重的财政赤字与效率不足而受到新自由主义的批评并在实践中渐渐削弱了影响，但“宏观调控”与“公平正义”等社会领域中的关键词毫无疑问已经成为经济发展观的核心内涵。

在考察西方主流经济学关于发展问题理论的同时，西方社会关于发展的其他理论与进展也应该值得我们高度重视。这里有两条线索值得研究与分析。

第一条是西方社会关于发展内涵拓展的理论。1972年，罗马俱乐部发表了第一个研究报告——《增长的极限》，并提出了“零增长”的观点，资源、环境与能源等问题首次引发了人们的讨论并进入经济发展领域。尽管人们不能接受罗马俱乐部提出的“零增长”观点，但“可持续发展”思想由此提上日程。经过多年的争论，1987年联合国世界环境与发展委员会出版了《我们共同的未来》报告，并在报告中首次对可持续发展下了一个大家彼此都能接受的概念，即“既能满足当代人的需要，又不对后代人满足其需要的能力构成危害的发展”。① 在资源、环境等问题进入发展领域的同时，“人的问题”也随之进入发展领域。法国经济学家佩鲁在著作《新发展观》中以著名经济学家刘易斯的《经

① 世界环境与发展委员会著：《我们共同的未来》，王之佳等译，吉林人民出版社，1997年版，前言。

济增长理论》和罗斯托的《经济增长的阶段：非共产党宣言》为例，明确批评西方社会长期以来把发展等同于经济增长、见物不见人的现象，认为新发展观倡导以人为本，注重经济、社会、人、自然全面协调共进以及依靠自身力量与资源的整体、综合与内生发展，他说："发展同作为主体和行为者的人有关，同人类社会及其目标和显然正在不断演变的目的有关。"①

第二条是全球发展特别是发展中国家发展问题和发展理论。针对发展中国家存在的发展问题，20 世纪 60 年代前后美国的一批社会学家创立了发展社会学理论，其核心思想是"社会现代化理论"。这种理论认为现代化发展不单单是纯粹经济发展问题，更是政治、文化、社会与之相协调发展的问题，发展中国家要实现现代化发展，就必须学习与借鉴西方的政治、文化与社会发展模式，即现代化等同于西方化。尽管这种理论认识到了发展的社会本质，但一味地强调"西化"过程自然会受到发展中国家反对。果然，随后产生的依附理论对它进行了猛烈批判，他们认为"社会现代化理论"只注重从发展中国家内部分析它们的不发达问题，没有看到其不发达从根本上是因为发达国家对其剥削、控制而带来的结果，从而主张发展中国家要想实现发展就必须依靠自己，与西方国家"脱钩"。显然，依附理论既不会得到西方国家的认可，也不会得到发展中国家的认同。随后，

① [法]弗朗索瓦·佩鲁著：《新发展观》，张宁、丰子义译，华夏出版社，1987 年版，前言，第 2 页。

美国学者沃勒斯坦对两者进行了超越与融合，提出了“世界体系理论”。沃勒斯坦认为现代世界体系是一个由经济、政治与文化三项基本维度构成的复合体，其中经济体有着重要作用，它对政治体与文化体起着决定作用；“不平等”与“一体化”共同组成当今世界经济体的两个主要特征，但这种不平等的秩序不是永恒不变的，而是在中心—半边缘—边缘之间处于流动状态，中心国家可以滑向半边缘甚至边缘，边缘国家也可能走向半边缘甚至中心。

以上考察说明以下两个问题：其一，发展观是有层次的。发展问题虽然主要是经济问题，但它其实涉及政治、文化等多个层面，是多方联动协调发展。这里既有国内问题，也有国际问题。其二，发展观是需要规避风险的。发展观重点强调的自然是经济发展，由经济发展引起的社会发展问题是由多方面因素带来的。这里既有对因发展带来的负面影响的考量（如环境污染问题等），也有对社会其他因素的合理设置可以促进经济发展的分析（如新制度经济学对制度、意识形态对经济发展的作用等），当然也有增长—发展—进步方面的考虑。但有一点必须要认识到，追求发展的社会在协调经济与政治、文化等之间的关系时，考虑更多的不是经济发展如何协调政治、文化，而是政治、文化如何适应经济发展。当然不少国家在防止因发展带来生态平衡被破坏与贫富差距拉大等方面下足了功夫，强调绿色发展与公平正义发展，但这些并不能彻底制止追求发展带来的负面影响。毕竟“经济人假设”是以承认追求私利为前提的，而且在一定条件下它也是合理的，但一味追求私利甚至把这一标准带入社会评价体系之中，不仅可能强化像当代西方社会那样工具理性表现有余、价值理性彰显不足的人的片面发展的局面，还可能把社会带进永无止境的追逐财富、追逐增长的发展战车之中。对此，美国著名学者阿里夫·德里克对发展主义的批判是令人深思的。他说："过去一百年间，尤其是自二战以来，在不同的政治面貌下，'发展'这一意识形态已成为驱动全球社会的根本力量之一，并且还展开了新的维度。过去三十年间，它吸纳了新自由主义的诸多立论，以至于到今天，'全球化'和'发展'这两个词几乎成了同一历史进程的称谓。全球化进程与发展联系在了一起，这是当下的'发展'意识形态的新矛盾。"①其实，要真正解决像发展主义这样的问题，就必须回到马克思主义的社会主义轨道上。不少人只是把马克思所主张的计划经济当成资源配置的一种形式，其实它更是一种社会关系以及人与自然关系之间的调节方式。只有以这种方式调节经济与社会发展，才能真正做到发展与自然、社会相协调，并真正实现人与自然和谐相处以及人的自由全面发展。因此，发展观更深层的含义应该是社会制度的发展。

① [美]阿里夫·德里克著：《发展主义批判论》，朱新伟译，载王晓明等主编：《热风学术》(第七辑)，上海人民出版社，2013年版。

第二节　中国特色社会主义社会发展的特殊性

按照马克思的设想，资本主义的周期性经济危机应该导致资本主义灭亡与社会主义的胜利，而且社会主义的胜利应该是在资本主义生产力最发达的国家间的联合胜利，但历史发展的真实进程未能如马克思所愿。西方资本主义国家不仅没有灭亡，还通过把马克思提出的“平等”换成“公平”的方式保证了其发展效率。社会主义革命倒是在一些国家发生并取得了胜利，但这些都是发生在生产力不发达的国家。这样就产生了两个新的问题：一是社会主义国家如何确保其胜利果实并取得比资本主义国家更具优越性的发展？二是世界历史的最终走向还是不是社会主义终将取代资本主义？若是，其具体过程又应如何？

对于第一个问题，最早给予回答的自然是列宁。因为他亲自见证了世界上第一个社会主义国家的革命历程并取得了胜利，他自然意识到他所领导的社会主义革命从条件到方式都与马克思的主张不相同，因而社会主义建设的方式也会跟马克思主张的不一样。对他而言，自社会主义革命胜利后，其首要任务就是在确保革命胜利果实的同时如何取得经济建设的发展。列宁很清楚马克思关于社会主义只能建立在生产力高度发达水平上的论断，因此，面对落后的俄国，在经历短暂的实践探索后他提出了“国家资本主义”的想法。他所谓的国家资本主义包括两方面内容：一是对内搞商品经济，通过推行一定程度的自由贸易来刺激国家经济发展；二是对外通过与西方发达国家做生意的方式，学习、借鉴与引进他们的高科技，以促进国内生产力的发展。列宁指出："新经济政策的真正实质在于：第一，无产阶级国家准许小生产者有贸易自由；第二，对于大资本的生产资料，无产阶级国家采用资本主义经济学中叫作'国家资本主义'的一系列原则。"①实践证明，新经济政策是成功的，既调动了生产者的积极性，又丰富了国内所需求的产品。但由于列宁很快去世以及其他历史原因，新经济政策未能长期推行下去，斯大林执政后苏联走向了另一条经济建设的道路。由此，专门探索落后国家如何建成社会主义问题的理论思考与实践探索也就几乎中断。直到 20 世纪 80 年代前后在邓小平主持工作以后，这一问题又重新提上日程。邓小平通过对国内外社会主义建设几十年经验与教训的总结，认为列宁提出的新经济政策是一条比较好的建设思路，他说："社会主义究竟是个什么样子，苏联搞了很多年，也并没有完全搞清楚。可能列宁的思路比较好，搞了个新经济政策，但是后来苏联的模式僵化了。"②邓小平沿着列宁新经济政策的思路并深化与发展了这一思路，提出了"改革开放"的政策。

与列宁的国家资本主义思路不同，邓小平依据对国内外形势的分析与判断提出了社会主义初级阶段理论。这一理论有着

① 中共中央马克思恩格斯列宁斯大林著作编译局：《列宁全集索引》(上卷)，人民出版社，1963 年版，第 144 页。

② 《邓小平文选》(第 3 卷)，人民出版社，1993 年版，第 139 页。

十分重要的意义，他在向世人宣告历史有客观发展规律的同时，中国需要走一条特殊的发展道路。这条道路既不同于社会主义一般发展道路，又不同于资本主义发展道路，是在坚持社会主义根本制度的前提下，通过改革经济体制、政治体制等方式促进生产力快速发展的道路。这一理论仅从发展的角度看至少包含以下几层含义：第一，中国社会主义在不同历史阶段所需要和确立的发展方式、发展任务和发展战略是不同的；第二，仅就当前社会主义初级阶段而言，其根本发展任务是大力发展生产力；第三，若因发展影响甚至破坏了社会主义制度，那就不是好的发展；第四，社会主义最终发展任务与发展目标不仅仅是追求经济发展，而是资源、环境与社会等协调健康、可持续发展以及人的自由全面发展。这些思想昭示我们在理解与处理发展问题时，应把发展的目的性与阶段性、发展的代价性与进步性统一起来。既然不可能立刻达到发展的最终目的，那就应该科学确定不同时期的发展目的，把发展的最终目的与不同时期的实际结合起来；既然不可能立刻全面达到历史的进步，那就以最小的代价渐渐达到这一目的。马克思主义历史观告诉我们，历史发展往往不是一条直线，它是一个螺旋式上升与波浪式前进的过程，在此期间付出必要的历史代价是不可避免的。既然不可能在短时间内实现共同富裕，那就可以先让一部分人富裕起来，以“效率优先，兼顾公平”的方式促进社会发展。不过，在确立效率优先的同时不能忽视公平，甚至在特定时间内要重点解决公平问题。因为公平问题不仅涉及社会主义本质，更是进一步提高效率的保障。没有一定程度公平形式与公平内容的实现，既无法解决凯恩斯所说的阻碍市场有序发展的“有效需求不足”问题，还可能会因过分的贫富差距拉大而带来社会的动荡，从而摧毁社会的已有发展。当然，在社会主义初级阶段，效率仍然是根本性的，在恰当解决公平问题时，必须把它始终确定为此阶段发展的根本任务与目标。

如果说上述第一个问题目前已有较好的回答，那么，对上述第二个问题至今没有深入的探讨，更不用说清晰的答案。也许人们认为探讨这个问题为时尚早，或条件还不具备，但若没有对这个问题的深入探讨，自然会影响对第一个问题的有效解决。目前西方学者对发展主义的批判以及对中国发展可持久性与合理性的质疑就是明显的例证。德里克曾明确批评说：“中国人民享受着过去20年来高速发展的果实。不过，人们的喜悦之情同时伴随着愈发剧烈的焦虑——发展开始失控，似乎摧毁了它所创造的成果，并对未来造成了同等深刻的不确定性。……虽然中国社会的内部结构有着独特性，但它也是新自由主义全球化进程的一部分。中国在全球资本主义中脱颖而出，其自身成了全球资本主义的一个轮轴、一座‘发展’的灯塔(‘中国模式’的流行便是一个例子)以及发展主义的支柱。”①尽管他与沃勒斯坦一样在对发展主义进行批判的同时，指出马克思的社会主义

① [美]阿里夫·德里克著：《发展主义批判论》，朱新伟译，载王晓明等主编：《热风学术》(第七辑)，上海人民出版社，2013年版。

是解决这一问题的唯一态度，但对于它的实现似乎又不抱乐观的希望。佩鲁倒是提供了一种方法，认为文化是解决这一问题的真正希望，并坚信通过不同国家内生文化的逐步渗透及其对发展观的影响，这一问题有望得到解决，他说，“在文化因素起着决定作用的不断变化的环境中，各种经济与社会角色到处都会无能为力”①，即使在所有权等方面，“经济同样服从于文化价值”②。当然，佩鲁所说的方法不能排除其价值，但想通过文化价值从根本上改变发展主义的方向恐怕是另一种形式的乌托邦。也许随着西方社会矛盾的不断加深或者发展中出现的问题暴露得越来越尖锐，他们有可能扭转发展方向，走向健康、持久与合理的发展轨道上，但这也是有一定难度的。对这一问题的根本解决似乎还必须回到以中国特色社会主义实践为代表的社会主义发展道路上来。社会主义对世界发展的影响光靠其理论上的优越性是不够的，还必须依靠其世界影响力与控制力。初级阶段的社会主义还不能足够影响世界，只有到高级阶段，才能真正影响并改变世界。而高级阶段的社会主义发展观就不单单是重点追求经济发展的发展观，而是经济、政治、文化、社会以及资源、环境协调发展的发展观，正如马克思指出的：“社会化的人，联合起来的生产者，将合理地调节他们和自然之

---

①［法］弗朗索瓦·佩鲁著：《新发展观》，张宁、丰子义译，华夏出版社，1987年版，第168页。

②［法］弗朗索瓦·佩鲁著：《新发展观》，张宁、丰子义译，华夏出版社，1987年版，第166页。

间的物质变换，把它置于他们的共同控制之下，而不让它作为盲目的力量来统治自己；靠消耗最小的力量，在最无愧于和最适合于他们的人类本性的条件下来进行这种物质变换。”[①]而中国究竟什么时候才能进入社会主义高级阶段，这不仅取决于中国经济与综合实力的发展，也取决于西方发达国家经济与综合实力的发展，或许需要几十年，或许需要上百年。不过这从目前中国治理环境污染与打响扶贫攻坚战的决心与战绩就可见一斑。虽然社会主义高级阶段离今天还相对遥远，但明确其基本内涵对于今天和未来相当一段时间发展观的构建与发展还是十分有益的。只有以未来走向为指导的发展观，才是真正科学、合理的发展观；否则，今天的发展就不是持久的发展，甚至还会给未来的发展带来重大的负面影响。

第三节　新发展理念的重要意义

随着中国特色社会主义实践的丰富与发展，发展观自然也会发生相应的调整与变化。不过，这种变化是稳中有变，变中持稳的。就中国特色社会主义初级阶段而言，其相对稳定性是由以下几方面原因决定的。

一是由初级阶段基本矛盾与发展的根本任务决定的。随着

① 中共中央马克思恩格斯列宁斯大林著作编译局：《马克思恩格斯全集》(第 25 卷)，人民出版社，1974 年版，第 926—927 页。

中国特色社会主义进入新时代，我国社会的主要矛盾已由人民不断增长的物质文化需要与落后的社会生产之间的矛盾，转变为人民日益增长的美好生活需要与不平衡不充分的发展之间的矛盾。客观地说，这一变化是巨大的。经过改革开放四十多年的发展，我国的社会生产力已得到快速发展，人民的基本物质文化需求也已基本解决，我国将全面开启社会主义现代化新征程，人们的需求也相应地向更高质量与更高层次延伸。可社会主要矛盾的变化并不是决定社会发展与社会性质的唯一因素，它的意义与作用还必然要联系社会的基本矛盾来综合看待，因为，生产力与生产关系、经济基础与上层建筑之间的矛盾才是决定社会性质与社会发展的最终力量。尽管目前我国生产力水平已明显提高，但从总体与综合角度看，它还是处于相对落后的水平，这可以从两个方面来理解：一方面，从社会主义的社会性质来理解。社会主义社会是人类社会发展的高级社会形态，其所要求的社会基础是高度发达的生产力水平，目前我国生产力水平与这一要求之间还存在相当大的差距。另一方面，从与发达资本主义国家的比较来理解。就此而言，在看到成绩的同时也不得不正视这样一个客观事实，我国的生产力水平与发达资本主义国家相比仍有明显差距，如果社会主义国家没有超越一切资本主义国家的生产力水平，那就不能称为真正够格的社会主义社会，这一事实说明，我国将长期处于社会主义初级阶段，发展也将长期是根本任务和第一要务。

二是由时代特征与国际发展格局决定的。尽管目前国际社会仍存在明显的冲突与战争，但和平与发展仍然是时代发展的主题。尽管当前有不少国家对全球化能否给本国带来利益产生质疑，但世界一体化的进程与趋势不可改变，目前出现的逆全球化或反全球化浪潮只是全球化进程中的一种特殊现象，它不仅不可能从根本上改变全球一体化的趋势与性质，从某种意义上说还是全球化发展进程中的一个组成部分，因为，任何事物在发展过程中都不可能是一帆风顺的，螺旋式上升或波浪式前进是事物发展的基本特征。更何况目前所谓的逆全球化或反全球化并不是真正想脱离全球化发展进程，而是企图通过“逆”或“反”的形式实行再全球化过程，从而达到自身利益的最大化。因此，与其为一时得失回避全球化，不如在主动加入中寻求生存与发展机会。从当前世界经济发展状况来看，中国仍然处于难得的战略机遇期。中国特色社会主义初级阶段发展观的相对稳定性并不排除其变化性，这种变化性是由以下原因决定的：首先，不同时期所遇到的问题、困难与矛盾不同。这就要求人们根据不同时期遇到的问题、困难与矛盾，适时改变与调整发展方式。现在看来，20 世纪末单纯强调经济增长方式是有一定问题的，它带来了只追求 GDP 增长而不顾人的发展和环境保护等的局限，而没有增长就不可能谈发展。当然，笔者这里没有为这种经济增长方式辩护的意思，只是说需要实事求是，不过，在适当时候转换发展方式还是十分必要的，因此，新发展理念的提出与实施是发展观的一次重大飞跃。其次，不同时期体现出的社会主义制度的特征不同。正如前文所说，中国的社会主义是在生产力比较落后这个特殊条件下建立的，其发展方式有其特殊性，这种特殊性表现在社会制度上就是要调整生产关系，让它适合生产力发展现状。调整生产关系并不是改变生产关系，因此，当生产力得到一定程度的发展后，至少在分配层面上要让人们感觉到其社会主义性质。所以，新发展理念提出了"共享"，让所有中国人民都能分享到改革开放的成果，使他们都有获得感。当然，共享并不是平均分享，还是应该有差别的分享，因为，这是由整个中国特色社会主义初级阶段强调的"发展是硬道理"这个根本任务决定的，要发展就得讲效率，要效率就必须承认差别，平均主义是很难产生效率的。

新发展理念既是对邓小平"三个有利于"、江泽民"三个代表"和胡锦涛"科学发展观"的继承与发展，又是切合新的历史条件下指导我国未来经济与社会发展的科学思想，它有如下特殊意义。

第一，它标志着我国已经进入社会主义初级阶段的一个新的历史时期(即中国特色社会主义进入新时代)。社会主义初级阶段是整个社会主义发展的一个过程与阶段，但其本身也会区分为若干个不同过程与阶段，如何区分这些过程与阶段，自然要看其特殊矛盾性质。从当前现状看，我国在国内与国外两方面都出现了新情况与新特点。就国内而言，如果说自改革开放后每次重大改革措施都是让绝大多数人受益的话，那么，目前已经进入利益阶层固化时期。任何一项改革措施的落实都会触动一部分人的利益，只有一部分人让利，才可能使另一部分人得利，可此时触动利益比触动灵魂还要困难。用国际现代化发展经验的术语表示，当前中国处于“中等收入陷阱”时期(据国家统计局提供的数据，2017、2018 年我国人均 GDP 分别为 8800 美元、9732 美元，处于中等收入偏上阶段)，此阶段，社会发展处于转型期，容易出现经济失调、社会失序、心理失衡和社会伦理关系紧张等重大问题。国际上公认的成功跨越“中等收入陷阱”的国家和地区有日本、以色列和“亚洲四小龙”，但就比较大规模的经济体而言，仅有日本和韩国实现了由低收入国家向高收入国家的转换。日本人均国内生产总值在 1972 年接近 3000 美元，到 1984 年突破 10000 美元，用了 12 年时间成功跨越中等收入陷阱；而韩国 1987 年则超过 3000 美元，1995 年达到了 11469 美元，2014 年更是达到了 28101 美元，用了 8 年时间从中等收入国家跨入发达国家的行列；像菲律宾、马来西亚等东南亚国家以及阿根廷、墨西哥等拉美国家，经过几十年努力，虽然也有经济发展较好时期，但几经反复，始终没有跨入发达国家行列，长期徘徊于中等收入阶段。

就国外而言，如果说改革开放初期中国的产品是以物美价廉受到国外人民青睐的话，那么，随着近些年来我国劳动力成本的提高，这方面优势已明显减弱。另外，随着中国的崛起，许多国家不再以欢迎而是以防范的方式对待中国，这里存在另一个国际社会所谓的陷阱——修昔底德陷阱。根据国际经验，人们发现，自 1500 年以来，一个新崛起的大国挑战现存大国的案例共有 15 例，其中发生战争的就有 11 例。目前举世瞩目的、由美国发起的中美贸易摩擦实质上就是美国担心、害怕并遏制中国发展所采取的一个措施。同时，还有一个重要因素，即资本主义与社会主义意识形态的对立。如果说20世纪80年代前后和平与发展的趋势反映了冷战后各国人民共同愿望的话，那么20世纪90年代随着苏联解体与东欧剧变的发生，西方国家便想借这一机会也让中国发生“颜色革命”，他们坚信只要不断推行市场和民主理念并让中国与世界市场接轨，中国就一定会像他们一样走向资本主义，可几十年过去了，中国不仅没有走资本主义道路，相反，社会主义道路越走越宽广。如果说改革开放初期我们还可以韬光养晦、潜心谋发展的话，那么，随着我国综合国力的强大和逐渐走向世界舞台的中央，我们必须要有所作为。

如何在强大的资本主义力量面前充分利用国际的有利因素，避免不利因素特别是冲突因素，壮大和发展社会主义，这是一个新的时代课题。面对此时所碰到的如此复杂的国内与国际现状，提出一般协调社会各方面关系的发展观显然是不够的，关键是要确定科学的核心发展理念，并以特殊方法来协调各方面的关系。也就是说，这时发展观还是强调协调发展，但已不是一种单纯重视形式的协调发展，而是更注重内容的协调发展。此时更需要的是大智慧、大思想以及系统的治国理政方略。

第二，它标志着中国已真正进入从外延式发展走向内涵式发展阶段。市场经济的发展既可以靠建立合理的市场秩序来实现，也可以靠丰富、完善的生产要素市场来实现。近些年来，我国在这两方面都取得了不少成绩，从而推动了我国经济与社会的发展，但随着人口红利的减少，我国的经济发展渐渐走向主要依靠创新来实现。把“创新”列在新发展理念之首，说明其在我国经济发展中的重要性与迫切性，正如习近平总书记所说：“经过多年努力，我国科技整体水平有了明显提高，正处在从量的增长向质的提升转变的重要时期，一些重要领域跻身世界先进行列。但是，总体上看，我国关键核心技术受制于人的局面尚未根本改变，创造新产业、引领未来发展的科技储备远远不够，产业还处于全球价值链中低端，军事、安全领域高技术方面同发达国家仍有较大差距。我们必须把发展基点放在创新上，通过创新培育发展新动力、塑造更多发挥先发优势的引领型发展。”①创新既是国内经济和社会发展的需要，也是中国走向国际、不断增强综合国力和国际竞争力的需要。因为“当今世界，经济社会发展越来越依赖于理论、制度、科技、文化等领域的创新，国际竞争新优势也越来越体现在创新能力上。谁在创新上先行一步，谁就能拥有引领发展的主动权。当前，新一轮科技和产业革命蓄势待发，其主要特点是重大颠覆性技术不断涌现，科技成果转化速度加快，产业组织形式和产业链条更具垄断性。世界各主要国家纷纷出台新的创新战略，加大投入，加强人才、专利、标准等战略性创新资源的争夺”。② 当然，创新

---

① 习近平：《深入理解新发展理念》，《求是》，2019 年第 10 期。

② 习近平：《深入理解新发展理念》，《求是》，2019 年第 10 期。

不是孤立的，它需要在开放发展的条件下展开，同时也需要协调各方面的关系；并不是所有的创新都是好的东西，只有建立在合规律性与合目的性统一的基础上，最终能实现人与自然、人与社会以及人与自身和谐的创新才是好的创新。由此，推进和实行创新发展又必须正确处理好它与其他四大发展理念之间的辩证关系。

第三，它标志着中国处于从“引进来”的开放走向“走出去”的开放时期。开放有两种，一种是以“引进来”为主的开放，另一种是以“走出去”为主的开放。如果留意自改革开放以来我国的开放形式，可以发现是以前者为主，虽然我国也向国外出口产品，但大多是廉价的劳动力与一般产品，而引进来的却是资金、技术、科学思想和话语理念。随着我国经济规模不断壮大，以“走出去”为主的开放需要迫切提上日程。因为，只有真正走出去了，才能提升我国产品在国际上的竞争力；只有真正走出去了，才有可能争取到国际分工中的有利位置；只有真正走出去了，才可能真正增强我国在国际社会上的影响力并争得更多的话语权与规则制定权。“走出去”的开放既强调“走出去”，又注重“引进来”，是以“走出去”为主导的“走出去”与“引进来”相统一的开放形式。它不仅强调要向发达国家开放，还强调向发展中国家开放；它要求在不断扩大开放程度的同时，逐步提升开放的层次和质量。坚持“走出去”和“引进来”并重，是开放型经济发展到较高阶段的重要特征，也是更好统筹国际国内两个市场、两种资源、两类规则的有效途径。在“引进来”方面，为了适应我国新发展理念要求，着力提高招商引资的质量，注重吸收国际投资企业的技术创新能力、先进管理经验以及高素质人才。在“走出去”方面，适应我国对外开放从贸易大国迈向贸易强国、投资大国以及市场、能源资源、投资“三头”对外深度融合的新局面，支持我国企业扩大对外投资，推动装备、技术、标准、服务“走出去”，提升在全球价值链中的位置。正确处理好“走出去”与“引进来”开放的关系，可以有效促进国内国际要素有序流动，实现市场深度融合和资源高效配置。

第四，它标志着中国经济发展渐渐由跟跑世界经济发展走向并跑和引跑世界经济的发展阶段。自改革开放后融入世界经济发展中，中国经济发展无疑得益于世界经济发展，但同时也给世界经济发展注入了新的动力和活力。随着中国经济的不断发展，世界各国对中国为世界经济发展做出更多、更大贡献的呼声也越来越高，中国有能力也有需要为世界经济发展做出更多、更大的贡献。据国际货币基金组织统计数据测算，2009 年至 2018 年，中国对全球 GDP 增量的贡献率高达 34%(按市场汇率核算)或 27.7%(按购买力平价核算)，稳居世界第一位。随着中国的强大和综合国力的提升，中国需要也有可能从“世界工场”向“世界强国”迈进。目前中国经济对世界经济的影响已不仅仅在于其提供了数量庞大的物美价廉的产品和巨大且最具潜力的世界市场，也为推动全球经济合作模式创新、完善全球经济治理结构做出了越来越大的贡献。面对逆全球化思潮，中国提出“开放、包容、平衡、普惠”的主张，旗帜鲜明地维护多边贸易体制；为解决全球发展不平衡问题，中国秉持“开放、融通、互利、共赢”的合作观，拒绝为了一己之利而采取短视封闭的狭隘政策，努力推动全球经济社会协同进步，构建开放型世界经济；为解决和平、发展和治理这全球“三大赤字”，中国积极倡导构建人类命运共同体思想；针对世界银行、自由贸易协定等传统全球经济合作模式中相对注重各个具体领域的规则规范，而忽视战略框架合作、重大基础设施项目融资方式创新不足等问题，中国在“一带一路”倡议中积极探讨新的合作模式，其具体内容包括共同编制顶层战略合作规划，主动倡议或积极参与设立亚投行、金砖银行等新型基础设施融资机构，创新基础设施融资模式，探索共建新型产业园区等措施，为深化全球经贸合作特别是促进发展中国家经济增长做出了重大贡献。根据世界银行于 2019 年 6 月份发表的《“一带一路”经济学：交通走廊发展机遇与风险》报告，中国“一带一路”倡议的全面实施可帮助 3200 万人摆脱中度贫困(日均生活费低于 3.2 美元)，使全球和“一带一路”经济体的贸易额增幅分别达到 6.2%和 9.7%，使全球收入增加达 2.9%。只有这样，中国才可能真正影响世界经济、政治与文化发展，才能真正成为名副其实的世界强国。当然，在中国经济走向世界经济中心的同时也要量力而行，应该看到这是一个渐进式过程，需要把阶段性目标与最终目标统一起来辩证考虑。

第五，它标志着马克思主义理论和中国特色社会主义理论的新发展。尽管目前我国仍然处于社会主义初级阶段，尽管今天我国仍然是世界上最大的发展中国家，尽管发展仍然是第一要务，但由于国内国际情况发生了明显变化，简单采用以往的发展模式和发展方式已难以为继，新时代必须要有新的发展思路和发展方式，而这些都必须在破解若干新难题的基础上进行理论创新，并以此指导我国未来的经济和社会发展。新发展理念传承了党的发展理论，坚持以人民为中心的发展思想，科学地回答了新时代实现什么样的发展、怎样实现发展的问题，深刻揭示了实现更高质量、更有效率、更加公平、更注重可持续发展的必由之路，深化了我们党对中国特色社会主义经济发展规律的认识，开拓了中国特色社会主义政治经济学新境界。根据新时代我国经济由高速增长转向高质量发展，以及社会主要矛盾的变化和我国供给与需求两侧矛盾的主要方面在于供给侧这一特点，新发展理念以推进供给侧结构性改革为主线，强调使市场在资源配置中起决定性作用、更好发挥政府作用，努力促进我国供给能力更好地满足人民群众日益增长、不断升级和个性化的物质文化和生态环境需要，积极建设包括创新引领、协同发展的产业体系，统一开放、竞争有序的市场体系以及多元平衡、安全有效的全面开放体系等在内的现代化经济体系。由于当前我国的发展已不是单纯的经济发展，而是以经济发展为基础的社会综合式发展，因而只从经济发展层面建构发展理论还不足以指导未来我国经济与社会的健康发展，所以必须上升到社会发展层面来建构整体、全局式的发展理论。由此，自党的十八大以来，习近平总书记以政治家的胆识和魄力，集全党和全国人民的智慧，以马克思主义理论为指导，紧紧围绕新时代坚持和发展什么样的中国特色社会主义以及怎样坚持和发展中国特色社会主义这一基本问题，从总目标、总任务、总体布局、战略布局和发展方向、发展方式、发展动力、战略步骤、外部条件及政治保证等方面，对新时代中国特色社会主义发展问题进行了整体谋划与理论建构，形成了较为完整的思想体系，不但为我国未来经济和社会发展指明了方向，还将中国特色社会主义理论推向了一个新的阶段。

总之，发展观是一个以经济为龙头，联动社会各方面因素协调发展的过程，对发展观内涵与意义的理解既要联系到经济发展层面，也要联系到社会、政治、文化等层面，更要涉及根本制度层面。新发展理念是对以往发展观的继承与发展，是指导中国特色社会主义初级阶段新时期的经济与社会发展的纲领性思想。

第二章

新发展理念的科学内涵

新发展理念的产生，有其特定的社会历史背景，不仅是指导我国应对长期以来发展问题的重要举措，也为解决现代性的发展难题乃至全球治理提供了重要指引。

从国内来看，当前我国经济正处于结构转型的阵痛期，各方面的利益冲突依然很尖锐，全面深化改革进入深水区，发展不平衡、资源短缺和生态破坏等问题仍然是制约发展的重要瓶颈。之前单纯依靠经济总量增长的粗放式发展方式，必须转移到依靠创新发展的集约式发展轨道上来，以此满足经济高质量发展的迫切需要。

从国际角度看，中国正处于跨越“中等收入陷阱”的关键阶段。部分发达国家基于既得利益的维护，开始质疑中国的和平崛起之路，宣扬“中国威胁论”，无限放大发展中的矛盾问题，采取各种隐蔽的方式和不正当的贸易手段，试图实现全球利益的重新评估。在此背景下，我们的发展依旧面临严峻的风险和挑战，稍不留意就有可能陷入别人精心策划的“陷阱”之中，此时若缺乏一套系统的、科学的发展理念指导，即使一定时期内会实现经济总量的增加，但为此付出的代价也是相当深刻的，将会给资源环境、生态文明以及社会生活造成不可估量的损失。二战后，发展中国家片面追求经济发展速度，走上一切为了发展而发展的“发展主义”之路，留下的经验教训值得借鉴。尤其是先前金融危机的深层影响尚未消除，全球经济处于复苏发展阶段，各国致力于完善发展战略，创新发展理念，以此赢得发展主动权。发展是执政兴国的第一要务，是解决一切问题的基础和关键，是关乎社会稳定和谐、经济社会健康发展的晴雨表。但发展却不是经济社会的全部内涵，只有不断满足人们对于美好生活的向往，提升人们的获得感和幸福感，才能真正实现发展的最终目的，做到发展成果与民共享。

新发展理念遵循了社会发展的普遍规律，又考虑到社会主义现代化建设的特殊规律，是中国特色社会主义进入新时代的必然产物。改革开放四十多年的社会实践大大深化了发展观的现实基础，提升了发展质量和内涵，为发展注入了理性的人文关怀，不再单纯关注数量的增长，而是将人民幸福作为发展的最终归宿，致力于提升人们的幸福指数，是合规律性和合目的性的内在统一。它超越了传统经济增长中见物不见人的局限，不仅是以创新为龙头的多元因素综合作用的内涵式发展，更是深刻诠释着以发展原创力为基础、以经济发展为核心的社会联动式综合发展过程。发展理念是管根本和管长远的重要指引，是经济社会全面进步的根本遵循，是指导现代化建设的纲领性思想。发展理念本身具有深刻的历史底蕴，它不单单是一种发展模式的建构，更是一种社会制度的安排，是历史与现实、理论与实践的一次凝练与升华，是引领社会实践的一场深刻变革，它凝聚着深刻的发展智慧，为世界经济复苏开出了治本之策。

新发展理念不是五种发展理念的简单叠加或堆砌，而是一种完整发展理念的五个方面的逻辑规定性，其相关内容既相互渗透又协调统一，丰富了中国特色社会主义发展理念，又统一于中国特色社会主义伟大实践；着眼于经济社会协调与人的全面发展的统一，致力于人民美好生活的价值逻辑，推动了发展理念的自我革命，进而实现了理念本身质的飞跃。新发展理念既有中国特色，也具有世界属性，具有广泛的社会辐射力和重要的国际参考价值，是实现更高质量、更有效率、更加公平、更注重可持续发展的必由之路。

第一节　新发展理念是中国特色社会主义进入新时代的必然产物

新发展理念的提出，是引领社会实践的一场深刻变革，不仅是对改革开放以来社会实践经验的深刻总结，也是指导现代化建设的科学指南，是中国特色社会主义进入新时代的必然产物。正如马克思所言："全部社会生活在本质上是实践的。"[①]实

① 中共中央马克思恩格斯列宁斯大林著作编译局：《马克思恩格斯文集》(第1卷)，人民出版社，2009年版，第501页。

践是社会关系的发源地，构成了社会生活的基本领域，也是发展理念不断拓展和深化的内在动力。新发展理念立足于初级阶段的实践基础，是一定社会历史阶段发展之必然，是特定社会历史条件下生产力发展的必然结果。“理者，物之固然，事之所以然也。”(清·王夫之:《张子正蒙注》)发展理念是发展方向、发展目的、发展思路和发展着力点的集中表现，是坚持中国特色社会主义基本方略的重要组成部分，是全面建设社会主义现代化国家的根本行动指南。创新、协调、绿色、开放、共享不是五种发展，而是一种发展的五个逻辑层面，是不可分割、紧密相连的有机统一整体，具有共同的实践基础和价值追求，诠释着人们对于美好生活的向往和追求。它们既各有侧重，又相互依存，共同构成完整的发展系统。新发展理念本身就是一次理论突破和实践创新，集发展动力、发展维度、发展要求和发展目标于一体，既相互渗透又协调统一，拓宽了发展观的时代内涵，丰富了发展观的价值底蕴，实现了发展理念的自我革新，是中国特色社会主义进入新时代的必然产物。

首先，新发展理念进一步深化了中国特色社会主义发展规律，彰显了新时代社会主义发展的特殊性。历史唯物主义认为，社会发展是合规律性和合目的性的统一，不仅要充分考虑社会发展的一般规律，同时也要兼顾人的主体需要。这构成了我们认识社会的重要基础，要在充分尊重和认识客观规律的基础上发挥人的主观能动性。这里有两个方面内容值得关注：一是要注意人的主观能动性不是无视规律的蛮干，要掌握规律发挥作用的条件，基于社会生产力和生产关系的发展水平，利用客观规律为人类造福。二是要注意激发人的创造性，培养一种异质的创新思维模式。人的意识活动具有目的性、主体选择性、预见性和主动创造性，是指导现实社会实践的宏伟蓝图。马克思虽然预示了共产主义代替资本主义的社会发展规律，深刻阐发了“两个必然”的历史定论，但对共产主义发展却没有给予详细的解答，况且“两个必然”依旧受制于“两个绝不会”的束缚。改革开放以来，我们在“一穷二白”的基础上“摸着石头过河”，逐步探索社会主义发展规律、执政党的建设规律，进而形成了与之相适应的中国特色社会主义理论体系。在这一思想的指引下，我们充分挖掘社会主义制度的优越性，开辟出了一条符合国情的中国道路，新发展理念深刻诠释着这一道路的历史内涵，是指导社会发展进步的根本之道。发展不仅是一项系统工程，更是以经济发展为核心的社会联动式综合过程，离不开政治、经济、文化之间的相互协调。“创新”既遵循了社会发展的客观规律，又考虑到了初级阶段的特殊规律；“协调”彰显着经济规律和社会规律的相互统一，是人与社会之间的相互协调；“绿色”遵循着人与自然和谐共生的客观规律，凝练着发展最美的底色和价值；“开放”诠释着人与世界客观规律的统一，在开放化的国际视野中融入了中国发展的时代气息；“共享”彰显着人与人之间的公平正义，是维系发展理念生命力的内在依据。改革开放以来的实践证明：只有尊重自然规律，才能实现可持续发展；只有遵循经济规律，才能实现科学发展；只有遵循社会发展规律，才能实现和谐发展。若割裂三者之间的关系，或片面夸大某种规律而忽视三者之间的辩证统一，都会导致一种畸形发展。

其次，新发展理念既遵循了现代化国家建设规律，同时又符合中国的具体国情。经济社会的健康发展、科学的发展方式固然重要，合理的发展理念也必不可少，有时还有着至关重要的意义和价值。发达国家在现代化建设历程中，积累了宝贵的发展经验，并逐步形成了现代国家运行和发展的一般规律。新发展理念在吸收和借鉴现代化国家建设规律的基础上，立足于现阶段社会生产力的发展水平，是基于国情基础之上的一种理性反思。作为一种科学的发展理念，不仅遵循了现代国家运行发展的基本规律，也符合中国建设现代化国家的具体要求，是立足社会发展阶段基础之上的现代审视。一方面，新发展理念遵循现代国家建设的根本规律，是国家治理能力和治理体系现代化的必然要求。党的建设与国家建设具有高度的一致性，党的方针、政策要依靠正当的、合法的程序才能转变为国家意志。国家意志是人民意志的重要彰显，是党的领导、人民当家作主和依法治国的有机统一，三者具有内在的契合性。发展理念是国家治理体系的重要组成部分，表征着国家治理能力的现代化，是社会发展进步的重要推动力量，通过治理能力的提升，可以加强和改善党的领导方式，充分发挥党在治理体系中总揽全局、协调各方的领导核心作用。只有运筹帷幄之中，才能决胜千里之外。新发展理念依据国家发展的现实需要，深刻把握现代国家建设和运行的基本规律，同时也为国家治理能力和治理体系的现代化提供了重要支撑，有利于把党的制度优势转化为内在驱动力。另一方面，五大理念立足于初级阶段的具体国情和生产力发展实际，揭示了发展的核心问题，调整了发展思路，明确了发展方向，致力于寻求发展的最佳着力点。“创新”突出经济社会的发展动力，旨在引领发展方向、晋升发展空间、凝聚发展力量；“协调”是指经济与社会各方面相适应的发展，旨在满足社会动态平衡的内在要求；“绿色”是人与自然的和谐共生，旨在改善生态环境，实现生命共同体；“开放”是内外联动机制的延伸，旨在全面提升开放水平，积极参与国际合作；“共享”是成果分配的正当公正，旨在为全中国乃至世界各国人民谋求更大的福祉。作为一个有机统一整体，新发展理念宏观上抓住了最为核心的发展问题，为解决当下的发展瓶颈问题提供了一剂良药，是指导社会主义现代化建设的根本行动指南，是科学性与现实性、真理性和价值性的内在统一。

最后，新发展理念作为合规律性和合目的性的统一，彰显着社会主义发展的本质要求，是实现人民幸福的价值基石。中国特色社会主义是在具体的社会实践中形成的、与现阶段特殊国情相吻合的理论范式和实践模式，既遵循了社会发展的一般规律，又充分考虑到了社会主义发展的阶段性特征，尤其是中国特色社会主义的具体国情，是全面建设社会主义现代化国家和实现共同富裕的理论指导和行动纲领。党的十九大报告强调，党的领导是中国特色社会主义的本质特征，党政军民学、东西南北中，党是领导一切的。党的领导是取得各方面发展成就的根本保障，人民当家作主是社会主义政治文明的重要彰显，依法治国是党领导人民治理国家的基本方略。实际上，党的领导、人民当家作主和依法治国的有机统一是其本质属性，新发展理念正是践行这一本质属性的具体体现，不断引领经济政治体制改革新高度，继续激发生产内部活力，逐步推动公平正义惠及每位群众。“创新、协调、绿色、开放、共享”的发展理念深刻揭示了社会主义发展的特殊阶段，彰显着人们对于美好生活的向往，是实现人民幸福的价值基石，但实现幸福的路并不是一帆风顺的，注定是布满荆棘的曲折之路，可能要付出百倍的艰辛和努力。由于特殊的国情和社会阶段性特征，我们必须承认，在发展的过程中依然存在城乡、区域、群体、收入之间的不平衡和生态环境遭到破坏等问题，改善民生必须优先解决发展短板问题和制约发展的瓶颈问题。这些问题是与初级阶段生产力发展水平相适应的，必须立足于现阶段的生产关系，在此基础之上采取有针对性的举措，具体问题具体分析。在逐步正视和解决这些问题的过程中，切实保障人们的平等权利，在制度设计上充分考虑公平正义因素，以有效的制度引导，不断增强人们的获得感、幸福感和安全感，进而为实现“自由人联合体”的社会不懈努力。

总之，新发展理念进一步深化了社会发展的一般规律，也充分考虑了社会主义发展的阶段性特征，是立足现阶段生产力发展水平基础之上的现代审视，是现实性和超越性的完美结合。它既遵循了现代国家建设规律，又符合初级阶段的具体国情，是中国特色社会主义进入新时代的必然产物。作为指导现代化建设的新发展观，新发展理念拓宽了发展的时代内涵，凸显了发展的视野和层次，是经济社会健康发展的根本遵循，是合规律性和合目的性的统一。新发展理念是指导中国特色社会主义现代化建设的纲领性思想，不仅是解决现阶段发展问题的重要依据，也指引着中国未来的发展方向，为推动人与自然、人与人、人与社会的良性互动奠定了理论基础，成为指导社会主义现代化建设的新发展理念。

第二节　新发展理念是以创新为龙头，多元要素综合作用的内涵式发展

新发展理念是创新、协调、绿色、开放、共享五者构成的完整统一体，其中以创新为龙头、协调为保障、绿色为基础、开放为条件、共享为本质，五者相辅相成、缺一不可，彰显着以创新为龙头的多元要素综合作用的内涵式发展系统。作为一种完整的发展理念，它不是五种发展理念的简单叠加或堆砌，而是一种发展的五个方面的逻辑规定性，必须在整体性视角下深刻领悟其独特内涵和深层意蕴，任何机械总和式的简单相加，都会导致一种片面的畸形发展。

一、以创新为龙头

新发展理念以创新为龙头，成为牵动发展全局的“牛鼻子”。

作为发展引擎和第一动力，创新旨在激发社会有机体的内生驱动力，是新发展理念的灵魂之所在。在中国传统伦理思想中，创新是“共同媒介”的象征，周虽旧邦，其命维新。所谓“共同媒介”就是普遍的规律，成为制约人们实践活动的重要影响因素。只有充分尊重规律、认识规律，才有创新的可能。美国经济学家约瑟夫·熊彼特认为：“创新就是生产函数的变动。”[①]这意味着生产领域的变动、生产要素的排列组合可能会带来一种质的飞跃。在此基础上，熊彼特区分了发明与创新的重要差别：创新是一种根本性的变革，是一种本质性的变化；而发明则更侧重于单纯的量变或部分质变，只有将发明的成果应用于实践领域并产生预期的理论效应，才可能实现创新。后来的经济学家主要是对创新的外延进行深入挖掘，形成一些典型的、有代表性的思想流派。如以弗里曼和索罗为代表的技术创新流派，凸显了科学技术创新的独特意义；以诺斯、戴维斯为代表的制度理论创新流派，彰显了制度创新的重要价值……创新是多元要素综合作用的有机体，其内涵丰富、意义重大，这一维度的建构丰富了创新理论的实质和内涵，为我们深入理解创新发展理念提供了重要的理论借鉴。

通过以上考察，我们至少可以从以下角度深入理解创新内涵。首先，创新是经济生活尤其是生产领域商业化应用的结果。

① [美]约瑟夫·熊彼特著：《经济发展理论》，何畏、易家详等译，商务印书馆，1991年版，第290页。

生产函数的变动，将会带来生产领域的一系列变革，这些变革广泛地应用于商业化过程，进而带来经济效益的提升和生产领域的全面变迁，最终实现生产力的创新性发展。经济领域的创新具有基础性作用，它可以带来最直接的社会效益，进而带动其他领域创新，推动社会全面进步。其次，创新是原创性、突破性和应用性的统一。创新意味着异质逻辑，革新往往侧重于同质逻辑的不同质变化，创新则是彻底的异质思维，它标新立异，突破常规，但异质逻辑往往也要应用于实践，转化为一种现实的生产力，才能推动经济社会的发展，否则依旧停留在理念层面的创新，将难以产生广泛的社会效应。中国古代在创新方面一直走在世界前列，比如在 16 世纪以前世界上最重要的 300 项发明中，中国就拥有 173 项，由此可见，中国的原创性创新能力不容小觑。最后，创新是包含诸多元素的有机统一整体。其中，科技创新是带动发展的内驱力，是引领发展的一面旗帜，科技创新会转变成一种现实的社会生产力，进而推动经济社会的全面进步与发展。马克思在《机械、自然力和科学的运用》中高度赞扬了火药、指南针和印刷术这三大发明，认为它们预示了资产阶级社会的到来和世界市场的形成，必将成为经济发展的强大杠杆。创新是包含政治、经济、文化、社会等在内的综合统一体，是诸多要素的内部融合，其内涵丰富，底蕴雄厚，需要我们从整体性视角加以深入理解、系统性把握。

由创新上升到创新发展，其视野和立脚点发生了明显的转变，即立足于生产力和生产关系、经济基础与上层建筑在社会发展中的动态统一。毋庸置疑，生产力和生产关系、经济基础和上层建筑的矛盾运动是社会发展进步的根本动力，而创新是这一发展的动力之源，是社会进步的重要推动力量。基于当下社会主义所处阶段，创新发展可以从发展方式、驱动方式和供给方式等方面加以理解。从发展方式上看，我们已经突破了传统的数量规模型粗放式发展，更加注重经济社会的集约式发展，着力推动经济发展的“新三驾马车”，即科技创新、要素质量和结构优化，重点将发展转移到提升要素质量和结构优化的轨道上来。在发展体制结构上，加快形成有利于创新发展的市场环境、产权制度、投资融资制度和人才引进使用机制，从根本上变革旧的发展模式。从驱动方式上看，由土地、资本、劳动力等要素主导的传统驱动方式逐步向创新驱动发展战略转变，真正发挥创新在要素引领中的倍数效应，从而激发创新的内在活力。事实证明，依靠土地、劳动力等要素的投入方式，极易引发资源过度消耗、粗放扩张和生态平衡破坏等问题，是一种较为原始和初级的驱动方式，一般只适用于科技发展的匮乏期。从供给方式上看，创新的原生驱动力不足，未能摆脱现实生活中的被动地位。发达国家在管理、资金和技术等方面仍占据优势地位。我们的原创性创新依旧处于全球价值链的中低端，核心技术受制于人，缺乏自主研发的实践魄力，急需依靠创新发展打破这一垄断局面，真正激发创新热情，突破发展瓶颈，实现技术上的引领式发展。

创新是包含原始创新、集成创新、跨行业协同创新和引进吸收再创新等形式在内的制度创新、文化创新、科技创新、理论创新和实践创新的一种体系，是诸多要素的内在融合。其中科技创新是第一动力，发挥着创新搜索引擎的动力作用；制度创新则是根本保障，一切发展成果最终将转化到制度的完善中；实践基础上的理论创新是社会变革的先导，这意味着理论创新与实践创新同等重要；文化创新增强发展软实力，是创新发展体制中的关键一环。有人曾做过这样的比喻：制度创新是人的骨骼，科技创新是人的血液，理论创新是人的思想，文化创新是人的气质，四者缺一不可，共同构成一个完满意义上的“人”。我们要全面把握其内在关联，深入理解创新实质。以创新发展推动国家建设已成为世界共识，如美国实行的“美国竞争力计划”(ACI)、德国的“主动创新”战略、法国政府制订的《国家创新计划》、以色列的《产业创新促进法》和韩国的《2025 年构想：韩国科技发展长远规划》等。由此可见，创新发展刻不容缓，必须激发全社会的创新热情和创造活力，以实现长久发展的最终目标。经济新常态下，我们的综合创新实力有待提升，实现创新发展依然任重而道远，必须将创新作为发展的根本推动力，正确处理政府推动与市场主体作为之间的关系，实现创新驱动的根本转变，建构以创新为基本导向的经济体制和发展格局。一方面，发挥科技创新的引领作用，调动市场主体的积极性，加大对科技创新的资金投入，为民营企业发展提供适宜的土壤，进而实现多种所有制经济共同发展的繁荣局面；另一方面，创新驱动说到底是聚天下英才而用之，要充分发挥人才资源优势，为创新型人才的培养提供广阔的社会条件和包容的文化氛围，鼓励创新创业，激发创造热情，提高创新型人才相关待遇，不断提升专业素养和自主研发能力，为实现技术突破奠定基础。

二、以协调为保障

创新在提升发展动力的同时，也为整体的协调打下坚实的基础。协调重点破解发展的不平衡问题，是两点论和重点论的统一，它不仅调整着发展布局，更是社会发展水平层面的立体式综合，是解决经济与社会、人口与资源、生态与生产问题的重要突破口，成为新发展理念的重要保障。

20 世纪 50 年代，美国学者发动的“社会指标运动”试图通过社会、经济、文化、生活、环境等指标之间的协调，建立一套完整的发展系统，并利用各指标之间的相互作用推动社会进步。其实美国早在独立战争以后，就逐步将重心转向西部开发，使得美国的东西部经济发展日趋平衡。韩国政府在 20 世纪 60 年代实行的“新村运动”，旨在解决城乡发展不平衡的顽疾，最终实现了以协调推动发展不平衡问题的解决。在联合国第二个十年(1970—1980)报告中，发展已被赋予了全新的时代内涵，不再是单纯的、片面经济指数的倍增，更多呈现的是与社会进步、资源环境之间的协调，社会制度和结构的变迁以及福利的改善等方面同等重要。发展包含社会进步、人性完善和资源友好、自然和谐等概念，是基于社会本身的一种内在衡量标准，由此可见，以协调助推发展的意义不容忽视。它不仅是经济发展进步的重要参数，也是社会稳定和谐的影响因子，深深制约着人类社会的良性、持久、健康发展。

协调不仅是一种统筹方法，更是和谐的发展状态。作为一种发展状态，协调注重各有机体之间的相互联系，是辩证法规律的当代诠释，旨在通过发展格局、发展内涵、发展方式与发展阶段的辩证统一实现整体性、平衡性发展。协调发展是基于物质文明与精神文明、眼前利益与长远利益、整体与部分系统性之上的一种“动态平衡”。

首先，协调发展着眼于社会整体水平层面的立体式综合。包括城乡地域之间协同、南北部与东西部发展之间平衡、物质文明和精神文明并重及产业发展之间的相互协调，同时也是不同群体身份、地位和收入之间的内在平衡。因而，基于自身细化衡量协调发展的内在指标，要从宏观上加以把握，从而推动生产要素跨区域性的自由流动。

其次，协调发展是与经济发展水平相适宜的动态生成过程，是发展短板和发展潜力的统一。发展是与社会生产力相适应的过程，没有生产力的社会变革，就不会实现经济社会的发展进步，但发展不是一蹴而就的，往往存在诸多现实问题，需要我们逐步探索解决措施。因而，我们要用发展的眼光对待这些现实问题，注意协调系统要素之间的优化组合，通过补齐短板挖掘发展潜力，促进整体功能得到最大发挥，进而激发发展潜力，实现质的飞跃。

最后，协调发展彰显着可持续性发展的价值理念。协调既是发展手段也是本质目的，又是评价尺度和衡量标准，关乎发展的健康性和可持续性，同时也是绿色发展的本质要求。协调不仅是人与自然、人与人及人与社会之间的相互协调，也是人与人之间的内在和谐，是可持续发展的内生动力和源泉。协调发展不仅侧重于经济社会发展“硬实力”的提升，更关注社会进步“软实力”的培养，尤其注意社会有机体各要素之间的平衡及经济社会进步与文明素养的提升。通过经济建设和国防建设的深度融合，建构全要素、多领域、高效益的军民融合发展格局，旨在通过协调社会各要素之间的内在平衡，实现经济社会的健康持久发展。

三、以绿色为基础

协调是社会发展理性的保障，也是绿色发展的现实要求。绿色反映发展与生态的关系，是从发展的纵向或者代际关系角度对发展理念的一种升华，贯穿发展理念的始终，着眼于改革发展规律、生态建设规律和社会实践规律的统一，是新发展理念的基础。1962 年，蕾切尔·卡逊在《寂静的春天》中，运用生态学原理分析环境危机，进而引发了旷日持久的“绿色保护”运动，催生了对绿色发展的现实追求。20 世纪 70 年代，麻省理工学院梅多斯等人提出“增长极限论”，认为人口、投资的增长和资源消耗、环境污染之间存在指数倍增关系，我们的发展已到临界状态，并预计在今后 100 年内达到地球增长极限，将会产生不可估量的社会后果。这种增长极限论虽看似悲观，却为人类资源的消耗敲响了警钟，时刻提醒我们要善待自然，保护资源环境，呵护赖以生存的家园。人与自然本自一体，并不存在谁征服谁的对立关系，自然为人类社会发展提供了源源不断的物质基础，我们理应尊重自然，保护生态环境，在开发自然资源的过程中充分保护环境，实现人与自然的和谐共生。1995 年联合国在丹麦首都哥本哈根召开了社会发展世界首脑会议，并通过了《哥本哈根宣言和行动纲领》，它彰显着经济发展的绿色环保意识，明确了社会进步的本质是科学地共享资源。这种共享不仅是各国文明之间的相互包容和本质趋同，也是经济发展中科学规划与环保问题之间的内在平衡。随着工业化和城市化进程的加速，资源消耗、环境破坏、全球变暖等问题日益凸显，人与自然之间的协调统一越来越成为可持续发展的关键。实践证明，良好的生态环境不仅是改善生产的发力点，更是人们幸福生活的增长点。只有充分保护自然，尊重自然，善待生态环境，才能实现可持续发展。

从莱斯特·R. 布朗的《建设一个持续发展的社会》到世界环境与发展委员会的《我们共同的未来》，再到里约热内卢大会上的《里约宣言》和《21 世纪议程》，可持续发展理念得以尘埃落定。其中包含着人与自然、一部分人与另一部分人的关系，是尊重自然规律与不损害后代人发展权利的统一，这种交互主体性的要求成为绿色发展的主旨。在联合国“全球绿色新政”的号召引导下，二十国集团(G20)国家纷纷采取一系列的“绿化”经济投资刺激计划和行动，从而产生了广泛的社会效应，激发了对绿色发展的憧憬和向往。[①] 中国着力推动生态文明建设，美国重点提升绿色能源领域的核心竞争力，英国鼓励发展绿色城市，德国重点发展绿色生态工业，韩国则依靠“低碳绿色增长”复兴经济，这一系列的举措旨在用绿色推动工业化的可持续发展，进而实现生态文明的美好未来。诺贝尔经济学奖得主科斯曾说过：“中国的奋斗就是全人类的奋斗，中国的经验对全人类非常重要。”长期以来，我们致力于积极应对全球发展问题，不仅为全球治理贡献了中国方案，也为世界经济的持续健康发展注入了新的活力。中国经过四十多年的改革开放，生产力获得了突飞猛进的发展，不仅明显改善了人民的生活质量，也显著增强了综合国力，提升了国际地位，扩大了国际影响力。与此同时，保护生态环境的观念日益深入人心，人们越来越重视对人与自然关系的反思。我们的发展建立在人与自然和谐共生的基础之上，是保护生态环境、合理开发利用自然资源的内在需要，着眼于生态文明的美好未来。2019 年世界园艺博览会的盛大开幕，标志着绿色不仅成为发展最美的底色，也是贯穿其中的核心思想，彰显着中国热爱自然、善待自然、保护生态环境的发展情怀。作为一个勇于担当的负责任大国，绿色发展是中国矢志不渝的坚定选择，也是自觉承担国际责任的必然要求。在应对全球变暖和气候变化的过程中，要坚持绿色的可持续发

---

① ［美］爱德华·B. 巴比尔：《低碳革命：全球绿色新政》，彭文兵、杨俊保译，上海财经大学出版社，2011 年版，序言，第 4 页。

展理念，坚守人与自然的和谐共生，促进人与社会的可持续发展，为解决全球发展问题贡献中国智慧。

绿色是环保的底色和质量，也是生态文明建设的重要条件，更是可持续发展的内生需求，构成了新发展理念的基础。绿色代表着自然生生不息的力量源泉，表征着人与生态系统的有机平衡，包含着环境友好、人与自然和谐、循环经济等内容。美国经济学家波尔丁的“循环经济理念”，不仅主张提升资源的利用效率，用科技手段促进资源的自我修复，同时也倡导一种全新的消费理念——适度消费与层次消费、绿色消费与可持续性消费的统一。在消费的过程中不仅要依据自身实际情况量力而行，注重资源保护和生态环境的承受力，而且应在人与自然和谐发展的基础上倡导合理的消费理念。绿色发展正是在此基础上形成的一种发展状态，是人与自然、人与物质世界的和谐，是传统文化理念在当下社会的深化和延伸。中国传统文化主张“制天命而用之”，即认识规律，为我所用，所谓天命就是规律的客观性，但不以人的意志为转移的客观规律并不等于无法认识和利用。当人类残暴地掠夺资源时，自然的惩罚是无情且不可逆转的；而当人类保护资源、与自然和谐相处时，自然的回报也是慷慨的。《论语》中也有“子钓而不纲，戈不射宿”的相关记载，由此塑造人与自然和谐共生的美好画面。在人类发展的社会实践中，不合理的实践活动给自然带来严重破坏，生态环境没有替代品，用之不觉，失之难存，必须在此基础上深入反思，从以下三个维度重点加以深化理解。

第一，绿色发展是人与自然、人与周围世界的和谐共生。人与自然本自一体，都是生态系统不可或缺的组成部分。自然界先于人类社会而存在，是不以人的意志为转移的客观存在，我们要充分尊重自然界的优先性。但这并不等于自然规律无法被把握，自然界无法被人们所认识，作为财富创造的重要源泉，人类在社会实践的过程中也深化着对人与自然关系的思考。

第二，绿色发展是以低碳经济为手段的生活方式的建构。低碳经济是一种充分利用资源、节约资源的经济模式，既减轻了资源环境破坏程度，又充分尊重了自然界的客观规律，是绿色发展的重要手段，不仅表现为资源的有效利用，同时也是一种积极健康的生活消费模式。人们在生活消费的过程中，要自觉以低碳方式为指导，以保护和节约资源为初衷，自觉保护生态环境，健全人与周围世界的内在和谐机制。

第三，绿色发展是注重社会公平正义、提升人们生活福祉的可持续发展。贫富差距的扩大和阶层分化，造成了人们在发展机会上的不公平；过渡地消耗自然资源，不仅突破了自然发展的极限，超越了生态环境的承载力，而且损害了后代人同等享受发展的权利。作为一种可持续性发展理念，绿色注重发展的底色和属性，体现人们对美好生活的向往；同时也包含着代内公平(满足当代人的发展)和代际平等(不损害后代人满足其需求的权利)的重要内涵，成为中华民族永葆发展底色的关键支点。绿色是新发展理念的基础，是发展最美的底色，也是世界产业革命发展的基本方向，内生于新发展理念之中。

生态文明建设关乎民族未来，关乎人民福祉，是绿色发展理念的内在价值底蕴，因而，我们应坚守绿色发展信念，大力推进生态文明建设，在经济发展的同时不断改善环境质量，实现发展方式和生活方式的绿色化、低碳化。在社会实践过程中，自觉践行“绿水青山就是金山银山”的发展理念，在保障自然权利和生态安全的基础上，共建美好的生存家园，实现人与自然的和谐共生。

四、以开放为条件

新发展理念的协调统一也深深代表着开放发展的价值夙愿，不仅很好地解决了内外联动机制问题，也是现代社会发展的内生源泉和动力。作为新发展理念的条件，开放彰显着经济发展的生命力量，洋溢着互利共赢、合作共享、开放包容的价值追求，是新发展理念的基本原则和重点方向。开放不仅是马克思“世界历史”发展之必然，也是经济社会持续健康发展的内生要求，更是人类可持续性发展的必然要求。

“自然经济—商品经济—市场经济”的发展历程，以及“农业文明—工业文明—后工业文明”的阶段转变，无不诠释着“开放”这一发展的内生动力和源泉。正是开放催生了经济发展的内生需求，为经济社会的健康发展注入了活力和源泉，进而推动了发展理念的自我革新。其中，市场和需求在这一过程中发挥着关键性的作用，成为助推开放发展的催化剂。开放不仅体现和丰富了《发展权利宣言》中“交互受益权”的理念，也是推进“一带一路”倡议，深化务实合作的重要基础。当今世界，开放发展已成为全球发展的共识，美、英、法等发达国家雄厚的资本主义实力，无不得益于历史上的开放性政策促使其引进了先进的科技发展成果。随着经济全球化的日益拓展和深入，一国的发展越来越与其他国家紧密相关，从而使得区域性的国际组织发挥着日益重大的作用，如亚太经济合作组织、欧洲共同体等。不论逆全球化和反全球化如何变换形式，全球化都是不可逆转的发展趋势。它超越了民族国家的界线，民族国家的历史正在转变为全球化世界历史的一部分。全球化是多重力量、多种尺度和多元规则的角逐，标志着世界正在由“同质”走向“多元”，于是差异、断裂、异质、冲突等成为德里达、福柯、贝尔、利奥塔等学者关注的焦点。因而，全球化是一个异质的过程，注定要处理多元文明的交流互鉴问题，开放就成为不可阻挡的历史发展趋势，也是助推经济社会发展进步的重要桥梁。

中国的发展与世界的繁荣紧密相连，改革开放的每一步迈进都体现着世界的跨越式发展，“一花独放不是春，百花齐放春满园”。中国的发展不仅仅是本国自身实力的一枝独秀，更是世界大花园的百花齐放，必须融入开放的发展视野和共享的发展情怀，致力于世界各国人民的共同福祉。开放是经济发展的必由之路，中国要保持经济韧性，提升发展质量和水平，必须将开放作为内生源泉和动力，进一步激发其内在活力。对于系统本身而言，开放既是系统内外要素所保持的合理张力，更是系统可持续性发展的必然要求。若无开放，就不会有源源不断的新生气息涌入，更不可能保持系统旺盛的生命活力，发展亦是如此，作为最大的发展中国家，承载着全人类的健康福祉，本着对世界各国人民负责的原则，我们理应以更广阔的视野，坚定不移地推动开放的发展战略，牢牢把握开放发展的主动权，继续自信洋溢地走向世界中央。一方面，开放要实现国家之间的平衡，不仅仅是发达国家的经验分享，更是发展中国家的休戚与共。以往的发展更多的是向发达国家开放，主要以借鉴西方国家经验为主，随着发展中国家的日益强大，其在国际社会的地位不容小觑，我们的开放要逐步实现由发达国家的开放向发展中国家开放的转变，进而通过加强南南合作促进整体经济实力提升。另一方面，开放要实现地区之间的平衡，逐步实现由沿海地区向内陆地区的转变。开放的政策最初集中在东南沿海地区，这些城市依托地理位置的优势实现了经济的快速发展。当开放的程度日益加深，我们要逐步推动内陆地区的开放，可以通过技术加工、政策支持、边境贸易等形式逐步打开封闭的局面。因而，开放不仅仅局限于沿海地区，更是内陆地区，尤其是经济落后地区发展的现实要求，努力实现不同地区之间发展的内在协调，最终以开放促区域协调，以协调突破发展瓶颈，建构深度融合的开放型经济体系。

中国的开放历经了从 1.0 时代到 4.0 时代的伟大突破。以党的十一届三中全会为开端，我们进入了试点先行的开放 1.0 时代，重点解决如何打开国门走向世界的问题；开放 2.0 时代则以邓小平南方谈话的“政策引导”为突破口，重点解决要不要继续扩大开放的问题；开放 3.0 时代是以“体制性开放”为特征的加速转换时期，重点解决全方位对外开放与国际接轨的问题；开放 4.0 时代以“主动布局”为特征，实现了从被动顺应到主动开放的转变。这一系列的转变标志着中国已由世界舞台上的“观众”，慢慢转变为登上舞台的“配角”，如今成为备受关注的“主角”之一，日益发挥着不可替代的重要作用，在气候变化、能源安全、贸易金融体系改革和电子商务等方面，中国话语权得以逐步提升。四十多年的社会实践证明了改革和开放的相辅相成，改革是引领发展的一面旗帜，开放是助推经济发展的内驱力，二者相互作用、相互影响，从而实现了社会生产力的跨越式发展和物质财富的不断积累。开放 4.0 时代的发展战略，要求我们通过发展策略由“被动”向“主动”的转变，实现从世界舞台“外围”走向“中心”的突破，进而从国际事务的“参与者”转变为“引领者”，实现发展中“大国”向“强国”的转变。作为发展战略的开放，它不仅是社会主义发展规律在国际范围内的拓展和延伸，也是立足国内市场和放眼全球的内外联动机制。我们要继续全面深化改革开放的发展战略，以改革助推深度开放，以开放促进改革长久发展。

开放作为一种全新的发展理念，核心是处理好国内、国际两个市场的内外联动问题，进而推动不同文明之间的对话沟通，以开放促长久发展。辩证法认为，世界上没有两片纹理全然等同的树叶，任何事物都是共性与个性的统一，文明也不例外。在长期的社会实践中，我们创造了独具特色的、带有民族印记的文明形式。任何一个国家和民族的文明都有着自己独特的集体记忆，不同文明之间的地位是平等的，只有姹紫嫣红之别，绝无高低优劣之分。每一种文明既有独具特色的自我风采，也是世界文明的重要组成部分，是民族个性与世界共性的有机统一，只有文明之间的相互承认、相互交流、彼此借鉴，才能让世界的百花园异彩纷呈。文明如水，润物无声，潜移默化地滋养着人们的心灵，塑造着不同民族独具特色的发展之路。正是文明之间的内在差异，才使得开放成为交流互鉴的重要桥梁，进而保持文明的多样性，为推动人类文明的演进奠定条件。在西方“修昔底德陷阱”的阴影下，一些发达国家质疑中国的崛起和飞速发展，认为中国将会给世界和平发展造成深刻影响，以此诋毁中国的国际形象，试图通过某种不正当的途径达到利益的再次分配。在此背景下，我们理应重视不同文明之间的交流互鉴，在更高水平、更深层次上推进“引进来”和“走出去”双向结合，自觉主动地融入世界。亚洲文明交流大会的召开，标志着不同文明之间交流互鉴水平的提升，同时也是民族文化发展繁荣的内在支点，是全面深化开放型发展机制的内在要求。实践证明，改革和开放交相辉映、相辅相成，共同促进了全方位、深层次、高水平、宽领域的开放型经济体系建构。我们要在全面深化改革的背景下，大胆开放，正确处理国际关系和全球关系，统筹国内和国际两个市场，优化资源配置，提升品牌意识和核心竞争力，拓展开放步伐，更加积极主动、自信洋溢地走向世界中央。

五、以共享为本质

开放的发展不仅可以让中国人民获益，同时也是对世界各国人民负责的重要表现，深刻诠释着新发展理念的本质——共享。刘安《淮南子》有言："治国有常，而利民为本。"民生是国家长久发展之根本大计，唯有切实保障人民的根本利益，才能本固邦宁，维护社会的稳定和谐。一方面，共享植根于共同富裕的本质要求，致力于解决公平正义的现实问题，是检验发展与否、效益高低的重要试金石，也是新时代社会主要矛盾的重要显现。二战后的经济增长论，确实带来了物质财富积累和经济总量的增加，但却忽视了人的主体价值，出现了阶级分化、政治腐败、环境破坏等一系列社会问题。我们理应从这种"有增长无发展"的理论中吸取深刻的经验教训。社会主义的本质在于与民共享，人民对于美好生活的向往就是我们前行的动力，在大力发展经济的同时，要秉持以人民为中心的价值理念，规避"发展主义"弊端，努力做到发展依靠人民，发展为了人民，发展成果由人民共享。另一方面，共享是保持社会健康发展的重要支撑，更是全面开放发展之必然。这在一定程度上回应了对"中等收入陷阱"的理解误区，同时也是保证各国人民健康福祉的重要联结。中国历来走和平崛起的发展道路，不会对世界的和平稳定造成任何威胁。当前的"一带一路"倡议就是最好的发展例证，我们不仅不会带来发展威胁，反而与世界各国人民共享改革发展之成果，这是一个经验的复制和分享过程，因而，中国要继续深化“一带一路”的合作基础，更加积极主动地融入世界，勇担历史责任，汇聚发展合力，为推动中国乃至世界经济的持久、稳定、健康发展做出有益探索。

共享作为新发展理念的目的和归宿，落脚点在于不断提升人们的获得感和幸福感，从而为实现全面建设社会主义现代化国家的奋斗目标奠定基础。它不仅是个体生命的丰富和完善，也是整个世界合作共赢的价值理念，具有广阔的国际视野和世界情怀。资本主义的共享并不是一种公平的社会分配，反而以群众罢工和游行示威等反面形式突出反映出来。只有社会主义或者共产主义的共享才是本真意义的与民共享，真正考虑群众发展的切实需求，着力解决老百姓关心的现实问题。基于现阶段社会生产力发展水平和生产关系的现实要求，共享可以从以下三个维度加以深入理解。

首先，共享是全民共享与共建共享的统一。共享主体具有相对普遍性和全面覆盖性，旨在建构人与人、人与自然、人与社会的健康氛围，确保每个生命个体都能享受到共享福祉。共享方式在于依靠群众，调动群众的主动性、积极性，善于激发群众的智慧和力量，充分尊重民意，知悉民情，想民之所想，急民之所急，全心全意为群众利益服务，让国家的发展更有温度，让人民的幸福更有质感。

其次，共享是全方位共享与渐进式共享的统一。共享是一个系统的有机体，内容涉及政治、经济、文化、社会等方方面面，关乎百姓发展的切身利益，旨在协调人与自然、人与物质世界的内在平衡，建构全面发展的制度保障机制。对共享理念的解读，不能脱离社会生产力的发展水平，更不可能逾越特定的历史发展阶段，其注定是一个从低级到高级不断演进的过程。共享不可能立刻实现全体人民的共同富裕，要正确处理长远利益和眼前利益、共同富裕和局部富裕之间的关系，建构全面发展和深度繁荣的发展局面。

最后，共享是人民共享与世界共享的统一。新发展理念既是中国的，也是世界的，凝聚着我们对经济社会发展规律的深入思考，为解决世界经济低迷开出了治本之策。随着综合国力和国际影响力的提升，中国的发展越来越具有深刻的发展底蕴和广泛的社会效应，我们的发展不仅使本国人民获益，也致力于世界各国人民的共同繁荣和进步。共享理念不仅是开放发展之必然，更是人与世界和谐的重要基石，有利于保障各国人民的健康福祉，在共建人类命运共同体的过程中，推动世界经济的持续、稳定、健康发展。

在社会主义初级阶段，我们的发展依然面临着不平衡、不和谐的诸多现实，共享发展理应在社会实践过程中逐步推进。1998年诺贝尔经济学奖获得者阿玛蒂亚·森提出了以“经济自由”为核心的发展体系，认为发展理应扩大经济自由和各种权利的支配范围，个人自由与社会承诺之间紧密相关。这种发展观以制度建构为基点，突出个体能动地获取权利、抓住机会、享有自由的过程，是内在的个体权利自由与外部的社会保障的统一。我们可以从中汲取合理成分，在实践中努力实现个体自由与社会承诺的协调。社会固然要尊重主体自由发展的权利，但个体也要兼顾社会发展的现实需要，努力保持二者在社会实践中的动态平衡。一方面，充分尊重群众的主体地位和首创精神，激发人民群众的创造激情。在全面解读公平效率关系的基础上，促进公平、提升效率，进而把收入差距控制在合理、有限的范围内，而不是为了公平一味牺牲效率。通过生产效率的提升和有效的制度安排，不断提升人们的满足感、获得感和幸福感，使每个个体都能获得生命的意义和价值。另一方面，加强不同文明之间的交流互鉴，夯实南北对话、南南合作的现实基础。文明因多样而异彩纷呈，因交流而获得源源不断的发展动力。文明既是共性的，也是个性的，需要加强彼此之间的对话交流，让文明之树长久繁荣、滋养万物。我们愿与世界各国人民一道，致力于共建人类命运共同体，共享发展成果，谋求共同繁荣，为全球治理乃至世界经济的持续健康发展注入新的活力。

总之，新发展理念是以创新为龙头、以协调为保障、以绿色为基础、以开放为条件、以共享为本质的发展系统。它不是单纯的五种发展理念，而是一种发展五个方面的逻辑规定，它们之间相互作用，彼此渗透，共同构成新发展理念这个有机整体，并从本质上诠释着新发展理念是以创新为龙头的多元因素综合作用的内涵式发展。新发展理念五个方面的内容之间是相互融合、彼此渗透和综合作用的关系，五者缺一不可，不能相互替代。其中，创新是发展之龙头，重点解决何为发展的本质问题，总体上制约着协调、绿色、开放、共享理念，是提升经济社会发展水平的重要决定性因素；协调是发展之保障，规约着发展理念的层次和水平，不仅涉及东西部、南北方不同地域之间的内在平衡，更是关乎社会不同发展水平之间的相互协调，是社会层面的立体式综合；绿色是发展之基础，是发展系统生命力的洋溢和彰显，规范着发展的底色和方向，制约着人与自然的和谐共生，同时也是创新、协调、开放、共享的价值底蕴之所在；开放是发展之条件，是社会健康发展的内生要求，更是一种统筹国内与放眼全球的国际情怀，是内外联动机制的时代升华；共享是发展之本质，是创新、协调、绿色、开放发展的落脚点和最终归宿，贯穿新发展理念之始终，代表着全中国人民和世界各国人民的健康福祉。若割裂五者之间的关系或对它们做机械总和式的理解，都会导致一种片面的发展。只有五者之间相互协调、彼此渗透和融合，才能真正助推发展水平迈上新台阶。

第三节　新发展理念是以经济为核心，政治、文化、社会联动式综合发展

从一般逻辑上看，新发展理念是经济健康发展的“指挥棒”，致力于提升经济发展实力，为全面助推经济发展保驾护航。但从深层逻辑上看，新发展理念不单单是经济层面的立体式发展，更多折射的是以发展原创力为中心、以经济发展为基础的社会联动式综合发展。从现代社会发展实质来看，这一系统的正常

运转越来越离不开政治文化、社会生态之间的协调统一，而现实却突出反映在文化、生态与社会发展的背离。人们在片面追求经济发展的同时，忽略了政治、文化和生态环境的制约作用，而发展却是一个综合式的全面发展过程，是政治、经济、文化、社会和生态之间的内在协调和平衡。美国学者沃勒斯坦的“世界体系理论”认为经济、政治、文化是构成这一体系的三重维度，“不平等”与“一体化”是这一体系的典型特征，存在着“中心—半边缘—边缘”的流动状态，其中政治、文化的影响至关重要。罗马俱乐部成员梅萨罗维克、佩斯特尔在《人类处于转折点》中指出，当代世界构成一个庞大的系统，任何组成部分的失调都会波及世界，需要一整套“系统研究方法”看待世界。因此，我们不能脱离制度、文化、社会的发展背景来单纯地看经济发展，必须妥善处理政治、经济、文化之间的相互关系，树立全局化的思维方式，立足整体，统筹兼顾。任何割裂政治、经济、文化、社会之间关系的发展，都将背离发展的最终目的，走向社会发展的对立面，严重制约人类社会的可持续发展。

一、新发展理念是以经济为核心的社会联动式发展

经济是社会存在和发展的重要基础，是推动社会进步的决定性因素。作为繁荣进步的源泉和动力，经济更是发展之根本。生产力的发展水平是衡量社会进步的根本尺度，只有不断解放生产力、发展生产力，才能从根本上推动经济社会的全面进步。英国经济学家刘易斯的“二元经济结构论”在某种程度上凸显了

经济发展的重大意义，但却将发展等同于片面的经济增长，理解为单纯的工业化增长过程。经济发展通常是生产者运用生产要素和生产工具创造物质财富的过程，根本上看就是一个资源优化配置的问题。西方国家用自己的亲身实践证明市场在配置资源中的独特意义，并形成了与之相适应的一整套相对完善的市场体系，但市场的存在也不是唯一的，它具有盲目性、自发性和滞后性等弊端，随时会有爆发经济危机的可能。再加上"经济人假设"的存在，物质利益的刺激可能会带来永无止境的财富追逐，无限扩张的资本逻辑正席卷全球。当今世界经济动力不足的问题是各国面临的发展实际，必须依靠创新寻找经济发展的新的增长点，激发创新热情和内部活力，进而实现结构性的突破。

创新是引领经济发展的一面旗帜，依靠创新调整经济结构，实现产业升级改造，进而助推经济高质量发展。资本逻辑实现了资本与科技的深度融合，大大提升了综合创新能力，其所带来的影响是全方位的，不仅涉及经济层面，更是政治、社会、文化、生态等方面的综合效应。借助技术优势，高铁已成为"中国制造"一张靓丽的明信片，"西方火车去，东方列车来"见证着创新发展对于国家繁荣的重大意义。马克思的危机理论表明，经济危机只是特定的社会历史发展阶段，生产力一定承受能力范围内矛盾冲突的表象，背后体现的是政治、文化、社会和生态等一系列的联动效应。我们不可否认经济发展在推动社会进步方面的重大意义，但随着社会实践的不断深入，单纯的经济发展已经不能满足人们对于美好生活的向往，政治、经济、文化、社会等已日益成为紧密联系的有机统一体，它们彼此之间相互渗透、相互融合。因而，需要以一种整体性的视角来看待经济发展现象，在政治、文化、社会和生态的相互关联中深入把握经济发展的实质和内涵。

经济社会的良好运转不能脱离政治制度的建构，离不开稳定和谐的环境氛围，发展理念更深层次的内涵是一种社会制度的安排。罗尔斯宣称正义是社会制度的首要价值，以此彰显制度发展的独特价值。一个良善的社会不仅能够保障自身的高效运转，同时每个人也能各司其职、各谋其责。亨廷顿将“政治发展”定义为“一种制度化的过程”，并详细阐述了稳定的制度化环境对于社会发展的重大意义。由此可见，社会制度对经济发展的影响更具根本性，动荡不安的社会，经济往往也会处于崩溃的边缘。西方发达国家在探索解决经济危机的过程中，形成了一系列行之有效的国家干预理论，试图通过社会福利和累进税收等政策完善资本主义市场体系。实际上，不仅是市场体系的建构，西方关于发展内涵的探索很早就走进人们视野。从罗马俱乐部的“零增长”到法国思想家阿尔贝·雅卡尔“有限世界”时代的来临，再到“可持续发展”理念的提出，人们逐步反思这一发展模式和经济增长的实质。1983 年联合国推出《新发展观》一书，提出了“整体的”“内生的”新发展理论，在此基础上逐步形成了综合发展观。发展是以民族、历史、文化、环境、资源等内在条件为基础，包括经济增长、政治民主、社会转型、科技水平、生态平衡等各种因素在内的综合发展过程。[①] 这意味着注定要协调不同要素之间的利益冲突，实现发展要素之间的动态平衡。法国经济学家弗朗索瓦·佩鲁曾批判西方在发展的同时，忽略了“人”这一主体性因素：“发展同作为主体和行为者的人有关，同人类社会及其目标和显然正在不断演变的目的有关。”[②]由此可见，发展固然重要，但却不是最终目的，只有人民幸福指数的提升才是发展的终极价值。要充分考虑发展中人的主体因素，兼顾现实生活中人的意义和价值。因而，以人为本是发展之根基，经济与社会的协调、人与物质世界的平衡是其内在底蕴。

在西方整体发展理念的影响下，结合我国特殊的国情和阶段特质，伴随“改革开放”的历史决策，我们准确地做出了社会主义“初级阶段”的历史判断。这一分析具有重大的理论意义，不仅指明了不同历史阶段，我们的任务和侧重点是不同的；同时也表明社会主义是一种较为全面的进步，是政治、经济、文化之间的健康与协调。社会主义制度坚持“一元主导”的社会主义根本政治原则，植根于社会主义实践的现实基础，强调改革发展历程中基本矛盾的结合与协调，具有可持续性的发展特征。因而，在处理发展问题时，我们要充分考虑到阶段的特殊性和一般发展的普遍性，秉承社会主义制度的优越性，将发展的进

① 《发展观的历史沿革和发展——国际上的几种发展观》，《求是》，2004 年第 5 期。

② [法]弗朗索瓦·佩鲁著：《新发展观》，张宁、丰子义译，华夏出版社，1987 年版，前言，第 2 页。

步性和代价性统一起来，争取以最小的代价实现长足的发展。改革开放之初，“效率优先、兼顾公平”确实改善了相对落后的状况，实现了生产力的自我解放和突破性进展，经济发展水平得以迅速提升。但经过这四十多年的伟大实践，社会主义市场经济取得了长足发展，效率提升的同时也带来一系列社会现实问题，环境破坏和公平正义问题日益凸显。实践证明，若无公平制度的相关保障，经济的发展无异于缘木求鱼。拉美国家在“中等收入陷阱”中苦苦挣扎就是最好的例证，过度消耗资源环境所带来的恶果将无法弥补。新发展理念的提出是在深刻总结国内外发展经验和教训的基础上，深刻洞悉现阶段发展问题的一剂良药。它针对全球气候变暖、生物多样性减少以及贫富差距拉大的两极分化等问题，试图协调经济社会和政治发展、生态环境之间的内在矛盾，在经济水平提升的基础上兼顾发展的社会效益，追求经济效益、社会效益和生态效益的内在统一，推动资源、环境、社会之间的动态平衡，进而实现每个人的自由发展。

随着经济全球化的不断深入，文化不仅在综合国力中的地位越来越重要，而且对经济社会发展的意义也日益凸显。历史和现实都表明：一个民族的觉醒和振兴，首先体现在思想文化层面，只有唤醒深层次的文化意识，才能屹立于世界民族之林。文化对社会各方面产生的影响是持久且深刻的，文化越来越成为一种重要的生产力，日益渗透到社会发展之中，发展理念也应向着全球化的方向转变。一方面，现代学者不仅仅将发展归因于经济增长，而是注重去探究其背后独特的文化基因，文化发展越来越成为社会进步的内在衡量指标；另一方面，现代化的发展也为文化成长提供了适宜的条件，推动了文化理念的发展繁荣，并使得现代文化的转型发展成为可能。正如英国学者约翰·汤姆林森所言："全球化处于现代文化的中心地位，文化实践处于全球化的中心地位。"①文化正在由影响综合国力的软实力慢慢转变成一种硬实力，文化在政治、经济乃至综合国力方面的地位全面凸显，越来越成为世界舞台上的重要推动力。美国学者罗兰·罗伯逊在《全球化》中指出世界体系的"经济主义"倾向，在某种程度上忽略了现代文化的重大意义，强调全球化是主体辨认自己与全球人类情景关系的过程，是生命形式进行互动、表达及确证自我的过程。② 罗伯特·恩格尔、迈克·费瑟斯通等人试图通过文明与文化的对比研究来弥补"经济主义"缺陷；而米尔顿·弗里德曼则从后现代发展视角揭示文化逻辑在全球的演变，这与吉登斯将全球化进程中的问题归结于现代制度的扩散有着异曲同工之妙。由此可见，文化在国际政治、经济中的地位全面凸显。经济全球化的同时必然伴随文化的全球化，文化对社会各方面的影响愈发广泛且深刻，其内在的活力与热情日益被经济发展所唤醒，成为经济发展的深层助推

---

① [英]约翰·汤姆林森著：《全球化与文化》，郭英剑译，南京大学出版社，2002年版，第1页。

② 杨生平、谢玉亮：《全球化时代的文化身份与中国文化主体性建构》，《马克思主义与现实》，2015年第2期。

力量。

全球化的发展使得文化之间的碰撞与融合空前广泛，一种文明在走向世界的过程中，必然要处理与其他文明之间的关系，从而使得文明之间存在矛盾冲突也在所难免，这是伴随全球化发展历程中的正常现象，不应被过分强调，亨廷顿的"文明冲突论"就是典型的表现。他以地域为单位将全球划分为八大文明，认为冷战后，意识形态的冲突已被淡化，而文明之间的冲突则跃居为首要地位，成为国际关系的重要影响因素。其可贵之处在于凸显了文化在国际政治、经济中的独特意义，并试图从文明差异的背景出发去解读国际关系。但不同文明之间的冲突只是一种表面现象，其背后深层次的意蕴依然是西方文明主导的话语体系，占据支配地位的依旧是不同社会形态的意识形态冲突。不同的文明类型固然存在着矛盾和差异，但冲突并非是唯一的表现形式，也可以加强彼此之间的对话、沟通和交流，建构不同文明共同繁荣的美好局面。二战后，一些西方国家鼓吹"意识形态的终结""历史的终结"，它们都带有典型的"欧洲中心主义"思想倾向，旨在宣扬西方的自由民主之路是人类社会发展的终点。所有国家，不论是发达国家还是发展中国家，最终都将走向自由民主之路，这虽然听起来似乎给人类描绘了一个美好的未来，但却依旧局限在西方的话语体系之中，带有典型的意识形态倾向。20 世纪 80 年代前后，西方社会在后现代主义的基础之上形成了一股"后殖民主义"文化思潮，自传入中国以来便产生了广泛且深刻的影响。"后殖民主义"思潮旗帜鲜明地谴责发达国家以任何隐蔽形式，对发展中国家实施政治、经济、文化霸权，主张各民族尊重自身独特的文化基因，倡导世界发展主体的多元化，从而将发展理解为包含政治经济、文化价值在内的整体性交往过程。西方学者阿玛蒂亚·森、保罗·谢弗等在批判传统范式的过程中，提出“人—文化—价值”的这样一种发展体系，主张从文化的生成和超越角度实现人的全面充分发展。经济全球化的同时必然带来文化全球化，它表征着政治、经济、社会与观念的整体性，代表着不同国家和民族的文化融合，我们理应保持一种清醒的文化自觉意识，在充分尊重文化自律的基础上考虑文化他律的相关因素，坚持文化自律与文化他律的辩证统一。不忘本来、吸收外来、面向未来，推动文化不断自我革新，进而建构深沉坚定的文化自信。

新发展理念的开放不仅仅是经济层面的开放，也是社会文化层面的开放，更是不同文明之间的相互融合与交流互鉴。我们要在继承优秀传统文化之精华的基础上，逐步扩大开放的层次和水平，在开放的国际视野中增强文化自信、提升文化自觉，以更加主动、积极、包容的姿态走向世界。

二、新发展理念是以经济为核心的社会综合式发展

1972 年联合国斯德哥尔摩会议上，“发展”一词被更多地理解为人的欲望与经济、政治、文化和生态之间的平衡。美国学者塔尔科特·帕森斯则从结构功能主义的视角去阐述社会发展的系统性和包容性，并将均衡看作一个动态的、自行恢复的过

程。由此可见，人与资源环境之间的矛盾越来越成为制约新发展理念的重要因素。随着工业社会的来临，社会的工业化水平大幅度提升，但与此同时也导致了严重的资源消耗和环境破坏，诸多地区的发展建立在过度开发自然资源的基础之上，实则是有增长却无发展的粗放型经济模式。伴随工业化的历史进程和科技革命的日新月异，人们的消费欲望被激发，生产更多的是为了满足过度膨胀的消费欲望，这就必然会引发资源浪费和过度消费的社会问题，这使得后工业社会或消费社会开始走近人们的生活。消费社会的来临加剧了人们对物质资源的消耗，一定程度上超越了社会环境的承载力，使得人与自然、人与物质世界之间的矛盾日益凸显。

鲍德里亚的《消费社会》在某种意义上指引着未来的发展趋势，尤其是“消费符号”“象征价值”等正日益改变着我们的生活方式。美国学者弗雷德里克·詹明信在探讨消费社会与后现代的关系时，指出：“新的消费类型；有计划的产品换代；时尚和风格转变方面前所未有的急速起落；广告、电视和媒体对社会迄今为止无与伦比的彻底渗透；……这些特点似乎都可以标志着一个和战前旧社会的彻底决裂。”①作为一种彻底的断裂性力量，科学技术的发展带来了消费欲望之满足，但与此同时，人们的思想日益物质化、利益化，从而丧失思考维度，造成社会

① ［美］詹明信著：《晚期资本主义的文化逻辑》，陈清侨等译，生活·读书·新知三联书店，1997年版，第418页。

发展的失调，生态环境日益打上人类欲望的烙印，消费社会日益被“消费主义”行为模式所左右。人们的消费不再是单纯满足物质精神层面的需求，更多的是身份、地位和权势的象征，这就背离了消费与生产的二重关系，从而使得发展理念也偏离了美好生活的价值夙愿。因此，我们要规避由发展演变为一种发展主义的风险，抵制消费主义模式侵蚀，不能单纯为了发展而发展、为了消费而消费，而要在社会资源环境的可承受能力范围内，努力实现经济发展与社会进步以及人与人之间的全面协调发展。

新发展理念致力于经济社会协调发展之上的生态和谐，不仅是一种文明的社会状态，更多的是一种积极健康的生活方式和行为模式。理念问题是发展中的核心和关键，越来越多的发展中国家发现中国的发展理念更适用于后发展国家。尽管各种版本的经济“崩溃论”和“硬着陆”仍有一定市场，但更多的人还是以长远和理性的眼光对中国的发展前景持乐观态度。2015年，在洛杉矶市克莱蒙生态城召开的第九届生态文明国际论坛上，一些学者批判了资本主义生产方式导致的严重的生态危机，对中国倡导的“生态文明”寄予厚望。生态文明是生态和文明之间的内在契合，是保护生产力和发展生产力的内在要求。二者固然存在矛盾，但却可以在人类社会实践的过程中实现某种融合，生态文明就是尝试解决这一矛盾的重要表现。任何割裂生态和文明之间辩证统一关系的理解，都将导致一种片面的、机械式的发展。有西方学者指出，现代社会发展中遇到的诸多现实问题，存在“全球三大共识”，即生态危机、不加干预的资本主义后果、现代性之死。[①] 生态危机是人们过度利用资源等不合理的实践方式所导致的地球不堪重负的状况，现代工业带来的是“碎片化”“原子化”的现代文明，“现代性”的资本逻辑正在席卷全球。这一切都使得发展的代价日益沉重，资本逻辑虽然带来了全球物质财富的积累，但也带来了贫富差距、生态恶化等现实问题，这不得不引发我们的高度重视。

科学的发展理念必然以人与自然的和谐为前提，以人与社会之间的协调为条件，在合理开发利用资源的基础上保护生态环境，呵护人类赖以生存的精神家园。新发展理念作为以往发展成果的凝练，在提升经济发展质量和水平的基础上，充分考虑到了资源环境的可承受能力，同时也着力解决经济发展过程中的公平正义问题，试图让每一位劳动者都真切感受到发展之成果，共享社会主义的繁荣富强，赢得人生出彩的机会。2015 年 9 月，在纽约联合国总部召开的“联合国可持续发展峰会”上，通过了《变革我们的世界——2030 年可持续发展议程》，倡导让每个人在健康的环境中平等地享有自我发展的权利。因而，真正合乎理性和自身的发展，是一种和谐、全面的可持续性发展。发展理念在社会实践的过程中要恰当处理多样化的人类需求与生态环境可承受性、发展的不同层级和代际之间平衡的关系，

---

① ［美］菲利普·克莱顿、贾斯廷·海因则克著：《有机马克思主义——生态灾难与资本主义的替代选择》，孟献丽等译，人民出版社，2015 年版，第 6 页。

坚持社会发展的可持续性，在不损害后代人享受发展权利的同时，满足当代人合理的发展需求，进而推动生态文明建设，实现中华民族的永续发展。

新发展理念是以经济为核心的政治、文化、社会联动式综合发展，更是一个以经济发展为基础的社会综合式发展过程。发展观更深层次的内涵是一种社会制度的安排、一种发展模式的建构，它不同于根本社会性发展，后者是以根本制度变革为中心的发展，而前者则是根本制度不变，具体制度(如体制和机制等)发生变化的发展。实践证明，社会主义制度是带领人们实现共同富裕的根本制度保障，它不仅打破了生产方式的私有制属性，确立了生产资料归全体劳动者所有的制度，也将自由平等的发展权利赋予每一位劳动者，从而调动他们建设社会主义的积极性和创造性，它具有有史以来任何发展制度都无可比拟的优越性。发展不单单是一种简单的量变或单纯的质变过程，而是量变—质变—新的量变—新的质变的无限循环过程。每一次量变都潜藏着新的质变，每一次质变背后都蕴含着新的量变。发展是量变与质变的统一，不仅是经济视野的要素联动，更是社会水平层面的立体式综合，是以经济发展为中心的社会联动式综合发展过程。要想准确把握这一问题，归根结底是如何妥善协调人与人、人与自然、人与社会之间的关系，建立和完善相关的体制机制保障。新发展理念建构了一种全新的发展模式，创新凸显了经济发展的重大意义，协调是政治领域诸要素之间的内在平衡，绿色是生态文明的发展底色，开放是全球化深度融合的现实需要，共享是社会公平正义的价值传承。五者相互融合，彼此渗透，缺一不可，彰显着时代发展的价值底蕴。新发展理念是以提升社会整体发展水平为出发点，以经济为核心联动政治、文化、社会等全方位的发展，是五位一体发展要素之间的立体式综合，是经济社会的全面进步。因而，我们要深入理解新发展理念的价值底蕴和深层内涵，从人与自身关系出发加以反思，推动人与人之间合作共享、人与自然和谐共生、人与社会协调共建及人与世界开放共赢，在生动的社会实践中不断深化新发展理念的理论建构。

总之，新发展理念是中国特色社会主义进入新时代的必然产物，不仅遵循了社会发展的一般规律，也充分考虑到了社会主义的特殊性，是合规律性和合目的性、真理性和价值性的统一。它不是单纯的五种发展，而是一种发展的五个逻辑层面的规定性，各要素之间相互渗透、彼此融合，是有机联系的统一整体。它不仅是以创新为龙头的多元要素综合作用的内涵式发展，也是深刻诠释着以经济为核心的政治、文化、社会联动式综合发展，更是以发展原创力为核心、经济发展为基础的社会综合式发展。它打破了传统的平面式发展模式束缚，不再单纯地谋求社会某一方面的发展，而是致力于经济社会层面的立体式综合发展。新发展理念不仅是一种理论范式，更是一场深刻的社会变革，是管全局和管长远的重要机制，是经济社会健康发展的根本指南，是当代中国的发展之道。发展是当代中国的时代语境，是现阶段解决一切问题的基础和关键。新发展理念丰富了时代发展内涵，是习近平新时代中国特色社会主义思想对发展课题的深刻洞悉，凝聚着共产党人的发展智慧，是实现更高质量、更有效率、更加公平、更注重可持续发展的必由之路。作为中国特色社会主义新发展观，既坚持了社会主义新的发展要求，又推动了发展理念质的飞跃；既是对社会健康发展规律的深刻把握，也是改革开放实践基础上的经验总结；既是对中国现代性发展问题的理论探索，又是引领社会实践的一场深刻变革，为解决“后发展时代”的世界难题贡献了中国智慧和中国力量。

第三章

新发展理念的鲜明特征

新发展理念源于中国特色社会主义的伟大实践，是时代召唤、实践推动、人民期待和理论创新的重大成果，具有整体性、开放性、发展性和实践性的重要特征，是科学性与现实性、真理性与价值性的高度统一。它不仅是一个紧密相连的有机统一整体，深刻诠释着以创新为龙头的内涵式发展系统，也是国际开放和历史开放的必然产物，更是发展理念本身内部开放的现实要求。新发展理念是中国的，也是世界的，具有雄厚的社会实践积淀，既是对以往发展理念的继承和超越，也将随着社会实践的深化而不断发展，其本身就是一个自我发展、自我完善的社会历史过程。新发展理念作为一种顶层设计，是治国理政思想的重要组成部分，诠释着战略性和操作性的统一，具有强烈的实践操作性和现实引导性，直接作用于指导具体的社会实践活动，转变为一种自觉的、全民的深度实践，这也是新发展理念的生命之所在。新发展理念的这些特征深刻影响着实践的贯彻落实，成为规约现代化发展进程的重要影响因素。

第一节　新发展理念的整体性

人类社会是一个有机整体，社会发展更是一项系统工程。1976 年，国际劳工组织就业大会指出，社会发展是由人口、环境、经济、政治、科学技术等多种相互关联的因素组成的综合性有机整体，任何方面的发展都不以牺牲其他方面为代价。[①] 20 世纪 70 年代，在美国兴起了一种“世界体系理论”，其代表人物就是伊曼纽尔·莫里斯·沃勒斯坦，他主张以“世界体系”为理论框架整体性地研究全球问题，彻底摆脱传统的那种单维度、单一方向的弊端。创新、协调、绿色、开放、共享的发展理念是五种要素彼此渗透的重要成果，作为一种发展的五个逻辑层面，其内容虽侧重点有所差异，但主旨一致，内容汇通，本质上是多元要素的综合统一，是发展理念本身所孕育的一种和谐。系统优化理论认为，整体由不同要素构成，当各个要素以合理、有序的状态形成系统时，就会实现最大的合力，产生“1＋1＞2”的效果。整体性是新发展理念的基本特征，不仅是五位一体发展要素的内在联结，更是以经济为核心的社会整体式发展过程。新发展理念背后所折射的政治、经济、文化本就是不可分割的有机统一体，是现代化建设过程中必不可少的重要环节，更是

① 范燕宁等著：《新时期中国发展观——兼与当代国外发展观的比较研究》，首都师范大学出版社，1999 年版，第 107 页。

五位一体发展战略的重大部署。因此，我们要从整体性思维方式出发去解读新发展理念，突破“要素论”“眼前论”的局限，既看到五位一体的整体发展布局，也要在不同要素之间的差异中把握发展系统。任何割裂二者之间关系的解读，都将背离整体性的发展目标，导致一种机械化的理解范式。

一、新发展理念旨在追求一种整体性的协调发展

新发展理念宏观上抓住了发展的核心问题，拥有共同的物质基础和价值指向，追求一种整体性的协调发展。发展是执政兴国的第一要务，也是解决一切问题的核心和关键，更是维系社会稳定和谐的重要支撑。随着社会生产力的发展，人们的物质生活逐渐完善，但物质生活的充盈却没有同等程度地带来精神生活的满足，反而变得越来越空虚。物质与精神的失衡制约着经济社会的全面进步，影响着社会的可持续发展和人们幸福指数的提升。加之消费社会的迅猛来袭，人们对物质资源的消耗前所未有，生产的决定性作用日益受到消费反作用的挑战，从而使得消费主义行为模式日益渗透到社会生活中，这一切都给发展增添了无形的压力和潜在的隐患。传统的发展模式已走到尽头，当下的发展模式使得社会面临的风险有增无减，经济风险、政治风险、社会风险和信任风险交织在一起，我们不得不深入反思现代发展模式的弊端，从而深化对人与自然、人与社会实践关系的理解。

经济新常态背景下，经济发展水平稳步提升，供给侧改革

不断深入，人民美好生活的价值夙愿与日俱增，仅仅依靠片面追求经济增长的方式显然不能满足社会全面进步的要求。新发展理念基于现阶段生产力发展水平和主要矛盾的分析，既是对社会现实的冷静思考，又是对未来发展方向的一种合理筹划，更是一种高瞻远瞩的智慧，根植于"以人民为中心"的发展理念。发展并不是社会进步的全部内涵，发展的最终目的是提升人们的获得感和幸福感，让人们生活得更有尊严。西方学者阿里夫·德里克认为，发展不能没有极限，无限制的追求发展终将与发展目的相背离，带来政治经济的不平衡和社会总体效益的缺失。因而，必须以社会主义为导向，建构与之相符合的发展模式，进而影响全球发展模式的选择。① 新发展理念导入了一种新的价值理念，不仅适应了经济社会协调发展的内在要求，也代表着人类社会共同的价值追求，致力于中国人民乃至世界各国人民的健康福祉，实现了发展目的和发展手段的有机统一。开放奠定了全球发展的基本格局，绿色更是生态文明、和谐世界的价值底蕴，是对传统发展理念的全面否定式超越，突破了以往发展理念的二元对立，是一种全新的发展模式，具有鲜明的中国底色和时代气息。我们要在创新协调的总体要求下，继续发挥创新的动力引擎效应，以全国一盘棋的思想做好各方面的协调工作，逐步扩大对外开放步伐，全面提升开放型经济发展水平，致力于中国乃至世界各国人民的共同繁荣，在社会实

① 杨生平：《试析德里克的发展主义批判论》，《江汉论坛》，2017 年第 8 期。

践中不断推动人类命运共同体的建构。

二、新发展理念是由诸要素构成的有机统一整体

新发展理念是一个完整的发展系统，不同要素之间虽地位有别，但都是发展系统不可或缺的重要组成部分。唯物辩证法认为，整体由部分构成，在二者的辩证统一关系中，整体占据主导地位，起着支配性作用，具有部分没有的功能和属性；但部分也不是可有可无，关键部分对整体的性能发挥起着决定性的作用。正如"木桶理论"所揭示的那样，决定木桶最终容量的恰恰是最短的那块木板的长度，这启发我们要正确处理整体和部分二者之间的关系，树立整体化的思维方式，学会"弹钢琴"的工作方法，立足整体、统筹兼顾。在新发展理念之中，创新是发展之龙头，重点解决了何为发展的本质问题，这一点至关重要，明确了发展方向，就相当于找对了发展的着力点；协调是发展之保障，旨在为经济社会的进步与人的全面发展保驾护航，是社会健康发展的内生要求；绿色是发展之基础，蕴含着人与自然和谐共生的内在底蕴，渗透于新发展理念之中；开放是发展之条件，是统筹国内和放眼全球的发展视野，是继续走向世界的重要支点；共享是发展之本质，彰显着为"谁发展"这一主体目标的价值情怀，是新发展理念的最终落脚点。五者虽地位有别，侧重点有所差异，但却都是发展系统不可或缺的重要组成部分，本质上诠释着一种整体性的和谐，是发展系统本身多元要素的内在融合，试图建构一种最适度的发展状态。五

者之间相互渗透、彼此联结，是一种整体性的、内生性的协调发展。

不论是过分强调物质积累的“唯资本论”，还是片面凸显科学技术的“技术决定论”，都未能解决发展动力与发展方式的辩证关系问题，新发展理念则实现了这一质的突破，它集发展动力、发展要求、发展维度、发展方式和发展目标于一体，实现了发展理念本身的自我飞跃，是科学性与现实性、真理性与价值性的完美融合。新发展理念整体上立足于经济新常态，全面把握社会时代的发展脉搏，是战略布局转化为战略目标的内在要求，是一个合规律、合价值的战略发展理念。因此，我们要协调处理好发展主体与客体、发展目标与手段之间的关系，避免“发展主义”误区，在社会生态环境可承受能力范围之内，充分兼顾发展中人的主体因素，注重经济发展与社会进步的和谐，维护生态系统的内在平衡，真正实现每个人的自由发展。

三、新发展理念各要素之间休戚与共、相辅相成

新发展理念各组成部分之间相互渗透、彼此融合、相辅相成，是你中有我、我中有你的命运共同体，五者缺一不可。现代化理论把社会进步看作是多维度因素的综合作用，反对割裂彼此之间的关系，单独考察某一类因素；新发展理念的整体性特征则凸显多元要素的内在融合，是紧密联系的有机统一体。在发展系统内部，创新、协调、绿色、开放、共享的发展理念之间并不是完全孤立、彼此隔绝的，而是相互作用、渗透融合

的过程。创新作为发展动力，决定了发展效能和发展的可持续性，制约着协调、绿色、开放、共享的实现程度，关乎经济社会的协调和人与自然的可持续发展，同时也是开放发展的动力源泉，深刻影响着公平正义的实现；协调旨在追求社会发展诸多要素之间的动态平衡，一定程度上规约着创新、绿色、开放、共享的发展方向，不仅是创新发展的内生要求，也是开放共享的重要基点；绿色内生于新发展理念之中，也是创新、协调、开放、共享的内在底蕴，是经济社会发展进步与人的全面发展之间的内在契合；开放是内外联动机制的延伸和扩展，一定程度上影响着创新、协调、绿色、共享的发展视野，不仅是创新协调的重要推动力，也是人与自然及人与世界之间的内在和谐；而共享是创新、协调、绿色、开放的根本落脚点，彰显着以人民为中心的价值理念，致力于实现社会公平正义的现实要求，是发展的最终目的和归宿。

各要素之间彼此联系、相互协调、综合作用，服务于新发展理念这一有机整体。五者融会贯通、缺一不可，少了其中任何一个要素，都是一种不完整的发展理念。没有创新的发展将丧失最初的发展动力，缺乏协调的发展将导致社会各要素的内在失衡，没有绿色的发展将失去社会发展进步之根基，缺乏开放的发展将黯然失色，没有共享的发展则背离了发展的最终目的。发展理念的每一部分都映射着和谐共生、开放共享、可持续发展的现实要求，不能顾此失彼、相互替代。恩格斯的历史合力论认为，推动社会发展的动力在于力的平行四边形原则，是诸多要素之间的内在合力。只有当创新、协调、绿色、开放、共享以合理有序的状态形成有机整体时，才能激发新发展理念的内部活力，实现整体性的最大发展合力，进而迸发出无穷的发展魅力，实现发展系统功能的最大化发挥。

第二节　新发展理念的开放性

任何理论都不是封闭的孤立个体，而是处于一个不断开放的社会历史过程中。新发展理念充分吸收了不同时期国内外发展理念的合理成分，既是国际发展模式的重要借鉴，更是国内现实问题的总结反思，凝聚着深刻的发展智慧。它不仅是国际开放的必然产物，更是历史开放和内在开放的现实要求，是引导社会实践的一场深刻变革，有利于提升中国理论的世界话语权。无数次的社会实践证明，缺乏开放视野的发展是一种不完整的发展，缺乏开放理念做指导的发展只会止步不前，最终阻碍经济社会的全面进步和人类社会的可持续发展。开放是全球化深入发展之必然，不仅是应对国际形势的现实要求，更是发展理念本身的自我升华，为世界经济的可持续增长注入崭新的活力。新时代呼唤崭新的发展理念，新理念与世界发展血脉紧密相连。经济全球化的发展趋势使得每一个国家都不可能置身事外，相通则共进，相闭则各退，必须保持一种开放性的发展视野和国际化情怀，以开放掌握发展主动权，以开放促进长久发展。中国的发展已进入中国特色社会主义新时代，综合国力和国际影响力稳步提升，日益成为世界舞台上举足轻重的发展中大国，其一言一行都将对世界发展局势产生重大影响。因而，看待发展问题理应突破发展视野的局限性，以“世界视野”谋对策，以“同频共振”促发展，让中国这艘巨轮驶向更加广阔的美好未来。

一、新发展理念是国际开放的必然产物

新发展理念不仅充分吸收了国外先进的发展经验，成为全球治理架构的重要组成部分，更是解决现代性发展难题的有益探索。新发展理念分别解决了发展动力、发展短板、发展不平衡、内外联动和社会公平正义问题，这些问题不仅是中国面临的现实问题，也是世界发展之共性，需要以国际开放化的发展情怀逐步推进问题的解决。资本主义发展的历史，必将人类社会带入世界历史的滚滚洪流之中，不论你是主动还是被动，不论你是否愿意，这都是一个无法逃避的历史发展趋势，没有哪一个国家能够摆脱这一历史定律。“随着生产力的普遍发展，地域性的个人为世界历史性的、经验上普遍的个人所代替。”[①]民族历史日益转化为世界历史的重要组成部分，在这一过程中，全球治理的话语体系就显得尤为重要。全球治理以发展全球伙伴关系为主体，以互惠互利、合作共赢为理念，最大限度地增加共同利益，其核心在于制定一整套符合世界各国人民福祉的

① 中共中央马克思恩格斯列宁斯大林著作编译局：《马克思恩格斯文集》(第1卷)，人民出版社，2009年版，第538页。

规则和制度，进而突破人类中心主义束缚，实现全球问题的共同解决。作为开放性发展的产物，新发展理念诞生于全球治理的话语体系之中，具有宽广的国际视野和开放化的发展情怀，其本身就是全球治理架构的组成部分，为解决世界性的发展问题提供了中国方案。与此同时，新发展理念也是发展到一定社会历史阶段，解决现代性发展难题的重要举措，为走出全球现代性发展误区贡献了中国智慧，具有广泛的社会效应和重要的参考价值。

首先，新发展理念内在地包含于全球治理架构之中。自全球性金融危机爆发以来，世界经济处于疲软状态，一时间难以焕发内在活力，以“西方为主导”的治理模式受到挑战和冲击，日益转变为“西方—非西方共同治理”，尤其是发展中国家为全球治理贡献了智慧和力量，成为世界舞台上不可或缺的重要力量。德国汉堡市国务秘书沃尔夫冈·施密特在G20峰会上，大力倡导“中国经验值得分享”。[①] 随着全面深化改革的日益深入，对外开放进入发展新阶段，我们由全球治理的边缘慢慢走向世界的中央，在国际舞台上展现着一个勇担当、负责任的大国形象，发挥着引领性、建设性的重要作用，“中国方案”“中国智慧”“中国力量”越来越成为时代的最强音。新发展理念正是践行这一主旨的重要体现，为解决全球治理问题提供了一套整体思路。全球治理需要各国和衷共济、弘扬共商共建共享的精神，

① ［德］沃尔夫冈·施密特：《中国经验值得分享》，《人民日报》，2016年9月26日。

推动治理体系的多元化。中国在全球治理的过程中，既要遵守已有的国家治理规则，也要凝练核心价值，提出具有中国特色又符合国际秩序的发展理念，逐步提升全球治理的制度话语权。联合国2015年全球《千年发展目标报告》认为，中国是完成发展目标最好的发展中国家，不仅积极参与全球治理，深化南南合作基础，同时也推动了国际秩序朝着更加公正合理的方向发展，进而得到了国际社会的一致认可。

其次，新发展理念也是破解现代性发展难题的重要尝试。自二战后，伴随着亚非拉国家争取民族独立自主的运动，发达国家的现代化问题也日益凸显，生态危机、精神空虚、技术异化等问题日益充斥着现代社会。随着《寂静的春天》《亚洲的戏剧：对一些国家贫困问题的研究》等专著的出版和陆续发行，一场以"现代性"为核心的发展理论探讨揭开序幕，包括帕金森的社会现代化理论、罗斯托的经济成长理论和阿尔蒙德的政治现代化理论等。现代化并非是一个简单的经济过程，而是政治、文化、社会、生态等因素综合作用的产物。现代性作为现代化的衡量标准和内在规定性，本身就是一个整体性的概念，核心是一种理性精神的建构，既包括社会制度的安排，也涉及文化价值理念的塑造，是人与自然、人与人、人与社会之间的全面进步。吉登斯将现代性理解为一种生活的样态和与之相适应的组织模式，为我们解读现代性提供了重要视角。现代性是现代化进程中的重要表征，有其内在规定性，它是以人的主体意识为核心的一整套制度体系，但现代社会却充斥着理性与非理性、自由和孤独、安全与风险等矛盾，使得现代性的历程步履维艰。胡大平认为，伴随社会结构的现代性散裂，社会过程的现代性已陷入僵局，而关于生活体验的现代性早已矛盾重重。[①] 因此，现代性问题归根结底是一种现代化进程中的发展问题，涉及政治、经济、社会生活的方方面面，需要一套系统的思维模式加以全面理解。改革开放这四十多年来，中国创造了巨大的发展奇迹，社会生产力发展水平显著提升，我们的发展也打破了传统增长方式的弊端，实现了向“以人民为中心”的集约式发展方式的转变，更加关注经济社会的进步与人的自由全面发展相协调。新发展理念所折射的以经济为核心的社会综合式发展过程，赋予了人们“认识世界”的真理和“改造世界”的现实力量，开拓了社会发展的新境界，为解决现代性的发展难题提供了有益尝试，需要建构与之相符的制度保障机制。

二、新发展理念是历史性开放的产物

新发展理念不仅是对以往发展问题的深入思考，更是对经济社会发展规律的新认识，是指引我们把握发展主动权、增强发展动力的根本之策。实践证明，任何封闭的理论都将走向自己的对立面，成为制约发展的瓶颈和阻碍因素。从最初的闭关锁国到逐步沦为半殖民地半封建社会，中国的发展曾遭遇严重的破坏，几乎处于崩溃的边缘，发达国家用坚船利炮撬开了中国紧闭的大门，无数次的惨痛教训深刻诠释着发展的迫切意义。

---

① 胡大平：《作为不可能任务的现代性》，《社会科学战线》，2019 年第 3 期。

因而，中国融入现代化是一个被迫的历史过程，并不是出于自身发展的主动性，而是被迫全球化，被迫世界化，被迫卷入世界历史的发展潮流之中。反观西方国家在完成工业革命之后，其发展速度和效率是难以想象的，再加之早期的资本原始积累，这就注定我们的发展明显滞后于发达国家，并且与发达国家存在难以追赶的发展差距。但开始的被迫不一定代表最后的不主动，我们也可以利用自身发展优势逆流而上。随着新中国的成立，我们的发展迈开了建设探索的步伐，“一五”计划、“以‘经济建设’为中心的基本路线”都是我们在现代化道路上的逐步摸索，在发展初期也取得了较为明显的社会效果。但迫切性的发展需求片面夸大了人的主观能动性，背离了社会发展的客观规律，严重阻碍了经济社会的全面进步和人类社会的长久发展。直到改革开放，我们才抓住全球化的发展机遇，吸收科技革命的先进成果，大胆开放、敢于尝试、勇于创新，实现了全方位开放的历史性变革，催生了经济发展的动力源泉，进而实现了生产方式的自我革新。新发展理念立足于人类社会发展的总体性，以一般性的角度揭示了社会发展的深刻规律，超越了传统增长方式“见物不见人”的弊端，实现了向集约式发展方式的转变，更加关注经济社会发展的客观规律与人的自由全面发展相协调，同时也着眼于世界经济的可持续发展。全球化使得不同国家之间的联系日益密切，国际社会的时代性质虽未发生重大变化，但时代特征却呈现了复杂性、多重化的特点，成为我们思考问题的重要依据和根本出发点。在当下资本主义生产方式依旧占主导地位的前提下，社会主义生产方式要学会与资本主义长期共存，并利用其有利因素壮大自身力量，在与资本主义的竞争合作中充分发展自我。[①] 在继续全面深化改革的大背景下，新发展理念要立足于开放性的国际视野，积极利用科技革命的先进发展成果，主动地融入全球化历程，从而推动发展理念本身的自我突破和长久发展。

现代社会的发展步伐明显加快，科技成果更是日新月异，开放化的程度也日益加深，但物质生活水平的提升却没有带来精神上的富足，空虚、失落、迷茫和不知所措依旧充斥着现代生活。马克思在《1844年经济学哲学手稿》中深刻阐述了劳动与人的发展之间的二重异化，卢卡奇在《历史和阶级意识》中用“物化”取代了资本主义生产方式的典型特征，但囿于生产力发展水平的制约，他们都未曾预料到现代社会的全新异化形式。科学技术确实带来了发展的突飞猛进，显著改善了人们的生活质量，但在提供生活便利的同时，也使人的发展目的和手段相倒置，形成一种技术依赖，进而演变为一种全新的异化形式。鲍曼认为，运动速度和更快的运动手段以及由此产生的移动自由，将会演变为新的权力工具和统治手段。[②] 美国学者爱德华·艾比的反思更为深刻，他认为发展有制约，必须以生态系统的承载力为限度；发展非目的，不能为了发展而发展，应兼顾人与人、

① 杨生平：《马克思世界历史理论和中国改革开放发展》，《思想教育研究》，2018年第12期。

② ［英］齐格蒙特·鲍曼著：《流动的现代性》，欧阳景根译，上海三联书店，2002年版，前言，第14页。

人与自然的和谐。在此基础之上形成新的发展观，突出表现在两个方面：一是精神世界的充盈和人性人格的完善；二是缓解直至消除生态危机、重建和保持生态平衡。[①] 由此可见，发展不仅仅局限于经济发展方式的转变，更深层次的是人与人、人与自然、人与自身的一种和谐，本质上是一种联动式的包容性发展。在发展的过程中，注定存在多重矛盾和冲突，需要我们多方协调并妥善处理其中的利害关系，健全制度和机制保障。

在新发展理念之中，创新、协调、绿色、开放、共享分别直指发展中的不同问题，是战略性与操作性、理论性与实践性的统一，致力于解决现代化的发展难题。创新增强了经济社会的原初动力；协调保障着社会有机体之间的内在平衡；绿色凝聚着人与自然的和谐统一，不仅是生命的象征、群众的期许，更是美好生活的物质基础和生态文明建设的重要支点；开放催生了全球化发展的重要成果，是国内市场与国际市场的内外联动；共享最终确保了发展成果由全体人民共同享有，是实现社会公平正义的重要基点。只有坚持发展理念的开放性特征，与世界经济深度融合，提升开放型经济发展水平，才能应对西方国家的再工业化战略及 TPP 等区域贸易协定所带来的风险挑战。我们要在尊重社会发展规律、保护生态环境、坚守新发展理念开放性特征的前提下，吸收借鉴国际社会先进的科技革命成果，不断实现人们对于美好生活的向往，致力于人与社会的

① 王诺：《唯发展主义批判》，《读书》，2005 年第 7 期。

健康永续发展，最终夺取新时代中国特色社会主义伟大事业的胜利，实现中华民族伟大复兴的中国梦。

三、新发展理念是内在开放的现实要求

唯物辩证法认为，事物的发展是内外因综合作用的结果，其中内因是根本，外因是条件，外因必须通过内因起作用。发展理念本身就是一场自我革命，既是国际开放和历史开放的必然产物，更是理念本身内在开放的现实需要，是要素之间综合作用的必然结果。西方认识论的"自我中心困境"在某种程度上揭示了开放对于维系系统生命力的重要意义，虽然人只能认识自我认识范围之内的事物，但范围之内与范围之外并不是彼此隔绝的，而是存在一个开放性的发展空间，正是这一开放性的空间建构，使得发展系统具有源源不断的新生气息涌入，进而保持着旺盛的生命活力。

新发展理念不同要素之间既有明确的规定性，又彼此开放、互为条件、相互影响、相互渗透，为理念的进一步深化发展预留了空间。创新固然是引领生产力发展的一面旗帜，但也需要经济社会发展的协调作为支撑，注重生态环境的保护，同时吸收借鉴先进的科技成果，最终受惠于人民群众；协调发展是有机体之间的内在平衡，但也需要创新深化思维方式，贯彻人与自然和谐的绿色发展理念，坚持国内与国际视野的有机融合，最终实现公平正义的发展要求；绿色发展不仅是自然生生不息的生命力量，也是人民幸福的物质基础，蕴含着开放共享的内

生要求，需要树立异质的创新思维，采用先进的科技发展理念，推动一种整体性协调的实现；开放不仅是创新思维与协调发展的统一，更包含着生态文明的必然要求，是中国人民和世界各国人民的价值联结；共享也要以人与自然、人与社会及人与人的协调为保障，需要充分发挥创新的驱动力量，全面深化对外开放战略，推动资本与科技的深度融合，提升开放型经济发展水平，进而实现人民共享与世界共享的内在统一。

新发展理念内容之间互相渗透、彼此开放、相互包容，这就必然要求发展要素之间保持合理张力，它们既有自身的明确规定性，又能突破自我，不断创新。新发展理念的开放性特征吸收了不同时期的发展经验，强化了发展要素之间的内在张力，进而保持了发展系统蓬勃旺盛的生命活力。正是这一开放性维度的建构，才能维系发展理念的生长空间，保持要素之间的动态平衡，推动发展理念的自我革新和内在突破，进而为新理念的进一步深化和升华奠定坚实的理论基础。

第三节　新发展理念的发展性

改革开放四十多年来的社会实践大大深化了发展观念的现实基础，发展已不单单是增长方式的转变，也是发展质量和水平的提升，更是人民幸福生活的价值支点。作为合规律性和合目的性的统一，新发展理念不仅是社会主义建设规律的重要表征，更是“以人民为中心”发展理念的价值追求，深刻诠释着发展为了人民、发展依靠人民和发展成果与民共享这一发展的最终目的。发展是决定一切问题的基础和关键，但却并非是唯一的终结发展目标，只有以人民为中心的发展，才能真正解决群众关心的发展难题。从根本上看，新发展理念与科学发展观、“四个全面”发展战略是一脉相承、紧密相联的，它既是对以往发展经验的总结概括，也是建立在现代社会实践基础之上的凝练升华，本质上是对以往发展理念的一种继承性发展。唯物辩证法认为，事物的发展不是一成不变的，而是一个动态的变化发展过程，运动是绝对的，而静止则是相对的，任何事物的发展都是绝对运动和相对静止的统一。新发展理念亦是如此，既是社会发展规律的动态呈现，也带有一定历史时期的阶段性特征，是绝对发展和相对发展的内在统一，作为对经济社会发展规律的深刻把握，其本身就是一个不断发展的社会历史过程，既是对以往发展理念的传承与超越，也注定会随着社会实践的发展而不断丰富完善。

一、新发展理念是对以往发展理念的一种继承性发展

新发展理念不仅是“四个全面”发展战略的逻辑呈现，更是“以人为本”科学发展观的时代升华。从“第一代发展观”（发展＝工业化＝经济增长）到“第二代发展观”（发展＝现代化＝整个社会结构由传统向现代的转型）的变革，[①] 其中凸显了综合性、协

① 范燕宁等著：《新时期中国发展观——兼与当代国外发展观的比较研究》，首都师范大学出版社，1999 年版，第 126 页。

调性的价值，更加注重一种社会平衡性的思考，深深诠释着以经济为核心的政治、文化、社会之间的联动效应。发展既是社会综合式的过程，也是各要素协调统一的内在平衡，尤其是社会结构的整体变迁将会深深影响发展理念的价值选择，进而为社会现代化的历史进程提供重要支撑。

新发展理念和“四个全面”战略布局具有内在的一致性：“四个全面”回答了发展的战略目标、战略重点和主要矛盾，强调认识和实践的完整性、全面性；“五大理念”关注发展过程的科学原则和价值诉求，突出发展的综合性、多维度。[①] 在全面深化改革和全面依法治国的社会背景下，新发展理念要继续以创新注入经济发展动力，以协调统筹社会发展布局，将全面深化改革的思想贯彻到底；同时以绿色推动人与自然的和谐共生，以开放吸收先进的科技成果，以共享助推社会公平正义，为实现全面建设社会主义现代化国家的奋斗目标而不懈努力。尤其要注意树立社会主义法治思想，坚持依法治国的基本方略，使得法治理念深入人心，将其逐渐转变为一种行为规范，真正实现党的领导、人民当家作主和依法治国的有机统一。改革是社会发展进步的源泉和动力，从严治党是加强执政党自身建设的必然要求，法治是国家治理体系和治理能力现代化的重要保障。四者并非简单并列，而是相互贯通、相互联系、一脉相承的顶

① 郝立新：《中国特色社会主义实践的战略布局和发展理念》，《中国特色社会主义研究》，2015 年第 6 期。

层设计理念。

新加坡《联合早报》评论道，环顾全球，世界各国都在进行改革，但唯有中国以只争朝夕的方式全面推进改革进程，“习氏改革”对整个世界的发展都有正面的示范效应。实际上，新发展理念不仅是“四个全面”发展战略的逻辑呈现，也为“五位一体”发展战略的重大部署提供了理论指导，深刻诠释着以经济为核心的社会综合式发展过程。经济是发展进步的根本基础，是发展理念的中心；政治为发展提供了制度保障，是发展理念的根本；文化塑造了良好的社会舆论氛围，是发展理念的灵魂；生态衍生美好生活的价值积淀，是发展理念的基础。“五位一体”重在“五位”的一体化发展，全面布局、协调发展。新发展理念不仅描绘了人类社会美好的发展愿景，勾勒了祥和繁荣的发展局面，也是以人为本科学发展观的时代升华，本质上诠释着一种前后联系的继承性发展。

首先，新发展理念进一步丰富了“四个全面”的逻辑内涵，描绘了发展战略的美好愿景。在“四个全面”思想的引导下，针对现实社会中人的发展与社会进步的失衡，价值理性与工具理性的背离，我们深入探究发展之本质，提出了中国特色社会主义新发展观。创新作为发展的龙头，协调是发展之保障，绿色是发展之基础，开放是发展之条件，共享是发展之本质，五者相辅相成、缺一不可，本质上构成了一个完整的发展系统。“四个全面”不仅是政治、经济和文化的相互调试，更是社会进步、生态和谐的内在要求，而新发展理念恰恰深刻诠释着以经济为核心的社会综合式发展过程，致力于不断提升国家治理体系和治理能力的现代化。发展观更深层次的内涵是一种社会制度的安排，这种制度需要兼顾社会生活的诸多利益，也要融入公平正义的现实要求。如果说“四个全面”是社会健康发展的重大战略部署，新发展理念就是这一战略部署的细化，涉及政治、经济、文化、社会等方方面面，进一步描绘了美好生活的发展愿景，是经济社会全面进步的根本遵循，指引着现代化建设的发展方向。

其次，新发展理念是“以人为本”的科学发展观的时代升华。社会主义制度从根本上考虑了全体人民的共同需求，实行生产资料的公有制，是一种较为全面的制度范式，个体积极性和创造性被充分调动，为实现共同富裕的本质目标不懈努力。改革开放后，伴随着“效率优先、兼顾公平”的发展要求，通过鼓励一部分人先富起来，实现了生产力的发展和社会财富的增加，进而为实现共同富裕的本质目标提供了充分条件，但发展的负面效应也日益明显，毕竟人与万物处于同一生态系统之中，是休戚与共的生命共同体，是社会发展进步不可或缺的重要组成部分。正如恩格斯所言，人对自然的每一次陶醉，都以自然对人的惩罚而告终。① 因此，必须在正确认识人与自然实践关系的前提下，妥善处理效率与公平的辩证统一，不能人为地制造二者的对立与冲突，既不能以公平为代价谋求效率的攀升，也

① 中共中央马克思恩格斯列宁斯大林著作编译局：《马克思恩格斯文集》(第9卷)，人民出版社，2009年版，第560页。

不能牺牲效率而一味追求公平，要在社会实践过程中实现公平与效率之间的动态平衡。20 世纪 80 年代，西方在反思传统发展理论的基础上形成了一种“新发展主义”，即倡导多元文化发展模式，在尊重人的发展权利基础上形成一种综合发展观。在此影响下，我们深刻反思发展中存在的主要矛盾，总结发展问题，明确发展是以人为本的全面、协调、可持续性的过程。新发展理念立足于社会主义初级阶段的具体国情，在着力解决发展问题的基础上，进一步挖掘了“以人为本”的时代底蕴和价值诉求，凸显了创新、协调、可持续性的内生要求，是激发经济发展活力，深化对外开放的战略举措，标志着发展理念的自我飞跃，即由外延式增长向内涵式发展的转变，同时也致力于实现人民美好生活的价值逻辑，重点解决“依靠谁”“为了谁”和“我是谁”的发展问题，是发展理念的一场深刻变革。

二、新发展理念内容的五个方面也是一个不断发展的过程

新发展理念实现了发展质量、发展模式、发展目标、发展协调性和发展指向性的变革，是全方位的社会历史过程，每一部分都要随着实践的发展而不断丰富。伴随全球化的深入拓展，当今世界局势发生了深刻变化，经济社会的发展进步越来越依赖于科技、制度、文化等方面的创新，这就决定了创新发展的制高点。抓创新就是抓发展，谋创新就是谋未来，创新成为助推社会发展进步的重要助力，占据发展全局的核心地位。创新本质上看是一种异质逻辑，来源于发展的原创力，集中于各个

领域的综合创新能力，要以重大科技创新为引领，加快创新成果的转型升级，充分释放全社会创业创新潜力，实现由“跟跑—并跑”向“并跑—领跑”的突破，以实现各领域的综合创新能力的提升，让创新在全社会蔚然成风。协调是两点论和重点论、发展平衡性和不平衡性的统一，是社会有机体各要素之间的动态发展过程，其本身也需要补齐发展短板，增强发展潜力以实现整体性的突破，真正实现发展系统内部的协调统一。绿色是人与自然和谐共生的内在机制，绿水青山就是金山银山，生态环境没有替代品，环境就是民生，青山就是美丽，蓝天也是幸福，没有生态环境做基础的发展无异于空中楼阁，终将丧失发展之根基，阻碍人类社会的长久、健康、可持续性发展。我们要树立大局观和长远发展意识，像对待自己生命一样保护生态环境，坚持走生产发展、生活富裕、生态良好的文明发展道路，进而推动绿色理念走向实践。开放也是需要不断深化拓展的，我们要深刻把握国际国内发展局势，坚持内外需协调、进出口平衡和互利共赢的开放战略，全面建构对外开放新体制，完善相应的法律、金融、人才、风险等安全保障机制，利用国内、国际两个市场，两种资源的优势全面提升发展效益。共享作为一个发展理念，其本身也是需要不断发展的，既要深化发展依靠力量和发展目的的关系问题，也要以有效的制度设计和安排，完善再分配调节机制，使发展成果更加公平地惠及人民群众。人们对于美好生活的向往就是我们前行的动力，这既是对新时代典型特征的准确把握，又是社会发展总矛盾的阶段性表现。我们对于新时期“主要矛盾”的认识，既不能超越社会主义初级阶段这个基本国情，也不能与社会发展总矛盾相割裂，要放在整个初级阶段发展的连续性与阶段性统一的意义上去理解。[①] 连续性与阶段性的统一本身就是发展性的现实要求，也是理解发展理念特征的重要参考。我们要明确社会所处发展阶段，既不能脱离初级阶段的具体国情，也不能背离高级阶段的现实指引，要尊重二者的现实统一，从社会实践的发展条件出发，深刻理解这一阶段存在的历史必然性，切实反映社会实践的发展沿革。

三、新发展理念本身也将随着社会实践的深化而不断发展

在西方哲学的历史演进过程中，有两种精神对这一历史传统产生了深刻的影响，即逻各斯精神和努斯精神。前者具有明确的规定性，通常表现为规律等客观形式，而努斯精神的实质就在于自我革新，突破规定性，不断超越有限世界，朝着更加完满的无限世界发展，这本身就蕴含着发展性的内在要求。“发展就是硬道理—党执政兴国的第一要务—科学发展观—新发展理念”，每一次发展理念的创新都引领着深刻的社会实践。新发展理念的提出，本身就是一次自我超越和否定扬弃的过程，终将突破自身发展界限，指向更为广阔的发展视域。长期以来，我们受制于传统发展模式束缚，单纯追求经济总量的增加，虽

① 杨生平：《关于新时代中国特色社会主义“主要矛盾”的理解与意义》，《贵州社会科学》，2017 年第 11 期。

然实现了一定程度的财富积累和经济的突飞猛进，但与此同时，也带来了一系列现实问题，造成了经济社会诸多要素之间的发展失衡，从而使得发展目的和手段相背离，严重制约着社会的整体协调。党的十九大以来，我们直面发展困境，调整发展思路，深刻认识到发展是以经济为中心的政治、文化、社会、生态之间的相互协调，是一种联动式的综合发展过程，而不再把经济发展作为衡量社会进步的唯一指标。通过发展理念的不断深化，调整社会发展方式，优化经济发展结构，从而使得经济发展与社会诸要素之间保持一种动态平衡，进而增强发展的整体协调性，推动人与社会的和谐共生。美国发展经济学家柏格指出，发展意味着“良性”的成长与“可欲”的现代化，是人与世界的一种和谐、包容性发展。新发展理念是现代化建设的一剂良药，作为统领现代化建设的顶层设计，新发展理念注定要随着社会实践的发展而不断完善自我、超越自我，进而实现发展理念的自我革命。在发展的过程中，注定存在诸多阻碍因素，我们理应涵养历史思维，立足基本国情，从容应对发展过程中的各种风险和挑战，结合社会实践的现实要求，建立具体的量化评价指标，不断为之增添新的发展血液，推动发展理念的自我扬弃和不断超越，使其落地生根，开花结果，迸发出蓬勃旺盛的生命活力。

新发展理念具有深刻的中国话语和世界意义，不仅是治国理政思想的重要组成部分，也是全球发展理念的一次创新和突破，注定要在世界历史的发展历程中继续深化完善，以实现新发展理念的自我革新。从治国理政角度看，围绕“治理什么样的国家、怎样治理国家的问题”，习近平总书记形成治国理政思想的战略体系，集中回答了发展中遇到的现实问题。其中，坚持和发展中国特色社会主义是贯穿始终的核心主旨，是中国人民安身立命之根本。坚持新发展理念是战略理念和宏观指导，规约着现代化建设的历史征程，成为占据中心地位的核心价值理念。新发展理念是问题倒逼的现实反映，重点解决了“实现什么样的发展、如何实现发展”的社会问题，致力于实现“补短板”“转方式”和“防风险”的发展目标，是发展战略的核心指导思想。作为这一战略体系的重要组成部分，新发展理念注定要随着治国理政思想的发展而不断丰富自我、完善自我，进而更符合中国特色社会主义的建设要求。从世界视野的角度来看，高质量的发展已成为各国人民的发展共识。新发展理念是一场事关发展全局的深刻变革，必然要积极应对全球化、国际化的发展要求，适时调整发展方向和策略，以推动命运共同体的实现。中国是世界经济发展系统中的重要一环，对全球经济高质量发展有着不可或缺的重要意义。新发展理念极大地激发了全球发展的信心，刺激了世界市场的发展需求，有利于利用资本谋求最高利润，扩大国内市场，提升全球资源配置效率，进而为世界经济复苏注入新的活力，最终打造泱泱大国发展的新境界。

第四节　新发展理念的实践性

新发展理念不仅是一种顶层设计，更是一种社会实践，具有强烈的实践操作性和现实引导性，直接应用于指导具体的实践活动，赋予了我们改造世界的真理和力量，成为管全局和管长远的根本遵循，是前瞻性和具体操作性的内在统一。马克思历来重视社会实践活动，他以实践的观点实现了历史唯物主义的内在突破，并使之演变为解释社会历史运动的重要话语体系。实践不仅是马克思诠释人与世界关系的重要范畴，也是人与自然分化的物质基础，对人类社会的发展产生着深刻的影响。费尔巴哈的人本唯物主义从“现实的人”出发考量世界，但却把人理解为“感性的对象”，而不是“感性的活动”本身①；黑格尔的思辨唯心主义试图通过人的认识活动把握外在世界，但却用自我意识、绝对精神取代社会发展的物质基础。二者皆没有找到社会实践的现实土壤，人为地割裂了彼此之间的内在关联。实践证明：认识与实践是辩证统一的关系，实践是认识的来源，是认识发展的根本动力，是检验认识正确与否的唯一标准，是认识的最终目的；但认识并不是一个受动的被迫过程，也具有自身独立的结构，能够反作用于实践，应正确认识科学理念对

---

① 中共中央马克思恩格斯列宁斯大林著作编译局：《马克思恩格斯文集》(第1卷)，人民出版社，2009年版，第499页。

社会实践发挥的重大引领作用。新发展理念作为一种科学的发展理念，不仅是中国特色社会主义新发展观，也是全面提升对外开放水平，逐渐走向世界中央的战略举措，深刻诠释着社会实践的发展逻辑。新发展理念是战略性和操作性、科学性和现实性的统一，不仅是社会实践基础上的深刻反思，也指引着人们对美好生活的价值追求，必将在现实活动中转变为一种自觉的深度实践。

一、新发展理念来源于实践，是社会实践基础上的深刻反思

实践基础上的理论创新是社会变革的先导，是引领社会发展的一面旗帜。作为社会实践经验的总结，新发展理念深入发展规律，总结历史经验，在社会实践的基础上进一步挖掘了社会主义初级阶段的特殊规律，是指导现代化建设的纲领性思想。新发展理念不仅遵循了现代化国家建设规律，同时也兼顾了人的主体需求，是合规律性和合目的性的内在统一。人类社会进步并不是建立在彼此隔绝的发展状态之下，而是基于上一代的社会积累之上，生产力的发展亦是如此。我们站在前人社会实践的基础上，逐步探索现阶段的发展问题，最终实现经济社会与人的发展之间的内在平衡。改革之初关于“真理标准问题的大讨论”极大地解放了我们的思想，彰显了实事求是的科学精神，同时也使得社会实践的作用日益凸显。

实践是认识的源泉和动力，亦是理论发展的源头活水，一切问题都应该去社会实践中寻找发展之根据。正如马克思所言：

“哲学家以不同的方式解释世界，而问题在于改变世界。”[①]其实，解释世界和改造世界是内在统一的历史过程，改造世界要以解释世界为前提条件，解释世界要以改造世界为现实动力，二者服从于社会实践的现实要求。正是改变世界的强烈欲望催生了社会实践的现实需求，发展理念才得以找到生存的土壤，在社会实践的基础上根深蒂固，枝繁叶茂。中国四十多年的改革开放实践不仅使得生产力发展实现了质的突破，经济发展进入新常态，总体形势稳中有进，也显著改善了普通百姓的生活质量，提升了人们的幸福指数和安全感，由逐步实现温饱转向小康的生活理想。但在发展过程中，也不乏面临新的压力和风险，仍需谨慎对待、妥善处理。新发展理念立足于初级阶段生产力发展水平，着眼于社会实践的历史沿革，顺应经济发展的现实需求，从根源上导入创新、协调、绿色、开放、共享的生产要素，并实现了“五位一体”发展要素的深度融合，旨在保持国民经济持续健康发展的同时，也推动政治、文化、社会、生态的协调平衡，进而激发内在潜力，增强发展韧性，实现人与世界的可持续发展，最终推动人类命运共同体走向实践。

二、新发展理念具有鲜明的问题导向性，是规避发展主义弊端的重要指引

创新、协调、绿色、开放、共享的发展理念直接指向现实

---

① 中共中央马克思恩格斯列宁斯大林著作编译局：《马克思恩格斯文集》（第1卷），人民出版社，2009年版，第502页。

的发展难题，具有鲜明的问题意识和发展前瞻性，不仅重点解决了制约发展的瓶颈问题，也凸显了以人民为中心的价值理念，实现了工具理性和价值理性的完美统一。“民为邦本，未有本摇而枝叶不动者。”“天下之治乱，不在一姓之兴亡，而在万民之忧乐。”历史唯物主义认为，人民群众是实践的主体，是历史的创造者，是社会变革的决定性力量。我们要尊重人民群众的首创地位，坚持群众观点、群众路线。群众中蕴含着深刻的历史逻辑和发展智慧，我们的发展必须优先解决“依靠谁”“为了谁”“我是谁”的首要问题以及发展目的和手段的关系问题，真正将发展的成果惠及亿万普通群众。发展不是经济社会的全部内涵，发展的最终目的是为了实现人的自由全面发展，进而实现“自由人联合体”的共产主义社会。因而，在实际发展过程中，要注意区分发展与发展主义的本质差别，避免走入发展主义误区。

发展主义诞生于二战后，与战后百废待兴的发展状态密不可分。它以追求经济增长为核心，片面凸显经济发展而弱化政治、文化的相互影响，认为工业化的发展进程必将带来政治的民主化和社会的全面进步，这是一个自然而然的历史过程。加之美国自由主义发展理念的侵蚀，其向许多第三世界国家倡导美国式的现代发展道路，进而使得发展主义演变为一种普遍的社会意识形态，被许多发展中国家所效仿。在这种观念的影响下，人们坚信所有发展问题都可以通过“科学”得到妥善解决，贫困只不过是一个技术问题而已。[①] 然而，发展主义所预设的美好远景在社会实践面前变成了一张“空头支票”，即使在经济崛起的东亚国家也没有完全兑现。发展主义意识形态不仅没能改变第三世界国家的贫困落后状况，反而造成了严重的资源破坏、生态危机和贫富差距等问题，严重制约着人类社会的可持续发展。发展固然重要，但当发展上升到一种“发展主义”时，发展的意义和最终目的似乎已处于被遗忘的边缘，进而演变为单纯为了发展而发展的社会历史过程。美国学者埃斯科巴在揭露了发展主义编造的神话后，认为“发展”只不过是二战后西方重新划定权力范围的手段而已，带有典型的意识形态倾向，严重违背了发展的终结目的。新发展理念突破了发展主义桎梏，实现了发展理念的自我革命：它不再单纯为了发展而发展，坚持了以人民为中心的发展思想，是引导社会实践的一场深刻变革，成为管全局、管长远、管根本的重要机制，维系着社会的良性运转和人与自然之间的内在平衡。

三、新发展理念具有强烈的实践操作性

新发展理念的实践操作性表现为直接应用于指导社会实践直至转化为自觉的实践活动。作为理论性与实践性的内在统一，新发展理念规约着社会实践的发展方向，直接作用于指导社会生活，聚焦发展问题，具有深刻的现实穿透力，成为破解当下

① 郁建兴：《发展主义意识形态的反思与批判》，《马克思主义研究》，2008 年第 11 期。

发展难题的一剂良方。

创新实现了发展动力的内在突破，聚焦动力机制的转换难题，努力实现从“要素驱动”向“投资驱动”，进而向“创新驱动”的转变，增强发展原创力；协调实现了保障机制的内在转换，重点解决了发展中的短板和不平衡性问题，旨在促进经济社会进步与人的全面发展相协调；绿色实现了生态文明的内在基础，聚焦生态资源环境问题，直接指向关乎民族未来的可持续发展；开放凸显着内外联动机制，致力于建构对外开放新机制，逐步实现从“引进来”向“走出去”开放的重大转变，全面提升经济开放水平，以更加积极主动的姿态拥抱世界，掌握历史前进的主动权；共享规约着社会发展的最终目的，重点解决了社会公平正义的现实问题，着眼于社会主义的本质要求，致力于实现发展为了人民、发展依靠人民和发展成果由人民共享。

新发展理念来源于实践，具有洞察社会的现实穿透力，直接作用于指导社会实践，成为实践活动的重要指引。作为一种科学的发展理念，新发展理念不仅是对社会存在的正确反映，也能科学地预测未来发展趋势，推动社会实践的发展，最终转变为一种自觉的行动规范。实践发展永无止境，改革创新亦无穷期。作为社会实践的重要指引，新发展理念是战略性与操作性的完美统一，具有较强的现实操作性，不仅鲜明地指导着实践的发展方向，也将转变为一种自觉的、全民的深度实践。正所谓知之愈明，则行之愈笃，只有深入理解发展理念的内在品质，抓住发展理念的本质特征，才能确立灵魂深处的自觉自信，内化于心、外化于行，为推动发展理念走向实践打下坚实基础，进而形成人人共享、全民实践的生动局面。

经济新常态背景下，我们的社会实践和生产力水平发生了翻天覆地的变化，尤其是历经四十多年的改革开放，总体上进入工业化后期，经济发展的成就有目共睹。2018 年以来，经济发展总量超过 90 万亿元，人均 GDP 将近 1 万美元，对世界经济增长贡献在 30%左右，远超欧美等发达国家。随着供给侧结构性改革的稳步推进，数字经济蓬勃发展，经济结构不断优化完善，创新成果日新月异，天宫、墨子、蛟龙、大飞机等填补了科技领域的空缺，这对于一个后起的发展中国家来说，意义非凡。之所以取得如此骄人的成就，离不开新发展理念的宏观引导。实践证明，新发展理念是当代中国的发展之道，是指引现代化建设的长久发展思路，是全面建设社会主义现代化国家的根本行动指南。不谋全局者，不足谋一域。新发展理念既是解决中国问题的核心关键，也为世界的和平稳定贡献了全新的力量和智慧，开拓了泱泱大国发展的新境界。经济转型蕴含着巨大的发展潜力、内部需求和市场空间，进而催生经济发展的内部活力，显著提升经济发展质量，一个繁荣、自信的中国正巍然屹立于世界的东方。创新、协调、绿色、开放、共享不仅是人与自然、人与社会、人与人发展规律的凝练升华，也充分兼顾“为谁发展”的主体诉求，是科学发展与可持续发展、工具理性与价值理性的统一。社会主义的本质特征在于共同富裕，但共同富裕注定不是一蹴而就的，尤其要正确处理一部分人先富裕和共同富裕的关系问题，在社会实践中把握其历时性和共时性的统一。发展也是有代价的，注定要牺牲一部分人的利益来推动社会历史的变迁，要兼顾发展的进步性与代价性的统一。20世纪80年代，西方提出“以人为中心”的第三代发展观，进一步彰显着人作为完整主体的意义和价值，它不仅要求人本身的综合发展，更是人际间平等、健康的可持续发展。而作为发展行动的先导，新发展理念则凸显了发展的原创力，张扬了人的发展价值，解决了“为谁发展”的主体问题，是开展实践、改造世界的根本遵循。它蹚出了一条发展的新道路，直接应用于指导现实的实践活动，并在此过程中转变为一种自觉的、全民的深度实践。我们要把握发展理念实践性的鲜明特征，努力营造“崇尚创新、注重协调、倡导绿色、厚植开放、推进共享”的社会氛围，自觉践行新发展理念的实践要求，将发展理念落实到日常生活之中，以此内化于心，外化于行，创造更大的发展奇迹。

综上所述，新发展理念既是改革开放以来社会实践的深刻总结，也是借鉴国际发展经验的必然选择，具有整体性、开放性、发展性和实践性等特征。这些特征规约着社会实践的发展方向，是我们践行新发展理念的重要参考。整体性是发展理念的基本特征，不仅从宏观上抓住了发展的核心问题，拥有共同的物质基础和价值指向，而且深刻诠释着以创新为龙头的内涵式发展系统。作为不同要素紧密结合的发展系统，新发展理念内容之间相互渗透、彼此包容，是你中有我、我中有你的命运共同体。正是要素之间的相互融合决定了发展系统必然具有开放性特征，它不仅是国际开放的必然产物，更是历史开放和内在开放的现实要求，是维系发展系统生命力量的重要彰显。要素之间的彼此开放也助推了发展观念不断向前，使其具有鲜明的发展性特征，而发展性则成为发展理念的核心特征。所谓发展性，不仅是对以往发展理念的继承性发展，也必将随着社会实践的深化而不断超越自我、发展自身，是开拓创新和与时俱进的内在统一。新发展理念的本质就在于实践性，是战略性与操作性的统一，具有强烈的实践指向性和现实操作性，本身就是一个社会实践的历史过程，也必将转变为一种指导现实的全民深度实践。因而，我们要在深入把握其时代特征的前提下，结合社会实践的发展要求，不断增添富有生命力的内涵，从而推动发展理念本身的自我革命。

总之，发展理念是管根本、管全局、管方向和管长远的重要指引，不仅是发展行动的先导，也是制约经济社会可持续发展的根本遵循。新发展理念的整体性、开放性、发展性和实践性特征深深影响着实践中的贯彻落实，是发展方向、发展思路和发展着力点的集中体现，也是规约中国特色社会主义现代化建设的重要航标。新发展理念，从中国伟大的社会实践中走来，凝聚着中国人民无穷的发展智慧，具有深刻的现实针对性、历史穿透力和未来指向性，是中国乃至世界各国人民发展问题的深入思考，是指导中国继往开来的思想旗帜和重要指挥棒。随着世界局势的变化和开放程度的加深，在充分利用国际、国内两个市场，两种资源的前提下，新发展理念实现了不同要素之间的深度融合，全面提升了资源配置效率，更好地推动了“引进来”和“走出去”的双向结合。这不仅是发展理念与世界文明的一次有益对话，更是规避发展主义弊端的重要尝试，为解决现代性的发展难题提供了理论借鉴，具有广泛的国际影响力和重要的参考价值。

第四章

新发展理念的制度保障

新发展理念立足国际视野，坚持问题导向，聚焦时代发展难题，不仅是一种科学的发展理念，更是一场广泛深刻的社会实践。它站在人类社会发展兴衰成败的历史基础之上，科学地把握了中国和世界的发展现实，揭示了科学发展与可持续性发展的客观规律，它的产生极大地丰富了中国特色社会主义发展理念的内涵，既是中国的，也是世界的，是一场关乎全球发展全局的深刻变革。作为战略性与操作性的内在统一，新发展理念不仅是指导经济社会健康发展的顶层设计，更是与老百姓日常生活紧密相连的客观实际，注定要在广阔的社会实践中加以贯彻落实。发展理念描绘了中国特色社会主义现代化建设的宏伟蓝图，说到底是要指导具体的社会实践活动的。只有建立和完善新发展理念的制度保障，才能在实践中更好地贯彻落实新发展理念。因而，如何结合社会实践的发展要求，建构新发展理念的制度保障就显得尤为重要。践行新发展理念，要坚持以人民为中心的发展理念，不断增进民生福祉，改善人民的生活质量。新发展理念立足于现阶段的生产力发展水平，是完善社会主义发展制度，实现高质量发展和更加公平、更有效率发展的必由之路。在全面深化改革的思想引导下，树立系统化思维方式，完善以经济体制改革为核心的社会综合保障机制。改革是社会主义制度的自我完善和发展，必须以社会主义制度的根本性质和任务规约新发展理念的实践路径，同时以法治理念、法治思维深化群众实践的现实基础，以此为发展理念的贯彻落实提供法治保障，进而全面推进依法治国，提升国家治理能力和水平。

第一节 新发展理念要确立以人民为中心的发展思想

发展是解决一切问题的基础和关键，是关乎国际国内格局的重大战略问题。以“创新、协调、绿色、开放、共享”为内容的新发展理念，不仅充分继承了马克思主义发展观的思想精髓，深刻把握了当代社会主义的发展趋势，同时也深化了发展的一般规律，结合本国当代发展的现实情况，实现了发展理念的时代创新。“依靠谁”“为了谁”“我是谁”是涉及发展指导思想的根本性问题，只有把这个问题合理解决了，才能真正搞清发展目的，进而激发发展的内在活力，使发展进入持续健康的轨道。发展并不是经济社会进步的全部内容，只有不断实现人们对于美好生活的向往，切实提升人们的幸福指数，才是发展的最终目的。马克思主义经典作家历来重视人民群众的历史作用，以人民为中心不仅是唯物史观的基本立场，也是共产主义社会的价值追求，是社会发展进步的重要助推力量。“理论只要说服人，就能掌握群众；而理论只要彻底，就能说服人。所谓彻底，就是抓住事物的根本，而人的根本就是人本身。”[①]确立以人民为中心的发展思想，要广泛调动人民的积极性和主动性，以顺民心为要，以厚民心为本。想民之所想，急民之所急，致力于解决老百姓关注的现实问题，才能让人民有更多的获得感、幸福感和安全感，新发展理念才能得以真正贯彻落实。人民是发展中国特色社会主义事业的根本力量，任何脱离人民的发展终将走向发展的对立面，导致一种片面的畸形发展。只有牢牢把握以人民为中心的发展思想，坚持人民至上的发展理念，努力做到发展为了人民、发展依靠人民、发展成果由人民共享，不断满足人们多层次的精神文化需求，才能产生最大的社会合力，发挥新发展理念应有的实际效应。

一、以人民为中心践行新发展理念

（一）“依靠谁”重点解决发展的依靠力量问题，是践行新发展理念的重要前提

开拓新时代的伟大事业要紧紧依靠人民，离开了人民的支持和参与，任何事业都不可能成功。人民是社会财富的创造者，也是社会变革的决定力量、社会进步的依靠力量，推动着历史

---

① 中共中央马克思恩格斯列宁斯大林著作编译局：《马克思恩格斯选集》（第1卷），人民出版社，2012年版，第9—10页。

的进程，绘就着历史的篇章。唯物史观认为，人民群众是社会实践的主体，是人类历史的创造者。毛泽东说："人民，只有人民，才是创造世界历史的动力。"[①]不管是在革命时期还是在建设年代，人民群众都是最根本的助推力量。没有人民，就不可能成就中国特色社会主义事业的蒸蒸日上。"人民是真正的英雄，人民是决定党和国家前途命运的根本力量，要靠人民创造历史伟业。"[②]一切依靠人民是马克思主义政党的根本价值取向。新发展理念是中国共产党人关于社会发展理论的新突破，是对经济社会发展规律的新认识。坚持人民是发展的实践主体，表明发展必须依靠人民，牢牢依靠群众的智慧和力量。理论是行动的先导，新发展理论的产生必然要付诸行动。长期以来，中国共产党始终把人民作为革命和执政的出发点，坚持依靠人民谋求持久发展。贯彻落实新发展理念，必然离不开人民的参与。依靠人民群众践行新发展理念，一是要尊重人民群众的主体地位和首创精神，相信和依靠人民群众。习近平总书记指出："必须充分尊重人民所表达的意愿、所创造的经验、所拥有的权利、所发挥的作用。"坚持一切工作从尊重最广大人民的意愿、维护最广大人民的利益出发，尊重劳动、尊重知识、尊重人才、尊重创造，调动一切积极因素，充分发挥人民群众的主力军作用，全心全意依靠人民群众。二是要主动拜人民为师，自觉向人民

---

① 《毛泽东选集》(第3卷)，人民出版社，1991年版，第1031页。

② 中共中央宣传部：《习近平新时代中国特色社会主义思想三十讲》，学习出版社，2018年版，第88页。

群众学习。群众中蕴含着无穷的发展智慧，要善于挖掘和引导。密切联系群众，坚持问政于民、问计于民、问需于民，深入实际、深入基层、深入群众，了解群众需要，解决群众困难，化解群众矛盾，不断从人民群众中汲取推动发展的经验和力量。三是要坚持发展成果由人民检验。工作干得好不好，群众最有发言权，老百姓的满意程度决定了我们的工作是否落实到位。在发展过程中，要始终坚持把人民群众是否满意作为检验工作的首要标准，真正发挥人民群众的最大积极性。以群众利益为最高的衡量指标，在不断满足群众需求、解决百姓现实问题的过程中实现发展理念的内在突破，真正凸显发展依靠人民的重要前提。

（二）“为了谁”重点解决发展的目的问题，是践行新发展理念的重要保障

发展不是最终目的，发展的最根本目的是有效提高人民的生活水平，以此来实现社会主义的本质要求——共同富裕，也就是实现了发展为了人民。习近平总书记在 2012 年 11 月 15 日指出：“人民对美好生活的向往，就是我们的奋斗目标。”党的使命就是要让人民过上幸福生活，党推进发展的根本方向就是要不断满足人民群众对美好生活的期盼和追求。中国特色社会主义进入新时代，对发展提出了更高的要求，要更好地满足人民日益增长的美好生活需要，要更好地推动人的全面发展和社会的全面进步，发展最终都是为了保障和改善民生，走高质量发展的共同富裕之路。新发展理念是在经济新常态下党中央为破解发展难题而制定的发展指南，完全切合了发展的要求，把增

进人民福祉和促进人的全面发展作为发展的出发点和落脚点，不断推进社会经济有序发展，逐步提高民众的生活质量和水平，充分体现着发展为了人民。在贯彻新发展理念的过程中，要努力做到发展为了人民：一是要把人民是否真的享受到了发展的实惠作为检验工作的试金石。党所有工作努力的方向是为广大人民群众创造美好的生活，这就要求在一切工作中，要把广大人民群众的根本利益放在第一位，在今后做出的所有规划或者决策中，首要考虑的就是是否符合人民群众的根本利益，人民是否能从中得到实惠。二是满足人民对过上更加美好生活的追求。2012 年 11 月 15 日，习近平总书记指出："人民期盼有更好的教育、更稳定的工作、更满意的收入、更可靠的社会保障、更高水平的医疗卫生服务、更舒适的居住条件、更优美的环境，期盼孩子们能成长得更好、工作得更好、生活得更好。"这种期盼既有"日益增长的物质文化需要"的硬需求，也有获得感、幸福感、安全感以及尊严、权利、当家作主等更具主观色彩的软需求。这就要求发展要满足人的多方面的真实需要，全方位丰富和提高人创造美好生活的能力。二战后，西方很多国家陷入了"发展主义"误区，认为要改变贫穷落后的局面，必须大力发展经济。这一点毋庸置疑，但是单纯追求经济增长的发展观，并没有立足于满足人的需求，这导致难以充分发挥人的积极性，经济增长常常被经济危机打断，使得发展不具有可持续性。因此，我们要从中吸取深刻的经验教训，明确发展是全面、协调、可持续的发展，是为了实现人们对于美好生活的向往，是为了不断提升人们的获得感和幸福感的发展。

（三）"我是谁"重点解决的是党和群众的关系问题，是践行新发展理念的最终归宿

共产党人最重要的社会关系，就是同人民群众的关系，这也是发展过程中极其重要的一个问题。马克思、恩格斯在总结巴黎公社经验的基础上，创立了马克思主义公仆理论，公开宣布"要实行人民管理制，所有的公职人员都是人民的勤务员"。这在一定程度上奠定了共产党人党群关系的重要基础。从本质上讲，马克思主义反对领导特权和官僚主义，坚持人民群众在社会实践中的主体地位。中国共产党在革命、建设和改革开放实践中，将马克思主义关于领导干部和人民群众关系问题的理论向前做了重大推进。《中华人民共和国宪法》第二条规定："中华人民共和国的一切权力属于人民。人民行使国家权力的机关是全国人民代表大会和地方各级人民代表大会。人民依照法律规定，通过各种途径和形式，管理国家事务，管理经济和文化事业，管理社会事务。"通过国家宪法把人民代表大会制度作为我国的政体，确立人民是国家主人的地位，领导干部只是人民选出的行使权力的公仆，并非享有某种特权的利益代表。毛泽东同志在《一九四五年的任务》一文中明确指出："我们一切工作干部，不论职位高低，都是人民的勤务员，我们所做的一切，都是为人民服务。"[①]邓小平更是把自己当作"人民的儿子"，反

① 《毛泽东选集》(第3卷)，人民出版社，1953年版，第243页。

复强调“人民公认”“人民拥护”“人民赞成”“人民答应”“人民高兴”等问题。但在实际的发展过程中，这些公仆的思想还是受到了现实的挑战。习近平总书记指出，形式主义、官僚主义、享乐主义和奢靡之风严重损害了党群和干群关系，必须下大力气坚决予以治理。党的领导集体强调群众的主人公地位和党员干部的公仆身份，新发展理念则坚持以人民为中心，一切为了人民、一切依靠人民、一切发展成果由人民共享，完美诠释了党带领人民发展的使命和初衷，是对马克思主义群众观的最新发展，深化了发展理念的现实基础。在新发展理念中，创新发展鼓励“大众创业，万众创新”，协调发展致力于维护好全体人民的利益，绿色发展着眼于为人民创建美丽中国，开放发展注重共建人类命运共同体，共享发展侧重于让人民在共建共享中有更多的获得感。每一个理念都将人民深深地刻在发展之中，这是新发展理念的最高价值积淀。在具体的贯彻落实中，要注意协调以下两方面的关系：一是要正确认识并解决好党和群众的关系问题。通过经常性地开展党的群众路线教育，紧紧抓住“加强党性修养”这个核心关键，深入学习教育内容，坚定理想信念，升华思想境界，始终秉承全心全意为人民服务的根本宗旨。二是要牢固树立人民是国家的主人意识并付诸实际行动之中。党之所以能够得到广大人民群众的拥护与爱戴，不仅仅是因为其全心全意为人民服务的宗旨，还因为党始终把这一宗旨落实在具体行动之中。空谈误国，只有实干，才能兴邦，才能实现人们对于美好生活的憧憬和向往。在具体的社会实践中，要把人民是国家的主人这种意识深深扎根于心中，实实在在地落实到行动上，切实把群众冷暖挂在心上，通过实际行动解决群众的实际困难，为群众谋福利。此外，还要竭尽全力，扎实工作，深入基层，扎根实践，在实际工作中认真解决群众所忧、所盼、所急的问题，真正把人民群众的根本利益实现好、维护好、发展好，把党和政府的温暖送到群众当中，让人民群众生活得更加幸福，更有尊严。

总之，发展为了人民，发展依靠人民，最终是为了发展成果与民共享，提升人民的幸福指数和获得感。与民共享不仅是社会主义的本质要求，也是实现社会公平正义的重要支点，深刻影响着经济社会的良性、持续、健康发展，也是新发展理念的最终落脚点和价值归宿。在践行新发展理念的过程中，要注意以下两方面的问题：一方面，要大力发展经济，不断改善人民的物质生活水平。毋庸置疑，经济发展是社会全面进步的根本基础，是践行发展理念的重要物质保障。只有不断解放生产力、发展生产力，调整生产关系的内部矛盾，才能激发生产的内部活力，进而创造出更多的发展成果，以满足群众多层次的发展需求，实现物质文明与精神文明的相互协调。另一方面，坚持效率和公平相统一的原则，着力解决社会公平正义问题。在大力发展经济的同时，要正确处理效率和公平的统一关系，既要把“蛋糕”做大，还要把不断做大的“蛋糕”分好，要让每个人都能享有实实在在的改革成果。在践行新发展理念的过程中，要不断完善我国的基本经济制度和分配制度，着力解决社会公平正义问题，进而把收入差距控制在合理的范围之内。只有正确处理发展经济与公平正义的关系问题，才能在提升发展质量的同时，不断实现人们对于美好生活的向往，才能真正确保新发展理念贯彻到位。

二、新发展理念与以人民为中心发展思想的辩证关系

新发展理念与以人民为中心的发展思想是相互联系，彼此渗透，有机统一的集合体。保障和改善民生是发展经济的根本目的，坚持将以人民为中心的发展思想贯穿新发展理念始终，是践行新发展理念的首要前提。增进民生福祉，提升人们的幸福指数是当代中国发展的根本目的，新发展理念自觉把以人民为中心作为发展的指导思想，坚持发展为了人民和发展成果与民共享。新发展理念是人们幸福的价值基石，是群众社会实践的发展成果，只有坚持并落实以人民为中心的发展思想，才能实现新发展理念的初衷和价值归宿，进而实现经济社会的健康发展与人的自由全面发展。在发展过程的实践中，我们党注重将“人民拥护不拥护”“人民赞成不赞成”“人民高兴不高兴”“人民答应不答应”作为制定各项方针政策的出发点和最终归宿，作为判断各项工作成败得失的最高标准。改革开放四十多年的发展，不仅使得经济质量和水平迈上了新台阶，也在社会民生工作方面取得了突破性的进展，人们的获得感和幸福感与日俱增。随着城镇化和城乡二元对立结构的消失，农民开始与市民一样，享受到城市发展的福利和待遇，住有所居、病有所医、老有所

养日益转变为可以触摸到的梦想。社会发展的实践充分证明，人民既是经济社会发展的依靠力量，也是经济社会发展的服务对象。以人民为中心彰显着人民发展的主体地位，是实现共同富裕的根本保障，是社会主义制度的本质之所在。

当然，以人民为中心也不是说让人民的利益一步到位，一下子就让每个人达到自由全面发展的程度，这里也有一个渐进式的过程，需要正确处理和解决人民的眼前利益与长远利益、局部利益与整体利益等问题。长远利益和整体利益高于眼前利益和局部利益。当长远利益和整体利益与眼前利益和局部利益发生矛盾时，发展要顾全大局，要以长远利益和整体利益为重；在强调长远利益和整体利益的前提下，必须同时强调眼前利益和局部利益，促进个人价值的实现，并力求使个人的个性和才能获得全面和充分的发展。我们在强调国家和集体利益的同时，要重视眼前利益和局部利益，满足发展过程中人民群众的迫切需求。在社会主义初级阶段，必须在让一部分人先富裕起来的过程中渐渐实现共同富裕，共同富裕不是“同时富裕、同步富裕、同等富裕”，我们要允许一部分人、一部分地区先富起来，先富帮后富，从而逐步实现共同富裕。即使全面建成了小康社会，也不可能是平均式的共同富裕，仍然而且必须存在一定程度利益上的差距，关键是要把差距控制在合理的范围内，这是由社会主义初级阶段发展这个根本任务和阶段性特征决定的。解放和发展生产力，为实现共同富裕创造坚实的物质基础和发展保障，坚持社会主义制度的发展要求，防止两极分化，为实现共同富裕提供稳定的政治支撑和制度保障。所以，那些声称共同富裕就是同步富裕或同等富裕、是绝对平均主义的说法，是过分追求了主观的完全同步性，是错误且片面的。“任何历史记载都应当从这些自然基础以及它们在历史进程中由于人民的活动而发生的变更出发”，[①] 无论是坚持以人民为中心，还是发展社会主义实践，最终都要落脚于从事社会实践活动的人，这个人是具体的、现实的、处于历史发展之中的人。

因此，以人民为中心的发展思想，并不是一个抽象的、玄奥的概念，不能只停留在口头上、止步于思想环节，而应体现在经济社会发展的各个环节，落实在具体的各项制度安排之中。在资本主义社会里，以人民为中心更多呈现的是“以人为本”的发展情怀，着重于一小部分人的全面发展。这种发展是以绝大多数人的畸形发展和不发展为前提的，是资本主义生产方式发挥作用的内在机制。而在社会主义制度条件下，以人民为中心的发展思想致力于实现每个人的自由全面发展，着眼于维护社会公平正义，不断保障和改善民生，推动改革发展成果更多更公平地惠及全体人民。马克思所设想的共产主义社会，不仅是对资本主义社会的根本扬弃，也是对实现以人民为中心这一信念的价值诠释，注定要历经一个由低阶到高阶的历史过程。在社会主义初级阶段，基于特定的社会生产力发展条件的制约，

---

① 中共中央马克思恩格斯列宁斯大林著作编译局：《马克思恩格斯文集》（第 1 卷），人民出版社，2009 年版，第 519 页。

我们的发展不可能达到每个个体平等、自由、全面发展的程度，必然是一个不断趋近共同富裕目标的渐进式发展过程。因而，明确不同社会历史阶段的发展侧重点极其重要，这是由社会主义初级阶段发展这个根本任务所决定的。没有发展，就不可能为人民谋幸福；而不以人民为中心的发展就是片面的发展，即使短时间内可能实现量的积累，但最终不可能健康持久。任何割裂发展与以人民为中心思想关系的解读，都是极其片面且有害的，因而，在践行新发展理念的过程中，必须正确处理好发展与以人民为中心思想的辩证关系，实现二者的现实平衡。发展最终是为了人民，但发展也要依靠人民，也要激发群众的智慧和力量。只有明确社会所处的发展阶段，调动人民治理国家的主动性和积极性，才能更好地坚持以人民为中心的发展思想，确保发展成果与民共享。

第二节　改革和完善发展机制，建立制度保障

新发展理念是以创新为龙头、多元要素综合作用的内涵式发展，以及以经济为核心，政治、文化、社会联动式的综合发展，这就要求在做好经济体制改革的同时，一并进行政治体制、文化体制、社会体制与生态体制的改革，将“四个全面”的战略布局与“五位一体”的总体布局紧密结合起来，最终建立和健全适应新发展理念的制度和机制体系。发展既是一种经济模式的建构，也是一种社会制度的安排，还是理念与模式的内在统一。

新发展理念诠释了以经济为基础的社会综合式发展模式，彰显了社会主义“以人民为中心”的制度优势，不仅致力于实现高质量的发展，也要改革和完善发展制度和机制保障。在践行新发展理念的过程中，需要处理好两方面关系：一方面，改革经济体制、政治体制、文化体制、社会体制和生态体制，让其能更好地适应新发展理念并为之服务；另一方面，用社会主义根本制度的性质与任务去规范和引领发展方向，避免陷入西方“发展主义”陷阱。

一、以经济建设为中心，全面推进政治、文化、社会和生态的联动式综合发展

随着我国经济发展进入新常态，人民美好生活需要日益广泛，不仅对物质文化生活提出了更高要求，而且在民主、法治、公平、正义、安全、环境等方面的要求也日益增长。发展是解决我国所有问题的基础和关键，新发展理念正是为解决我国经济社会发展面临的突出矛盾和问题而提出来的。历史上，党的十一届三中全会重新确立了“经济建设”这个中心。多年以来，从“两位一体”到“五位一体”总体布局的确立，我们党始终围绕着以经济建设为中心的发展初衷没有变，这既是对历史经验的深刻总结，也是对社会发展规律不断深化认识的必然结果。新发展理念依然延续着以经济建设为中心这个发展的重中之重，建设现代化经济体系，继续解放和发展社会生产力，从而不断提高人民的生活水平。坚持以经济建设为中心，要加快转变发

展方式、优化经济结构、转换增长动力，提高经济发展质量和效益，推动我国经济在实现高质量发展上不断取得新进展，把“为中国人民谋幸福，为中华民族谋复兴”的初心和使命落到实处。在践行新发展理念的过程中，经济建设提供了物质基础，它是整个社会赖以存在和发展的基础。如果经济建设搞不上去，社会主义民主政治建设、精神文明建设、和谐社会建设就会失去根基，人民幸福目标的实现也将化为泡影。因此，坚持以经济建设为中心这个思想，任何时候都绝不能动摇。但仅仅发展经济是不够的，社会发展是一项需要协调各方面矛盾关系和利益冲突的系统工程。马克思指出：“社会有机体是一个一切关系同时存在而又相互联系的有机总体，并且社会的各个要素都从属于这个有机总体，以及社会有机体各要素之间相互作用、相互联系、相互补充、相互融合，从而共同构成一个复杂的有机整体。”①从马克思社会有机体思想出发，我们可以得知，社会发展是一个有机统一整体，有机体的各个要素相互协调、共同发展，才能推动社会的全面进步。因此，在发展经济、增加物质财富的同时，还要注重政治、文化、社会等多方面的共同发展，也就是全面协调可持续发展。只有政治、经济、文化和社会等方面实现了协调发展，才能为践行发展理念打下坚实的基础。

---

① 中共中央马克思恩格斯列宁斯大林著作编译局：《马克思恩格斯全集》(第4卷)，人民出版社，1958年版，第144页。

新发展理念正是以全面、协调、可持续为特征的作为新时期现代化建设的总要求，在经济不断发展的基础上，协调推进政治建设、文化建设、社会建设、生态文明建设。政治建设是根本，重点在于发展社会主义民主政治，就是要体现人民意志、保障人民权益、激发人民创造活力，用制度体系保证人民当家作主。在践行新发展理念的过程中，政治建设提供制度保障。通过政治体制改革，扩大社会主义的民主，建设社会主义法治国家，保障人民的主人翁地位。没有民主政治建设，就没有一个以健全法制为保障的发展环境，就不会有经济社会的良性、持久、健康发展。健全的制度保障也需要文化软实力营造良好的社会氛围，文化建设是灵魂，提供践行新发展理念的精神动力。文化建设要秉承先进文化的发展方向，坚持为人民服务、为社会主义服务的原则，增强文化自信，提升文化自觉，进而推动社会主义文化大发展大繁荣，在全社会形成导向作用，推动社会的和谐稳定。反之，忽视文化建设，中华民族就会丧失生生不息的精神动力，新发展理念的贯彻落实也将成为一纸空谈。社会建设是纽带，着重点在社会治理，抓住人民最关心最直接最现实的利益问题，以此作为保障和改善民生的着力点、切入点，为践行发展理念提供社会条件支撑。发展关键在于以民为本，改善民生，实现学有所教、病有所医、老有所养、住有所居的社会环境，进而促进社会公平正义的实现。漠视社会建设，保障和改善民生就会沦为空谈，发展也将失去生存之根基。生态文明建设是基础，也是践行新发展理念的重要抓手，是保护生产力，实现美好生活的物质前提。生态文明致力于人与自然的和谐共生，秉持"绿水青山就是金山银山"的重要理念，着重于改善人与自然的实践关系，提供更多、更优质的生态产品，以满足人民日益增长的优美生态环境需要。采用先进科技，大力发展低碳经济，节能减排，循环利用资源，倡导绿色的生活方式和生产方式，努力建设美丽中国，实现中华民族的永续发展。没有生态建设，人们幸福生活的生长点将失去根基，难以形成可持续发展的生动局面。因此，"五位一体"重在五位的"一体化"建设，而非泾渭分明、孤立发展。五者相辅相成，不能相互替代，不可偏废其一，缺少哪一方面，都将导致一种片面的畸形发展，只有经济、政治、文化、社会和生态文明的综合联动发展，才能更好地推进新发展理念的实践落实，实现经济富强、政治昌明、文化繁荣、社会正义、生态文明的良好发展格局，进而推动实现社会主义现代化的发展目标和中华民族的伟大复兴。

二、全面深化改革，建立和完善适应新发展理念发展的制度和机制体系

每一次发展理念的新飞跃，必然赋予改革以新使命，推动改革向纵深行进。而改革的每一次迈进，也必将对发展理念产生深远且持久的影响，进而推动发展理念的自我革新和内在突破。新发展理念，是关系我国发展全局的一场深刻变革，是引领全面深化改革的一面旗帜，规约着改革的方向和目标。它既

是发展观，也是改革观，在某种程度上彰显着发展和改革的内在统一，是国家治理体系和治理能力现代化的重要标识。全面深化改革是社会主义发展进步的前行动力，既是现实驱动力，也是方法路径，更是精神内核，是贯穿其中不变的深刻发展逻辑，为新发展理念的践行提供了坚实的保障。践行新发展理念能否落实到位，关键在于是否坚持将全面深化改革思想贯彻到具体的社会实践过程中，以改革破除体制弊端，激发社会创新活力。新发展理念背后深深地映射着以经济发展为基础的社会综合式发展过程，是社会有机体各要素之间的内在协调和动态平衡。遵循新发展理念，新一轮改革使命在全面深化。改革要树立“全国一盘棋”的系统思维，立足整体，统筹兼顾，更加注重系统集成性推进。这就意味着在践行新发展理念的过程中，在做好经济体制改革的同时，一并进行政治体制、文化体制、社会体制与生态体制的改革，建构“五位一体”的动态发展格局，让其能更好地适应新发展理念要求并为之服务。与此同时，也要以社会主义根本制度规约新发展理念的实践路径和发展方向，坚持全面依法治国的基本思想，完善和发展中国特色社会主义制度，提升国家治理能力和社会法治化水平，进而不断推进国家治理体系和治理能力的现代化，为践行新发展理念提供坚实的制度机制保障。

我国处于社会主义初级阶段，要始终坚持以经济建设为中心，因此经济体制改革是重点，为新发展理念的践行提供了前提条件。经济体制改革的关键是要处理好政府和市场的关系。

必须更加尊重市场规律，更好地发挥政府作用，让市场在资源配置中起决定性作用，推动形成全国统一大市场，打破地区分割和利益藩篱，切实提高发展效率。政府要简政放权，政府职能主要定位在经济调节、市场监管、社会管理和公共服务等方面，努力打造服务型政府。将“有形的手”和“无形的手”相结合，推动形成“有效市场、有为政府”的发展新局面，进而全面提升资源配置效率。此外，还要积极推进国有企业改革，推行公有制多种实现形式，不断增强国有企业活力；推进财税和金融体制改革，健全现代市场体系。

政治体制改革为经济体制改革提供了政治保障，因此，增强党和国家的领导力，是践行新发展理念的制度保障。深化政治体制改革，就是要把党的领导、人民当家作主、依法治国有机统一起来。要坚持党的领导，提高党科学执政、民主执政、依法执政水平，保证党领导人民有效治理国家；保证人民当家作主，调动人民积极性，扩大社会主义民主，发展社会主义政治文明；坚持依法治国基本方略，树立社会主义法治理念，实现国家各项工作的法治化，保障公民合法权益，建设社会主义法治国家。

文化体制改革为经济体制改革提供了精神动力，着重做好思想宣传工作，弘扬社会主义核心价值观，为践行新发展理念提供社会舆论氛围。深化文化体制改革，就是要加快完善文化管理制度，理顺文化改革中的矛盾和关系；以满足公民基本文化需求为目的，健全现代文化市场体系，构建现代公共文化体系；完善文化经济政策，完善文化市场准入和退出机制，充分尊重企业的市场主体地位，保障市场在资源配置中的决定性作用，鼓励非公有制文化企业发展，以法律制度和市场规律作为产业发展的动力。

社会体制改革为经济体制改革奠定了群众基础，强调促进社会公平正义、增加人民群众获得感，为践行新发展理念提供重要条件。深化社会体制改革，就是要协调和各方利益的关系，形成科学有效的利益协调机制；扩大社会有效供给，提升社会保障水平，建立公平的利益分配机制、公正的利益调节机制、畅通的利益表达机制。在党的统领下，融合社会多方面的意见，实现好政府、社会和居民之间的良性互动。

生态体制改革为经济体制改革开辟了新型发展道路，强调保护生态环境，倡导绿色生活方式，为践行新发展理念提供了物质基础。深化生态体制改革，就是要树立生态文明的发展理念，坚持人与自然的和谐共生，在尊重自然规律的基础上发挥主观能动性。完善经济社会发展评价体系，利用征收环境资源税费、健全排放权交易市场和行政处罚手段调节的方式，建立相应的奖惩机制，形成权责明确的产权制度，建立科学的绩效评价考核制度，对资源消耗以及生态效益加强考核。在自然资源配置过程中，有效协调利益相关方之间的关系，合理配置自然资源，提高资源的有效利用率。

第三节 全面推进依法治国，提升国家治理能力

制度的安排不是随意的，它考验着一个国家的治理能力，而治理能力又需要有治理体系来维系。治理体系自然需要靠法治加以实现，法治是最有效、最可靠、最稳定的治理。这就要求我们在践行新发展理念的过程中，必须全面推进依法治国，不断提升国家治理能力。依法治国既要符合社会历史发展规律、符合中国实际，也要贯彻社会主义本质要求，即人民当家作主，故而要做好党的领导、人民当家作主和依法治国的有机统一，以确保新发展理念落实得井然有序。

全面推进依法治国是国家治理领域的一场深刻变革，不仅规约了新发展理念的实践方向，也是提升国家治理能力和推动治理体系现代化的现实要求，关乎改革发展的系统性、整体性和协同性。践行新发展理念，要以“四个全面”发展战略为指引，协调推进“五位一体”的整体发展布局，要善于运用法治思维和法治方式，坚持法治为了人民和法治造福人民的思想，进一步保障和促进社会公平正义，最终实现经济社会的良性、健康和持久发展。全面建设社会主义现代化国家是践行新发展理念的重要目标，民生是制约发展之根本，是衡量社会进步与否的重要标志。践行新发展理念要以全面建设社会主义现代化国家为指引，以实现人们对于美好生活的向往为目标，不断改善民生、增进福祉，着力提升人们的幸福感和获得感，进而实现社会主

义与民共享的发展目标。全面从严治党是加强党的执政能力和先进性建设的必然要求，为新发展理念的贯彻落实提供了坚强的政治保障。践行新发展理念，必须贯彻全面从严治党的现实要求，通过严格的“管理”和“制度”，明确发展界限，严守发展红线，进而完善刚性的约束机制。

现代经济更多的是法治经济，法治思维日益渗透到现代生活之中，成为人们实践活动的重要评判标准。法治兴则国兴，法治强则国强。在落实新发展理念的过程中，要树立一种与社会主义市场经济相适应的法治理念，以宪法和具体法律为支撑，以社会现实问题为动力，建立健全新发展理念的法治基础。全面依法治国不仅是深化改革的现实需要，也是提升国家治理体系和治理能力现代化的必然要求，它规约着新发展理念的实践路径和发展方向，为发展理念的贯彻落实提供了坚实的法治保障。党的十八届五中全会提出“法治经济”，这不仅意味着法治理念的重要价值，还说明它是法治与经济的内在融合，从侧面反映了法治对经济发展的突出作用，是当代社会法治精神的重要凸显。法治的重要意义和价值不仅仅在于定分止争，也是规约新发展理念实践路径的调节机制，在具体的贯彻落实过程中占有重要地位。新发展理念虽没有将法治列入其中，但法治的思想却深深熔铸在新发展理念之中，成为贯穿其中的重要指导理念。在西方的社会历史发展中，“法”一直以来是规约着人们日常行为模式的重要参照，并且这种法治的历史传统深深影响着西方国家的治理模式。孟德斯鸠《论法的精神》在一定意义上奠定了西方法治理念的基本发展格局，在此基础上形成的立法权、行政权和司法权“三权分立”原则成为现代西方国家管理体系的重要组成部分，发挥着不可或缺的意义和价值。在中国传统文化的历史积淀中，不仅有韩非子的法治理念和依法治理国家的思想，还有商鞅变法求新的社会实践，在一定程度上都促进了中国封建经济的发展，开辟了一个全新的历史发展时期。因此，践行新发展理念，全面依法治国的思想必不可少，选择了法治就抓住了兴国强国的根本，要充分吸收传统文化中的法治精髓，并结合社会主义法治要求加以创新性发展，使之适应新发展理念的实践要求，服务于新发展理念的贯彻落实。

新中国成立以来，我们先后经历了“五四宪法”“七五宪法”“七八宪法”和“八二宪法”的不断调整，初步奠定了社会主义法治理念的基本格局，实现了“法制—法治—全面法治”的重大转变。随着党的十一届三中全会全面拨乱反正和改革开放的历史决策，社会主义民主法治取得了重大进展。尤其是社会主义伟大实践的发展日益丰富着法治理念的内涵，并形成了以宪法为统帅，以宪法相关法、民法商法等多个法律部门的法律为主干的中国特色社会主义法律体系，[①] 开创了有法可依和全面依法治国的社会历史新局面。从“法制”到“法治”的思想飞跃，不仅标志着治理方式的与时俱进，同时也是发展理念内在革新的现

① 魏礼群主编：《“四个全面”：新布局 新境界》，人民出版社，2015 年版，第 110 页。

实需要。新发展理念植根于中国特色社会主义的伟大实践，是贯彻全面依法治国思想的重要表现，也是社会主义法治理念必不可少的组成部分。新发展理念深刻把握了社会主义法治运行规律，以“全面法治”助推新发展理念的贯彻落实，日益渗透到法律制定、实施和监督的各个环节之中，不断健全和完善新发展理念的法治保障。全面依法治国是党的领导、法律至上、人权保障、公平正义和权利约束的内在统一，包含着人民主体、全面法治、司法改革和以德治国相结合的重要内容。其中，党的领导是贯彻新发展理念的首要前提，必须发挥社会主义建设的核心作用；法律至上规约着新发展理念的实践方向，要以法治思维深化具体的实践路径；权利约束是践行新发展理念的重要保障，要以有效的监督机制保障新发展理念的贯彻落实；而公平正义是落实新发展理念最高的价值诉求，必须以法治理念解决制约社会发展的公平正义问题，最终实现发展为了人民的最终目的。以法治引领发展，以发展助推法治实现，在促进发展理念法治化的过程中，不断增强国家治理能力、提升新发展理念解决问题的能力，为践行新发展理念铸造坚实的法治保障。

全面推进依法治国，不仅是改革和完善发展制度机制保障的重要举措，也是提升国家治理能力的现实要求，更是建构国家治理体系的重要保障。通过将法治理念和法治精神融入新发展理念的贯彻落实之中，不断提升国家的治理能力和水平，进而形成与之配套的制度体系，推动治理能力和治理体系的现代化。国家治理体系是一个严密的、环环相扣的制度体系，而治理能力是一项综合能力，二者是相辅相成的有机统一体。治理体系从根本上规定了治理能力的结构、内容和发展方向，而治理能力反过来也影响着治理体系效能的发挥，只有二者相互配套、彼此协调，才能不断提升国家治理能力，为践行新发展理念奠定良好的社会条件。发展不仅需要相关的制度机制保障，更需要社会主义法治理念加以保驾护航，要以法治思想和法治精神规约新发展理念的发展方向。全面依法治国思想建构了新发展理念的法治基础，是践行新发展理念必不可少的重要环节。一方面，要强化发展理念的法治基础，依法有序践行新发展理念。要将新发展理念的现实要求贯彻到具体的法治实践之中，通过不断提升立法质量和水平，完善现行的法治系统，为新发展理念的贯彻落实保驾护航。在具体的贯彻落实中，要将法治思想贯穿其中，渗透到法律的制定和完善之中，确立法治化的思维方式，按照社会主义法治要求规约新发展理念的实践路径。没有法治，社会将失去运行的规则，发展理念的贯彻落实也将成为一纸空文。另一方面，要建立健全相应的法律监督机制，促进社会公平正义的实现。“天下之事，不难于立法，而难于法之必行。”要积极稳妥地推进司法机制改革，在促进司法公正的过程中加大社会自治力度，完善群众监督机制，进而提升新发展理念的治理水平，以此培育公民的社会责任感，更好地践行新发展理念要求。与此同时，也要善于将发展理念的落实成果以法治的形式加以保障，不断完善相应的法律体制机制，以赏罚分明的监督机制确保新发展理念的贯彻落实。只有确立心灵深处的自我认同，并且渗透到日常的生活方式之中，才能确保发展理念的贯彻落实，即使是在没有法律和制度监督的条件下，也能自觉地将这一现实要求付诸实践生活之中，真正形成一种自觉的行为规范。

全面依法治国思想建构了新发展理念的法治基础，是践行新发展理念、提升国家治理能力的法治保障。以法治思想践行新发展理念既是一项长期的工作，也是社会发展的一项系统工程，要坚持阶段性和整体性的内在统一，既立足于“四个全面”的整体发展布局，又不脱离发展理念的实践要求，特别要处理好以下几方面关系。一是法治与改革和发展效率的关系问题。法治引领改革发展方向，规范着改革的基本程序，进一步保障了改革的发展成果；而全面深化改革的实行，也促进和完善着社会主义法治的现实要求，倒逼法治理念进一步适应改革的内在要求。法治也是提升效率的重要保障，效率需要以法治为准绳。二是法治与党的领导和以德治国的关系问题。党的领导是法治建设的根本保障，也是提升国家治理能力的重要基础。在具体的贯彻落实中，要坚持党的全面领导，党要领导立法、带头守法、保证执法和公正司法，以此全面推进依法治国，促进新发展理念走向全民的深度实践。通过制定路线方针、宣传思想观念和抓牢党员干部等途径，实现对新发展理念的政治领导、思想领导和组织领导，不断完善党的领导方式和执政方式，坚持法治保护人民和法治依靠人民、造福人民的发展理念，打造共建共治共享的社会治理格局，提升社会治理法治化、专业化、智能化和社会化水平。此外，还要正确认识法治和德治的辩证统一关系。法律是道德的刚性约束，道德是法律的内在准绳，二者相辅相成、相得益彰，犹如鸟之两翼、车之两轮，共同推动新发展理念的贯彻落实。没有道德的教化和滋养，法治将会失去发展的源头活水，而法律的实施也将丧失社会基础；反之，如果缺乏基本的道德素养，内心就很难形成对法律的内在敬畏，法律就可能成为以权谋私的工具，进而引发权力腐败等问题，背离社会主义法治的发展目标。在推进治理能力现代化的过程中，既要重视法律的规范作用，又不能忽略道德的教化作用，一手抓法治、一手抓道德，让法治和道德协同发力，相得益彰。只有正确处理发展理念与依法治国、党的领导和以德治国的关系问题，才能深切理解发展理念的本质，确保新发展理念落实到位，为提升国家治理能力和治理水平奠定坚实的基础。

总之，践行新发展理念，需要在全面深化改革和全面依法治国的引导下，建构以经济为核心的社会综合发展机制。在具体的贯彻落实进程中，以经济体制改革为重点，发挥经济体制改革牵引作用，通过经济体制改革来带动其他领域的改革，通过其他领域的改革来支撑经济体制改革，加强统筹协调，避免因某一领域改革的滞后阻碍其他领域的改革。此外，改革最根本的是要坚持社会主义的基本制度，必须在确保社会主义根本制度不变的前提下，实现具体制度和体制机制的变化。没有根本制度的稳定，具体体制机制将失去引领；没有具体体制机制的变化，根本制度与基本制度将失去活力。用社会主义根本制度的性质与任务，规范和引领发展方向，避免陷入各种误区和陷阱。西方的自由民主之路虽然极大地调动了社会成员的主动性和积极性，但创造社会财富的同时也带来了严重的两极分化问题，贫富差距日益扩大。马克思早在《1844 年经济学哲学手稿》中就深刻揭示了这一全面异化的社会，工人不仅与自己生产的产品相异化，也与人类的本质及他人相异化。资本主义生产方式带来了机器化大生产，使得资本逻辑成为社会发展的重要推动力量，一切为了发展而发展，但与此同时，资本逻辑的弊端也日益暴露，环境污染、生态破坏和贫富差距等问题日益凸显，这是资本主义生产方式无法逾越的内在界限。唯有扬弃这种生产方式，坚持社会主义和共产主义制度，才能克服这一发展弊病，实现每个人自由全面而充分的发展。社会主义制度以生产资料公有制为根本特征，以实现共同富裕为本质，坚持按劳分配和按生产要素分配的统一。受制于生产力发展水平的限制，我们的社会主义仍然处于发展的初级阶段，距离高级阶段和共产主义社会还有一定的差距，难免存在一些不和谐的社会现象，但这并不能否定社会主义制度本身的意义和价值。我们需要理性看待，在坚持社会主义制度的前提下践行新发展理念，以社会主义根本制度的性质与任务规范和引领发展方向，着力解决群众日益关心的公平正义问题，避免陷入西方“发展主义”陷阱。

第五章

新发展理念的实践路径

在新发展理念的贯彻落实过程中，完善的制度保障和合理的法治思维固然重要，但也离不开具体的实践路径，要按照新发展理念的总体和具体要求全面推进。一方面，围绕创新、协调、绿色、开放、共享的现实要求深入挖掘，不断丰富新发展理念的具体路径。以创新培育经济发展动力，以协调促进社会平稳转型，以绿色实现人与自然和谐共生，以开放把握发展主动权，以共享促进社会公平。另一方面，不断提升领导干部践行新发展理念的能力和水平。新发展理念能否转变为群众的生活实践，关键在于领导干部示范作用的发挥，通过深学笃行和辩证思考，坚定发展信念，坚守发展底线，树立忧患意识和底线思维，不断提升防范和化解重大风险的能力。在充分发挥党员干部先锋模范作用的前提下，未雨绸缪，防微杜渐，不断提升新发展理念的现实执行力。除此之外，还要健全文化和教育双向结合的宣传机制，深入挖掘传统文化的资源优势，发挥其潜移默化、润物无声的影响作用。坚持思想引导与制度约束相结合的发展思路，依托现代信息科技手段，采用群众喜闻乐见的宣传方式，创新新发展理念的实践路径，营造人人共享、全民践行的生动画面，为新发展理念走向深度实践奠定扎实的社会基础。

第一节 积极探索新发展理念的具体路径

新发展理念是党的十八大以来所形成的治国理政的新理念，为推动经济持续健康发展、引领经济发展新常态和开拓发展新境界提供了科学理论指导和行动指南。它既是一种综合式发展机制，也是五种发展理念的内在叠加和相互融合。因而，践行新发展理念，既要有总体的发展布局，也要树立与之配套的具体路径，按照社会实践的现实要求逐步推进。一方面，以每一种发展理念的现实要求明确新发展理念的具体实践路径。在具体的社会实践中，要以创新为引领发展的第一动力，通过创新激活经济的新增长点；以协调保障社会的平稳转型，进而实现经济社会的健康发展；以绿色推动生态文明建设，实现人与自然的生态文明；以开放建构广泛的利益共同体，全面提升开放型经济发展水平；以共享引领有效的制度安排，努力实现社会的公平正义。另一方面，以通盘考虑、全局化的思维方式整体性地推动新发展理念的贯彻落实。各发展理念之间相互渗透，彼此融合，既要正确处理五者之间的辩证统一关系，也要树立一套整体的思维方式全面落实，以适应新发展理念的社会实践要求，从而赢得社会发展的主动权。

一、以综合式创新培育经济发展新动力

创新是引领发展的一面旗帜，助推着经济社会的全面进步和持久健康发展，在践行新发展理念中，占据核心的支配地位，必须以综合式创新培育经济发展新动力。改革开放四十多年来，我国创新发展取得了一系列令人瞩目的成就。当前我国发展问题的重中之重是实现经济发展从高速度向高质量转变，通过创新，通过实施创新驱动发展战略，把阻碍经济发展从高速度向高质量转变的因素破除，进而激发经济内在活力，着力提高经济发展的质量和效益，生产出更多更好的物质精神产品，不断满足人民日益增长的美好生活需要。因此，党的十八大以来，将创新摆在了国家发展全局的核心位置。目前创新发展还存在着推动机制不足、企业创新能力不足、科技成果转化不足等一系列问题。因此，践行创新发展理念，依然任重而道远，需要结合社会现实的发展要求，不断深化创新发展的实践基础，建立和健全相关的机制保障，鼓励大众创新、万众创新，将创新植根于人们的心灵深处，落实于社会实践的日常生活之中，让创新在全社会蔚然成风。

新时代推动创新发展，一是要把创新摆在国家发展全局的首要位置。抓创新就是抓发展，谋创新就是谋未来。创新是一个庞大的系统工程，要统筹推进理论创新、制度创新、科技创新、文化创新等各方面的创新，把创新理念贯穿到经济社会发展的各个领域，加快形成以创新为主要引领和支撑的经济体系

和发展模式。推动新技术、新产业、新业态蓬勃发展，释放新需求，创造新供给，形成以沿海沿江沿线经济带为主的纵向横向经济轴带，培育壮大若干重点经济区，实施网络强国战略，发展分享经济，实施国家大数据战略。

二是要建立创新激励机制，提高企业创新能力。加快形成有利于创新发展的市场环境，依靠市场来优化配置资本、技术、劳动力等要素，形成有效激励创新的体制架构，全面激发市场、政府和个人的活力，进一步加速推动大众创业、万众创新的局面的形成。深化行政管理体制改革，进一步转变政府职能，持续推进简政放权、放管结合、优化服务，提高政府效能，激发企业的活力和创造力；构建开放式技术创新体系，促使企业成为自主创新的主体。加大科技投入力度，建立有利于自主创新的内部技术开发机构，广泛开展各种形式的自主创新活动，鼓励企业与高校、科研院所形成创新联合体。

三是要完善人才机制，注重引进创新人才。创新人才培养方式，完善人才市场机制，注重抓人才市场建设，努力培育一个机制健全、运行规范、服务周到、指导监督有力的人才市场体系。扩大人才队伍规模，建立有利于调动人才积极性的有效机制，激励现有人才最大限度地发挥他们的聪明才智，为经济社会发展建功立业、增砖添瓦。探索多渠道人才引进机制，要把盘活人才存量与引进增量结合起来，增加人才总量，大量引进紧缺人才，实现人才结构的优化。要优化人才队伍结构，用民主、公开、公平、公正的机制发现人才，公开选拔，竞争上岗，在竞争中优胜劣汰，不断提高人才队伍的素质。对一些急需专业、特殊岗位技术水平高的人员实行低职高聘，对做出贡献的专业技术人员，按贡献大小实行奖励，逐步完善福利制度，保证各类人才的福利待遇水平随着经济发展而不断提高。

四是要完善体制机制，加速创新成果转化。加强科技和经济的有机融合，推动产、学、研的深度融合，实现科技同经济对接、创新成果同产业对接、创新项目同生产力对接，激活经济的新增长。要强化政策支撑，加强科技成果转化体系建设，使科技管理和运行机制充满活力。深入调研了解在科技创新发展方面、在创新成果转化方面面临的难题，找准症结，补齐短板，完善平台，探索建设高校科技产业园区，拉长科技产业链条，发挥创业孵化器作用，深化校企合作机制建设，扩大高校院所促进成果转化自主权，加大科技创新对经济发展的推动作用。

二、以全国一盘棋的视野推进协调发展

协调是经济发展的内生要求，是解决各方面结构不平衡问题的重要方案，也是推动新发展理念走向实践的现实动力。新发展理念也是在推动经济发展中获得的感性认识的升华，是推动经济发展实践的理论总结，① 为解决经济结构变革和转型，

① 中共中央文献研究室：《习近平关于社会主义经济建设论述摘编》，中央文献出版社，2017 年版，第 31—32 页。

实现全面协调发展奠定了坚实基础。改革开放促进了我国经济持续的高速增长，但是这种增长却引发了一系列的结构问题，比如城乡之间、产业之间、区域之间、不同收入群体之间等多个方面的不协调，这些结构性问题的积累将会削弱国家经济增长的原动力，使经济变动的风险加大，极大程度地阻碍经济的持续稳定健康发展。因此，践行协调发展理念，需要树立全国一盘棋的全局思想，聚焦发展短板，重点解决发展中的不平衡、不协调的突出问题，学会“弹钢琴”的工作方法，适时调整发展结构，优化发展战略布局，努力建设全要素、多领域、高效益的深度协调发展新格局，为践行新发展理念，助推经济社会整体协调保驾护航。

新时代推动协调发展，一是要推动区域协调发展。坚持全国一盘棋的思路，以区域一体化促进全国统一市场建设，清理和废除妨碍全国统一市场和公平竞争的各种规定和做法，打破一亩三分地的思维惯式，促进人员、技术、资本、货物、服务、信息等要素有序自由流动，全面提高资源配置效率，推动区域发展、共同进步。具体来说，就是以区域发展总体战略为基础，以“一带一路”建设、京津冀协同发展、长江经济带建设为引领，形成以沿海沿江沿线经济带为主的纵向横向轴带；推进实施西部大开发战略，全面振兴东北地区等老工业基地，大力促进中部地区崛起；支持东部地区率先发展，加强东、中、西部经济交流合作；加大对革命老区、民族地区、边疆地区、贫困地区扶持力度。

二是推动城乡协调发展。城乡不协调表现为城市和农村经济发展差距较大、城市和农村基本公共服务水平不均衡、农村社会事业发展缓慢等，特别是边远的农村地区，依然存在经济发展比较落后、基础设施比较薄弱的现实情况。打破城乡二元结构，健全城乡发展一体化体制机制，积极推动城乡户籍制度、土地制度、劳动力和资金市场化制度等方面的改革；实施乡村振兴战略，从体制机制上改变农村与城市、农民与市民、农业与非农业等在资源配置和公共政策安排上的不对等地位，把农业农村优先发展落到实处；多举措帮扶农村贫困人口、低收入群体，提高他们的发展技能和社会资本，拓宽脱贫致富渠道；健全农村基础设施投入长效机制，加快改革城乡公共服务供给体制，提升农村公共服务供给水平，提高供给质量。

三是推动物质文明和精神文明协调发展。物质文明与精神文明是人类创造的物质与非物质成果的结晶，它们共同构成了人类文明。物质文明为精神文明的发展提供物质基础，精神文明又为物质文明的发展提供精神动力和智力支持，两者相互贯通、相互促进。只有物质文明建设和精神文明建设都搞好，国家物质力量和精神力量都增强，中国特色社会主义事业才能顺利向前推进。推动物质文明和精神文明协调发展，要统筹发展战略布局，坚持以人民为中心的工作导向，大力加强社会主义物质文明建设，聚精会神搞建设，一心一意谋发展，深化改革开放，推动产业优化升级，发挥创新驱动作用，推动经济健康增长。坚定对马克思主义的信仰，树立社会主义和共产主义的发展信心。坚定对中国特色社会主义道路、理论、制度、文化的自信，做好意识形态工作，把好精神文明建设的方向，同时，坚持用社会主义核心价值观凝聚共识、汇聚力量，努力推出更多传播当代中国价值观念、体现中华文化精神、反映中国人审美追求的精品力作，让人民群众享有更多文化发展成果，在精神层面有更多的“获得感”。打破束缚文化创新创造活力的不合理体制，不断解放和发展文化生产力，激发全民族文化创新创造的活力。规范文化市场秩序，建立科学合理、灵活高效的管理体制和文化产品生产经营机制，保证文化事业和文化产业健康有序地发展。完善社会主义法治建设，加快立规立法，强化法治观念和规则意识，把精神文明建设要求更多地转化为法律的约束，在推动物质文明健康发展的同时，也保证精神文明建设有效提升。此外，还要注重推进经济建设和国防建设融合发展，国内和国外，目前与长远，以及不同产业、不同收入群体的内在平衡，着力于增强社会发展的整体性、协调性、平衡性和可持续性，着眼于经济社会进步与人的发展的全面协调，保护人民群众的整体利益和长远利益，进而实现每个人的自由发展。

三、以绿色发展的生活方式推进人与自然的和谐共生

新常态背景下，环境承受力脆弱、资源约束趋紧、生态系统退化的形势十分严峻，已成为制约中华民族永续发展的重大隐患。全面建设社会主义现代化国家，生态环境是关键，作为

发展中国家，如何在经济与生态环境保护之间找到平衡，从而实现双赢，是实践中迫切需要解决的难题。正是基于对改革开放以来我们在发展中所遭遇的这些突出问题的清醒认识，绿色发展理念成为我们今后在发展中必须坚持的方向。绿色发展提出人与自然和谐共生，人与自然是相互依存、相互联系的整体，如果对自然界只讲索取不讲投入、只讲利用不讲建设，自然环境就会遭到严重破坏，不足以支撑可持续发展。人类应该高度重视自然环境的保护与优化，尊重自然、顺应自然、保护自然。践行新发展理念，以绿色发展贯穿始终，必须以发展生产力和保护生产力为基点，以人与自然、人与社会的内在和谐为支撑，大力发展低碳经济和循环经济，倡导文明健康的生活方式和行为方式。新常态下要想保持经济的中高速增长，对资源需求会继续增加，自然环境也必然面临更大的挑战，资源与环境的约束进一步增强，这就要求必须坚持和贯彻绿色发展理念。

落实绿色发展，一是大力推进生态文明建设。生态兴则文明兴，生态衰则文明衰，必须把生态文明建设摆在全局工作的突出地位。建设生态文明，要建立健全生态环境保护法律法规，用最严格的制度、最严密的法治保护生态环境，健全自然资源资产管理体制，加强自然资源和生态环境监管，推进环境保护督察，形成有效的监督约束机制。要解决大气、水、土壤污染等突出问题，加大环境污染综合治理，对于水污染、土壤污染进行治理和修复。寻找农业污染源头、城乡环境污染源头，加强综合整治力度。深入实施山、水、林、田、湖一体化生态保护和修复，开展大规模国土绿化行动，加快水土流失和荒漠化、石漠化综合治理。坚持节约优先、保护优先、自然恢复为主的方针，坚定不移地走生产发展、生活富裕、生态良好的文明发展道路，使人与自然和谐共生。

二是加快形成绿色生产方式和产业结构。加快推动生产方式绿色化，构建科技含量高、资源消耗低、环境污染少的产业结构和生产方式，摆脱经济增长对重工业的依赖，推行企业循环式生产、产业循环式组合，达到低能耗和高产出的效果。推进供给侧结构性改革，推动传统产业智能化、清洁化改造，不断提高发展的质量效益，促进产业结构优化升级，加快产业绿色转型，建立绿色低碳循环发展的经济体系，使绿色产业成为经济社会发展新的增长点。完善支持政策，构建以市场为导向的绿色技术创新体系，为生态环境保护做好产业加法。

三是大力倡导绿色生活方式。生态文明建设同每个人息息相关，每个人都应该做一个推动者，加强绿色文化建设，把绿色文化当成一种价值理念和行为准则，融入人们的日常生活中。加强绿色消费宣传教育，推动消费方式绿色转型，倡导简约适度、绿色低碳的生活方式，反对奢侈浪费和不合理消费，使绿色消费成为每一个公民的责任和自觉的行为方式。开展全民绿色行动，形成文明健康的生活风尚，进而助推绿色发展理念的践行。

四、以内外联动发展全面提升开放型经济发展水平

历史经验告诉我们，闭关锁国导致落后，落后就要挨打。在新中国成立后，伴随改革开放的历史决策，我们打开国门搞建设，加强与各国的交流与合作，逐渐跟上了世界发展的潮流，走上了复兴之路。当前，国际经济合作和竞争局面正在发生深刻的变化，全球经济治理体系和规则正面临着重大调整。在全球化背景下，任何国家或民族想关起门来搞建设，事实上已不再可能。实践证明，改革开放后，中国经济发展是在开放条件下实现飞跃的，未来中国经济实现高质量发展需要在更加开放的条件下进行。中国要在开放中分享机会和利益、实现互利共赢，坚定不移发展开放型世界经济。要在开放中推动贸易和投资自由化、便利化，坚定不移地发展全球自由贸易和投资，反对保护主义。落实开放的发展理念，必须以开放引领发展，逐步实现“引进来”的开放到“走出去”的开放的重大转变，进一步扩大对外开放领域，构建对外开放新体制、新格局。深化与各个国家的合作和交流，融入世界经济发展潮流，以开放促改革、促发展、促创新，形成陆海内外联动、东西双向互济的开放型发展模式，为践行新发展理念提供良好的外部条件。

全球化的深入发展，要求我们必须建构内外联动式的对外开放发展新格局，重点包含以下三点内容。

一是要完善对外开放战略布局。加快内陆沿边开放步伐，提升沿海地区开放水平，打造陆海内外联动、东西双向开放的

全面开放新格局。加快对外贸易优化升级，提高服务业贸易的比重，创新外贸发展模式，巩固出口市场份额，推动我国从外贸大国迈向贸易强国。完善双向投资布局，注重引资、引技和引智并举，推动装备、技术和服务“走出去”，深度融入全球产业链。

二是要着力形成对外开放新体制。创新外商投资管理体制，全面实行准入前国民待遇和负面清单管理制度。完善境外投资管理体制，健全对外投资促进政策和服务体系，放宽境外投资限制，简化境外投资管理程序，除少数有特殊规定外，境外投资项目一律实行备案管理，完善对外投资合作国别指南和产业指引，为企业提供便利服务。构建开放安全的金融体系，在审慎监管和有效管控风险的基础上，有序实现人民币可兑换，稳步推进人民币国际化，推动人民币加入特别提款权，成为可兑换、可自由使用的货币。完善涉外法律法规体系，要强化涉外法律服务，推动同更多国家签署司法协助协定，维护我国公民、法人在海外的正当权益。积极主动从制度和规则层面进行改革，适应国际规则新变化，全面推进外贸、外资等领域管理体制便利化，形成同国际贸易投资规则相适应的体制规则，赢得国际竞争的主动权。

三是积极参与全球经济治理。欲谋发展大计，必察天下大势。主动提供国际公共产品，积极协调国际宏观经济的运行，努力促成公平、合理、透明的国际经贸规则体系的形成，在全球经济治理体系变革中发挥更大的作用。在尊重现有国际治理规则的同时，以共建“一带一路”行动，深化互利共赢的合作战略，对全球经济治理体系进行创新与完善，更好地维护我国和广大发展中国家的共同利益。推动建设开放型世界经济，为践行新发展理念营造更好的社会外部环境。

五、以有效的制度安排保障人民共享改革发展成果

共享发展注重解决“社会公平正义”问题。在改革开放初期，由于我国整体上处于普遍贫困阶段，当时需要充分调动全体成员的一切积极因素进行发展，从而解决生存问题。经过多年的发展，我国已经告别过去物质短缺的年代，时代的发展已从满足“生存性需要”转入满足“发展性需要”，中国的社会发展明显滞后于经济发展，社会与经济之间出现了明显的不平衡、不协调状况，社会公平正义的问题也凸显出来。社会公正问题不但影响着中国社会经济的发展全局，而且影响着中国社会的各个阶层。为破解我国现实发展困境，党在总结社会发展客观规律的前提下提出共享理念。发展不够，人民生活无法富足；共享不足，人民生活无法和谐。“发展”与“共享”成为关系人民现实利益和民生福祉的重大现实问题，是社会进步的车之两轮、鸟之两翼，缺一不可。发展的目标在于实现人民幸福体面的生活，将共享置于这一理念的发展中，超越了传统经济社会发展中以牺牲部分人为代价的狭隘发展观，从而造成经济增长而民生滞后的局面。践行共享发展理念，要突出强调人自身的内在目的和价值，将经济增长视为实现幸福生活的外在工具，使经济社

会的发展最终落脚于人们实实在在的生活和真真切切的感受，同时也要以共享实现社会公平正义，以有效制度设计和安排、增强公共服务功能和实施脱贫攻坚工程等方式，使全体人民朝着共同富裕和共同发展的方向迈进。

落实共享发展理念，一是要加快收入分配制度改革。收入分配制度是经济社会发展中一项带有根本性的制度安排。改革开放以来，在城乡之间、省市之间、行业之间，我国居民的收入差距不断扩大，导致社会成员之间难以建立相互信任的关系，严重的还会威胁社会稳定与经济的可持续发展。加快收入分配制度改革，就是要调整国民收入分配格局，规范初次分配，有力保护合法收入，合理调节过高收入，有效规范隐性收入，坚决取缔非法收入。加大再分配调节力度，增加低收入劳动者收入，扩大中等收入者比重，形成橄榄型分配结构，不断缩小收入差距，持续增加居民收入，坚持居民收入与经济增长的同步。

二是要完善社会保障制度。社会保障制度包括社会保险制度、社会福利制度、社会救济制度、社会优抚制度，作用在于保障全社会成员基本生存与生活需要，本质是维护社会公平进而促进社会稳定发展。建立更加公平、稳健、可持续的社会保障体系，实施全民参保计划，努力实现社会保障体系全覆盖。完善社会救助制度，使政策性扶贫助困更加精准、及时、有效、合理，以政策法律法规形式对特困人员、受灾人员等实行最低生活保障，并与其他社会救助形式相衔接，切实保障困难群众生存权益。重视社会保险在社会保障中的重要作用，深化医疗保险和失业保险制度的改革，在继续推进全面参保的基础上，完善社会保险的资金筹措机制，使社会保险和商业保险共同发挥作用，引导不同人群合理参保。

三是要提高基本公共服务均等化水平。健全城乡居民收入增长机制，深入开展全面创业活动，完善创业扶持政策。深化教育体制改革，按照育人为本、促进公平的原则，建立和完善教育公共服务体系，不断提高教育发展质量和水平。围绕“解困民生”，加快社会保障制度立法，尽量减小城乡差距，扩大社会保障的辐射面，使全体人民在共建共享中有更多的获得感。

总之，践行新发展理念，不仅需要树立全局化的思维方式，通盘考虑，也要结合社会实践的发展要求，不断丰富和完善发展理念的具体实践路径，进而为新发展理念走向实践奠定坚实的理论根基。新发展理念本身既体现着辩证思维，又呈现出统筹兼顾的科学方法论，是具有内在联系的集合体。创新、协调、绿色、开放、共享目标指向一致，主题主旨相通，统一于“四个全面”战略布局和“五位一体”总体布局中，统一于实现“两个一百年”奋斗目标，致力于坚持和发展中国特色社会主义实践，实现人们对于美好生活的向往和人类社会的可持续性发展。在具体的贯彻落实过程中，不仅要树立全面系统的思维，掌握科学统筹的方法，还要注意发挥各要素的自身优势，实现发展理念的内在整合。以创新培育经济发展新动力，以协调促进社会平稳转型，以绿色实现人与自然的和谐共生，以开放构建广泛的利益共同体，以共享助推社会公平正义。因此，只有在整体性的发展理念引导下，以全局规范局部方向，以局部带动整体发展，全面推进，逐一落实，才能确保新发展理念真正发挥其应有的理论效应，更好地指导社会实践活动。

第二节 提升贯彻执行新发展理念的水平和能力

新发展理念从提出到宣传解读，再到广泛传播，直至达成全民共识，最后落实到实践活动，这是一个长期的历史过程，注定不可能一蹴而就。践行新发展理念的路上不可能一帆风顺，必然会遇到旧有观念的阻挠、发展惯性的阻力和利益藩篱的阻拦等诸多现实问题，因此，必须充分发挥广大党员干部的先锋模范作用，树立新发展理念的战略信心和定力，不断提升贯彻执行新发展理念的现实执行力。其中，抓住领导干部这个“关键少数”就显得尤为重要，这是决定发展理念能否转换为普遍实践的重要一环。践行新发展理念，不仅需要领导干部深学笃用，更重要的是应用新发展理念指导具体的实践活动和工作开展，以此形成良好的示范效应。与此同时，也要树立忧患意识和底线思维，坚守“任凭风吹浪打，我自闲庭信步”的发展定力，建立和完善相关的风险防控机制，不断提升应对风险和化解风险的现实力，为新发展理念的贯彻落实筑造最后一道安全防线。

一、领导干部要牢固树立发展信心和努力践行新发展理念

新发展理念体现着党的思想路线的本质要求，贯穿着鲜明

的问题导向和人民至上的价值取向。落实好新发展理念，关键是抓好领导干部这个“关键少数”，提升领导干部的水平与能力。毛泽东说过：“正确的路线确定之后，干部就是决定的因素。”领导干部在数量上虽说是少数，但作用至关重要。习近平总书记强调，党员干部特别是领导干部要提高贯彻新发展理念的能力和水平，成为领导经济社会发展的行家里手。各级领导干部要认真贯彻党中央要求，带头树立和践行新发展理念，努力锻造推动经济社会发展的过硬素养和能力。

作为领导干部，在落实新发展理念过程中，一是要有忧患意识和责任意识。我国经济发展进入新常态，既蕴含着机遇也面临着挑战。我国经济长期向好的基本方向没有改变，随着经济发展方式的转变、经济结构的不断优化、发展动力的持续深化，良好的发展态势才得以保持。这些发展的优势创造了发展的机遇，但同时也要看到发展过程中产生的问题，甚至会更多、更复杂，我们面临着诸多的严峻挑战，如矛盾叠加、风险隐患增多，因此领导干部要增强机遇意识、忧患意识、责任意识，为实现新的发展蓝图而顽强奋斗。“在其位，谋其政”“食君俸禄，为君分忧”，领导干部是人民的公仆，只有具备了较强的责任意识，才能更好地履行自身的职责，才能更好地为人民服务。“先天下之忧而忧，后天下之乐而乐”，不管我们是身居高位，还是处于基层，都要居安思危，在成绩面前戒骄戒躁，努力思考，缩小差距，弥补不足，加快发展，使全国人民都过上小康生活。

二是要坚定信念和信心。始终保持积极向上的精神风貌，不畏艰险，百折不挠，要有敢于担当的魄力，在困难面前不退缩，在矛盾面前不回避，在责任面前不推诿，把握工作中的主动权。各级领导干部要以“三严三实”的要求来贯彻新发展理念，高标准、严要求、踏实干，以“严”的精神改进工作作风，以“实”的干劲抓好发展任务，树立良好的精神状态和坚定的信念。不断增强信心，弘扬改革创新精神，敢啃硬骨头、敢于攻坚克难，创造性地开展工作，以高度的政治自觉落实党中央的决策部署，紧紧抓住各项重点任务，破除体制机制障碍，突破瓶颈短板，推进改革发展，更好地激发各级干部做事创业的精气神。

三是要树立正确的政绩观。习近平总书记指出，共产党就是为人民谋幸福的，人民群众什么方面感觉不幸福、不快乐、不满意，我们就在哪方面下功夫，千方百计为群众排忧解难。在实际工作中，各级领导干部要在正确的理论和科学的方法指导下，认真履行职责。各级党委、政府和干部，以造福人民为最大政绩，想群众之所想，急群众之所急，时刻把老百姓的安危冷暖放在心上，让人民的生活更加幸福美满。对过去既定的目标任务和决策部署，要继续坚持，扎实推进，我们现在的所有工作，都是站在前人的肩膀上来进行的，决不能为了所谓的“政绩”而朝令夕改。做工作要自觉从人民利益出发，求真务实、真抓实干，决不能为了树立个人形象搞华而不实、劳民伤财的“形象工程”。要改进政绩考核方法手段，把民生改善、社会进步、生态效益等指标和实绩作为重要考核内容，不能简单以国内生产总值增长率来论英雄。

二、树立两点论与重点论相统一的辩证思维

在践行新发展理念的过程中，应抓住经济社会发展规律，增强规律意识，坚持科学的方法论要求，这就要求坚持发展两点论和重点论的统一，既突出重点，又不忽略某一点。坚持全面发展的观点，一切从客观实际出发，既着力补短板、解难题，又不断挖潜力、增优势，处理好局部和全局、当前和长远、重点和非重点的关系，抓住主要矛盾和矛盾的主要方面，以重点突破带动全面推进，充分体现"两点"是重点中的两点，"重点"是两点中的重点。在践行新发展理念的过程中，要坚持"两点论"和"重点论"的统一，既着眼于全面推进新发展理念建设，又突出其薄弱环节和滞后领域，集中攻关，提出针对性的思路和务实性的举措，以此提升新发展理念的现实执行力，为新发展理念的贯彻落实提供坚实的基础。

在新发展理念中，创新、协调、绿色、开放、共享是作为一个整体互相联系的，但核心在创新，抓住了创新，就抓住了牵动经济社会发展全局的龙头。创新思维犹如一条红线，贯穿于新发展理念中；协调发展理念以创新为基本原则，打造全国一盘棋；绿色发展理念以创新引领时代发展新潮流，意味着绿色生活的全面覆盖；开放发展理念着眼创新对外开放新局面，形成对外开放新体制；共享发展理念致力于满足人民的新需求、新期待。把创新放在首位体现了重点论，在一般意义上，创新居于发展理念的首位，但不能一味地只关注创新发展，每个地

区都要根据本地区不同发展阶段面临着的不同矛盾和问题，各有侧重，对于突出的短板，做出重点安排，这也体现了重点论。在某些区域某个阶段，发展不平衡、不充分，就要把重点放在协调发展上；有的地方开放程度不够，发展的焦点就要转移到开放发展上来；有的地方可能生态破坏严重，还有的地方存在发展成果分享不均匀的问题，这就要求我们要根据本地区本阶段的实际情况，灵活安排发展的着重点。在践行新发展理念的过程中，不仅只有重点论，还有两点论，也就是要从整体的视角推动发展理念的贯彻落实。新发展理念是普遍联系的整体，如果只注重创新，必然会引起发展过程中的不平衡、不协调，这就要求在发展中要做到两点论：既要强调培育发展新动力的创新发展，又要坚持区域、城乡协调发展；既要强调"绿水青山"生态和谐的绿色发展，又要着眼公平正义，使全体人民共享发展成果。无论是制定具体规划，还是出台政策措施来破解难题、补齐短板，都要树立两点论与重点论相统一的辩证思维方式，在攻坚克难中增强经济社会发展的协同性、平衡性，以确保发展理念真正落实到位。

三、树立底线思维，提升防范和化解各种重大风险的能力

新发展理念作为一种顶层设计，是在国际、国内开放环境下进行的，其中虽有一定规律可循，但毕竟还存在相当多和相当大的不确定因素(尤其是国际发展环境)，加之现实社会环境的复杂多变，必须树立底线思维，提升防范和化解各种重大风

险的能力。尤其是全面深化改革进入深水区，在经济稳中向好、社会总体稳定的背景下，各种深层次的矛盾问题也日益凸显，因此，树立底线思维，居安思危，着力培养防范和化解重大风险的能力就显得尤为重要。这不仅是践行新发展理念的实践要求，也是提升工作能力和水平的重要标志，为增强发展理念的现实执行力、扩大其社会影响力和辐射范围提供了坚实的保障。

一般逻辑上看，底线是指人们对于某种事态心理可以承受的下限，或所设定期望目标的最低要求。用马克思主义的观点看，底线体现的是由量变到质变的一个临界值，一旦量变突破这个临界值，也就是突破了底线，事物的性质就会发生根本性的变化。底线思维则是一种系统的哲学辩证思维，凡事从坏处准备，努力争取最好的结果，它不仅关注底线是什么、底线在哪里、跨越底线有什么危害，而且注重思考如何守住底线，如何防患未然，如何化危机为契机、变挑战为机遇。“居安思危，未雨绸缪”，底线思维既是党中央应对错综复杂形势的科学方法，也是推动新一轮改革开放发展的治理智慧。党的十八大以来，习近平同志始终强调全党要树立底线思维，多次用“木桶原理”警示全党，我们要防控各种风险，但重点要防控那些可能迟滞或中断中华民族伟大复兴进程的全局性风险。在践行新发展理念的过程中，会面临各种风险和挑战，我们依然离不开底线思维。

坚持底线思维，一是要有风险意识。必须清醒地看到，目前我国在发展中，既面临外部风险，也有内部风险，既有一般风险，也有重大风险。前进的道路并不是平坦的，风险隐患不断增多，诸多矛盾叠加的挑战依然复杂严峻。要充分认识防范化解重大风险的重要性和紧迫性，在防范化解重大风险中有政治自觉和责任担当，坚定信心，负起责任，把自己职责范围内的风险防控好。要常观大势、常思大局，科学预见形势发展走势，不忽视一个风险，不放过一个隐患，及时发现隐藏其中的风险挑战。要透过现象看本质，找出原因，直击要害，善于整合各方力量、科学排兵布阵，有效予以处理，将风险化解于无形。

二是要提升防控能力。各级党委和领导干部要坚决贯彻总体国家安全观，根据党中央关于维护政治安全的各项要求落实工作，确保我国政治安全。根据经济运行稳中有变、变中有忧的状态，既要推动我国经济发展沿着正确方向前进，保持战略定力，又要未雨绸缪，妥善应对经济领域可能出现的重大风险。要创新思想政治工作内容和形式，持续巩固壮大主流舆论形势，落实意识形态责任制，切实落实保安全、护稳定的各项措施，从而维护社会大局稳定。要统筹国内国际两个大局，在面对全球动荡源和风险点增多时，有效防范各类风险发生连锁反应，为我国改革稳定发展营造良好的外部环境。

三是要全面加强风险治理体系建设。在总体国家安全观的指导下，全面加强风险治理体系建设专业化、科学化，建立健全风险研判机制、决策风险评估机制、风险防控协同机制、风险防控责任机制。其中，风险防控责任机制是各种风险防控机制运行的保障。风险防控机制是以风险治理条件和治理能力为基础，为防范和化解风险而建立的，要坚持一级抓一级、层层落实，正确处理风险防控机制的协调配合关系。对于重大风险，在防控职责建设上要落实好“党政同责，一岗双责”，真真正正做到守土有责、守土尽责。以辩证思维处理好防风险与促发展之间的关系，不断深化认识各领域重大风险的来龙去脉，总结经验教训。通过法律手段，明晰风险责任边界，防止风险防控的空白及灰色地带出现，强化风险防控的责任意识，对治理全程出现的失职失责情形进行事后问责，确保对党和人民有一个严肃的交代，最终为贯彻和落实新发展理念筑造最后一道安全防线。

第三节　健全文化和教育相结合的思想宣传机制

新发展理念既是国家的重大发展理论与战略，也跟百姓的生活与日常行为息息相关，不仅代表着一种顶层设计的科学理念，还是一种直接指导现实的具体实践活动，是理论性与实践性的统一，最终要落实到老百姓的日常生活之中。只有通过群众易于接受、乐于践行的方式宣传新发展理念，让百姓在潜移默化的环境氛围中深刻理解新发展理念的内涵与意义，他们才能内化于心、外化于行，确立心灵深处的理论自信，并在实际践行中形成广泛生动的群众实践。因此，践行新发展理念，需要做好思想宣传与舆论引导工作，充分挖掘传统文化的资源优势，健全文化和教育双向结合的思想宣传机制。

传统文化不仅是历史的积淀，更是推动发展理念走向深度实践的有效载体，日益发挥着不可或缺的重要意义。不同于体制、制度的刚性约束作用，文化则更多地与意识形态、社会环境紧密结合，成为贯彻落实过程中不可忽视的一种“软力量”，发挥着润物无声、潜移默化的作用。通过借助传统文化这一思想载体，唤醒文化自信和理论自觉，进一步提升践行新发展理念的自觉性和实效性。在全面落实责任制的过程中，充分汲取优秀传统文化的精神养料，凝聚新发展理念的思想共识，采用现代科技手段不断创新宣传机制，发挥先进文化润物无声、潜移默化的影响作用，采取大众喜闻乐见的宣传形式，调动群众参与的积极性和主动性，不断丰富和完善新发展理念的实践路径，进而有效促进和形成全民深度践行新发展理念的生动局面，为新发展理念转变为自觉的行动规范奠定深厚的群众基础。

首先，当前新发展理念的普及程度尚不广泛，缺乏转变为深度实践的内在机制。对于新发展理念的宣传教育，很多党政机关、事业单位、国有企业中高层管理者，接受了较为全面和深入的理论教育，但在城乡社区、街道、农村等广大基层单位甚至普通人民群众之中，他们对于新发展理念的宣传和教育还存在很大的欠缺，牢固树立新发展理念的意识和思想动力不足，更不用说具体的贯彻落实问题。广大群众虽然能感受到经济新常态带来的变化，但是对于新的发展观却没有深刻的了解和认识。在对新发展理念的宣传教育上，由于注重理论本身的学习，忽视了理论与实践的结合，导致很多群众只知道新发展理念的内容是创新、协调、绿色、开放、共享，但缺乏与客观实际相结合的理论视野，往往不能较为深入理解新发展理念的深刻内涵和重大意义，更不用说转变为自觉的社会实践。这就给新发展理念的贯彻落实带来了一定的消极影响，需要健全文化和教育双向结合的宣传机制，既立足于传统文化的发展视野，又不忽略思想教育的宣传作用。传统文化是一个民族深厚的历史积淀，凝聚着民族的智慧和力量，很容易激发广泛的民族认同感，进而形成深刻的社会认同，成为助推社会不断发展进步的内在动力。文化不仅潜移默化，而且影响深远且持久，于润物无声中形成一种社会环境氛围，新发展理念恰好需要这样一种环境氛围实现向深度实践的转变。通过充分挖掘传统文化的资源优势，在进一步整合创新的基础上，结合新发展理念的实践要求，创造性的转化传统文化成果，使基层群众在潜移默化的社会环境中受到新发展理念的洗礼，并自觉以此规约日常生活的行为模式。只有营造良好的社会文化氛围，让人民群众真真切切理解了新发展理念并自觉贯彻到实际生活中，直至转变为日常生活的行为规范，才能真正形成人人共享、全民实践的生动局面，为践行新发展理念提供深厚的群众基础。

其次，践行新发展理念，完善相关的制度保障固然重要，但也离不开思想意识上的认同与引领。一旦发展理念转变为一种思想意识上的自觉，就会形成一种深度的理论辐射力，形成广泛的社会效应。新发展理念不仅是优秀传统文化的深厚积淀，也是民族自信和文化自觉的价值传承，更是几千年来历史文化传统的重要彰显。文化是积淀的，思想是延续的，一切思想文化都深深扎根于社会实践，熔铸于民族精神和民族心理之中。

实践证明，西方的自由民主之路之所以在中国站不住脚跟，或者以失败而告终，其最根本的原因就在于脱离传统文化的发展实践，无视发展理念的民族根基，以及在社会制度、风俗习惯中所表现出来的文化境遇。因此，践行新发展理念，传统文化的视角必不可少。要充分挖掘优秀传统文化的资源优势，发挥文化润物无声、潜移默化的影响作用，建立和健全文化和教育双向结合的宣传机制，为践行新发展理念提供良好的社会文化氛围。不论是“苟日新、日日新、又日新”的创新发展理念，还是《周易》中“天、地、人”三者的相互协调，抑或是儒家的“天人合一”、道家的“返璞归真、道法自然”，甚至是孔子的“不患寡而患不均”以及“我有嘉宾，鼓瑟吹笙”等，都深刻诠释着新发展理念的现实要求和具体举措。这些思想深深地影响着中国人的思维模式和行为方式，我们理应充分汲取传统文化的思想精髓，以此深入挖掘践行新发展理念的重要支点。新发展理念虽然是一种科学的发展信念，但却在确立发展目标和路径之后，以共享确保了发展成果的全民享有性。只有将最终的改革成果与民共享，才能保持仁义道德的本质要求，真真切切将发展理念贯彻到位，正如管仲所言：“野芜旷，则民乃菅；上无量，则民乃妄。”新发展理念与人民群众的日常生活紧密相关，其源于群众改善生活的内在诉求，所以要善于调动一般群众践行新发展理念的主动性、积极性，只有建立扎实的群众基础，才能实现发展理念的初衷。这里需要处理以下两方面内容：一方面，要充分挖掘优秀传统文化的资源优势，在汲取和整合其思想精髓的基础上，以优秀的作品感染人，以高尚的精神引领人，完善文化和教育双向结合的思想宣传机制，采取大众喜闻乐见的文化形式，扩大新发展理念的社会影响力；另一方面，利用“互联网+”等现代信息科技手段，创新发展理念的实践路径和宣传手段，因地（地区）制宜，因区（社区）而异，真正将百姓需求与发展理念实践举措相结合，不断提升群众践行新发展理念的自觉性和广泛性，以此推动新发展理念走向实践，融入百姓的日常生活之中。

最后，现代社会，信息技术日益改变着人们的行为方式，新发展理念的贯彻落实也要注重利用现代科技手段，丰富发展理念的文化实践方式，让人们在优秀传统文化资源整合的过程中，充分理解新发展理念的深刻内涵，并自觉按照新发展理念的要求规约社会实践活动。只有以传统文化为积淀，坚持先进文化的前进方向，扎根于百姓的生活实践，新发展理念才能真正落实到位。传统是民族的血脉，是发展深刻的历史积淀，而发展理念则深深来源于社会历史发展的传统，是传统文化的内在积淀。若割裂发展理念与传统文化的内在联系，新发展理念的贯彻落实也将失去社会根基和广泛的群众基础。历史是文化的母体，文化是历史的本体，但作为历史的遗迹，文化亦绝非残垣断壁。① 在传统文化的积淀与传承中，文化不仅源远流长、博大精深，而且影响深远，呈现出“以理服人、以文化人”的精

① 吴海江：《以人民为中心的发展思想研究》，人民出版社，2019 年版，第 96 页。

神气质，于无声中润物成长，赋予了社会群体以广泛的心灵认同感和归属感，为贯彻落实新发展理念提供了深厚的文化底气。因此，践行新发展理念，要植根中国特色社会主义伟大实践，依托优秀传统文化的软力量，充分汲取传统文化的思想精髓，以改革发展中的具体问题为突破口，正确处理发展理念与历史传统、现代社会的关系问题。在传承优秀传统文化基因的基础上，获得雄厚的土壤滋养和文化沉淀，建立并完善文化和教育双向结合的宣传机制，为践行新发展理念营造良好的社会文化氛围。重点可以从以下几方面着手。

一是要创新基层理论宣讲，广泛传播新发展理念精神。新理论要想为广大群众所了解、熟知并且付诸于实践，必须加强理论宣讲和思想宣传。理论宣讲具有很强的目的性和实效性，主要目的在于认识问题，领会新发展理论实质。因此要注重搜集广大干群关心的热点问题，或者在实际工作中遇到的现实问题，做到讲清楚“是什么”“为什么”“怎么看”“怎么办”，使理论宣讲入脑入心。通过各种形式和渠道广泛吸纳社会各阶层人才，加强宣讲队伍管理，壮大基层宣讲团队，提升理论水平，为广泛开展新发展理念学习宣传奠定良好的社会条件。全面组织精准化教育培训，把新发展理念宣传教育引向深入，如开展道德讲堂、国学讲堂、社区文明小讲堂，注重听众的反馈意见，及时调整宣讲方案，充实、修改宣讲材料，使宣讲水平逐步提高，确保新发展理念的理论宣讲规范、有效、持续地开展，并以更加鲜活的方式走进基层、融入群众，进而博得群众喜爱。

二是丰富实践路径，创新新发展理念的宣传手段。新理念的宣传要想达到引导和教育的目的，就必须创新宣传教育手段，改进宣传教育方式、方法。目前，对新发展理念的宣传教育还是以说教、讲解等方式为主，宣传手段较为单一。要把对新理念的宣传融入经济和社会发展的实践中，将理论教育与发展实践的主题特色相结合，发挥文化教育的积极作用。综合运用教育引导、舆论宣传、文化熏陶、实践养成、政策制定、制度保障等方式，着力引导人们把新发展理念自觉转化为思想方法和工作理念。把树立和践行新发展理念作为精神文明建设的重要内容，大力弘扬新理念、新精神。

三是健全文化和教育双向结合的思想宣传机制，深入挖掘传统文化的资源优势。在创新宣传手段的同时，深入汲取优秀传统文化的发展积淀，以优秀的作品感染人，以高尚的精神塑造人，以此推动新发展理念走向深度实践，融入百姓的日常生活。文化不但具有娱乐功能、审美功能，还具有特殊的教育功能。文化以形象、意境打动人，感染人，在潜移默化中影响人的精神面貌，净化人的心灵。在经济新常态下，积极探索充分发挥文化社会教育功能的新办法、新途径，增强文化教育的针对性和实效性，以现实的发展问题引领文化宣传。结合基层群众需求做好文艺工作，加强对文艺作品精品生产的规划指导，实施精品战略，努力创作一批体现历史厚重感，展现发展精气神的精品力作，艺术化地贯彻落实新发展理念的新成果，使人们在欣赏优秀文艺作品过程中潜移默化、润物无声地得到激励和熏陶，进而推动新发展理念走向实践，日益转变为一种日常生活的行为规范，进而为新发展理念走向全民的深度实践奠定广泛的群众基础。

综上所述，新发展理念的贯彻落实，除了要健全相关体制机制的制度保障，传统文化的引领作用也不可忽视。尤其在全球化日益深入拓展的时代，如何正确处理发展理念与传统文化、现代社会的关系是时代发展给予我们的新课题。新发展理念以优秀传统文化为积淀，是传统文化的当代呈现和不断扩展，不仅可以促进经济的高质量发展，还可以提升人们的幸福指数。从内在机制角度看，新发展理念与传统文化具有内在的耦合性。一方面，“创新、协调、绿色、开放、共享”的发展理念具有深厚的传统文化积淀，是共产党人在长期的社会实践过程中，对民族优秀传统文化的内在凝练，饱含着丰富的传统文化精髓，是指导中国实现高质量的可持续发展的必由之路。另一方面，传统文化是推动新发展理念走向实践的内生动力。作为践行新发展理念的一种软力量，传统文化发挥着润物无声、潜移默化的重要作用，不仅是社会实践长期积淀的发展成果，也与人民群众的日常生活紧密结合，是推动新发展理念走向实践的重要载体。因此，我们理应结合当下社会实践新的发展要求，创造性地转化传统文化的思想资源，健全文化和教育双向结合的宣传机制，采取群众乐于接受、喜闻乐见的宣传手段，使其在潜移默化中接受新发展理念的洗礼，并自觉按照新发展理念的现实要求规约社会实践。只有老百姓发自心灵深处的自我认同，真切理解新发展理念的深层内涵和重大意义，他们才能内化于心、外化于行，进而形成人人共享、全民践行新发展理念的生动局面，为发展理念走向深度实践奠定广泛的群众基础。

总之，践行新发展理念，要坚持以人民为中心的发展思想，正确解决“依靠谁”“为了谁”和“我是谁”的根本性问题，应致力于不断提升人们的获得感、幸福感和安全感。与此同时，改革和完善发展理念的制度机制保障。发展更多的是以经济为核心的社会综合式发展过程，涉及政治、文化、社会、生态等诸多方面，要建构以经济为核心的社会综合运行机制，为发展理念的贯彻落实提供坚实的制度保障。新发展理念作为不同发展要素深度融合的统一整体，在实践过程中要树立全国一盘棋的思想，立足整体化、全局化的发展视野，按照总体和具体的发展要求逐步推进。它不仅需要增强领导干部的现实执行力，树立底线思维和安全防范意识，还需要老百姓自觉地按照新发展理念要求去贯彻落实，直至转变为人们日常生活的行为规范。在健全文化和教育双向结合的宣传机制过程中，充分挖掘传统文化的资源优势，发挥文化润物无声、潜移默化的滋养作用，以此扩大新发展理念贯彻落实的群众基础。践行新发展理念注定不是一个一蹴而就的过程，要坚持阶段性和总体性的统一，明确不同阶段发展的侧重点和关键问题，在社会实践中不断丰富具体的实践路径。只有内化于心、外化于行，确立心灵深处的理论自觉，才能推动新发展理念走向深度实践，形成全民参与、人人实践的生动局面。

附　录

不登高山，不知天之高也；不临深溪，不知地之厚也。发展理念是发展行动的先导，是实践活动的根本遵循，成为管全局、管根本、管方向和管长远的重要机制。新发展理念是发展思路、发展方向、发展着力点的集中体现，是中国特色社会主义进入新时代的必然产物，深刻诠释着以经济发展为核心的社会综合式发展过程。新发展理念，从伟大的社会实践中来，具有深刻的历史穿透力和现实感召性，是指引中国乃至世界发展方向的重要航标。通过对新发展理念意义、内涵、特征和实践路径的深入挖掘，我们理解了发展观的实质，明确了发展不是最终目的，只有不断实现人们对于美好生活的向往，才是发展的最终落脚点和归宿。因此，后面以附录的形式对新发展理念进行补充和完善，致力于在全面理解新发展理念的前提下，结合新的社会实践的发展要求，坚持立足国内与放眼全球的发展情怀，为深入贯彻落实新发展理念，深化对这一问题的探讨做出有益的探索和尝试。

历史经验，逐步形成了以发展经济学和现代化理论为主的早期发展理论。

发展经济学主要认为西方资本主义国家在早期的现代化进程中，之所以取得巨大成就的原因就在于经济的增长。经济学家威廉·阿瑟·刘易斯在《经济增长理论》中认为，发展即是增长，即“总人口人均产出的增长”，“发展中国家经济落后的原因在于工业化程度不够，经济馅饼不大；而加快工业化的步伐，提高工业化的程度，把经济馅饼做大，就会促进经济增长和社会进步”。① 这些传统的发展理论从西方经济学出发，把经济的增长等同于社会发展，认为提高工业化程度就是社会的进步。他们认为，经济增长是衡量一个国家或地区发展的首要标志，而国内生产总值则是衡量经济发展的唯一标尺。这种以经济增长为核心的传统发展理论试图用早期西方资本主义国家的途径解决发展中国家的现代化问题，这种观念在短期取得的成效是值得肯定的，它对经济的恢复和增长起到了一定的积极作用。但是，这种发展理论只是单纯地把发展与经济增长相挂钩，甚至认为社会的发展等同于经济的增长，并没有把“发展”与“增长”两个概念区别开来，相应的，也就会忽视在片面追求经济发展中所产生的一系列政治、社会、生态等问题。

20 世纪 50 年代兴起的现代化理论以美国著名社会学家塔

① 庞元正、丁冬红主编：《当代西方社会发展理论新词典》，吉林人民出版社，2001 年版，第 3 页。

尔考特·帕森斯为代表，主要从社会进化论的角度来看待社会发展。现代化理论认为，现代化的过程就是人类从传统社会向现代社会的逐渐转型，西方是世界上最先进入现代社会的地区，那么相应的，世界其他地区进入现代化过程中所呈现出的某些特征必然与西方社会所表现出的“现代特征”相似或趋同。也就是说，现代化即西方化。这种“西方中心论”观点的提出虽然受到许多学者的追捧，但是它的片面性是显而易见的。在众多发展中国家的社会实践中，每个国家的发展轨迹都会受其自身的历史文化、制度体制和社会结构等因素的影响，在具体发展过程中所遇到的问题和矛盾也不尽相同，实现现代化的过程不可能只是一味地对西方文明和西方经验进行照搬和复制。

（二）20 世纪 60 年代中期至 80 年代初期的发展理论

在单纯以经济增长为核心和一味以“西方化”为标准的传统发展理论的指导下，许多发展中国家并没有实现预期的发展目标，只是表现为明显的生产总量的增长，而在政治经济体制、社会状况等方面却没有得到明显的提升，反而带来了分配不公、政治腐败、经济失调、失业增加等一系列现实问题。在此背景下，人们开始反思单一的经济增长不可能直接带来社会的进步和发展，必须要重新认识“发展”问题，对发展观进行及时的“修正”与否定。

20 世纪 60 年代中期以后，随着经济发展的进步，关于政治、文化、社会、生态等问题的研究也日益深入，人们逐渐认识到，发展绝不仅仅是一种经济现象，也绝不是仅仅依靠工业化的提高、国民生产总值的增加和照搬西方发展模式而取得的。发展更应着眼于广大落后国家的社会实践，包括政治、社会、历史、环境等一系列现实问题，由此形成了“依附理论”和“世界体系论”两大发展观点。依附理论认为，西方资本主义国家是世界发展的“中心”，而非西方的不发达国家为“边缘”，边缘国家是依赖且从属于中心国家的，因为中心国家地位的实现是基于对边缘国家的殖民统治和经济掠夺。基于这种关系，边缘国家要想实现自由发展，走向现代化，就必须摆脱中心国家的控制，在实现工业化的道路中避免走西方资本主义国家的道路。沃勒斯坦指出了依附理论的局限性，认为世界应该被看作一个整体，把政治、经济、文化等因素统一于世界体系之中。通过对各国在世界体系中的地位及其相互关系的分析，预测了未来世界整体的发展变化，由此提出“世界体系理论”。这两种理论虽然在一定程度上克服了早期发展观片面、单一的局限性，但并没有脱离以西方资本主义国家为中心的思想。在“中心”与“边缘”国家的体系中发展，依然是以西方发达国家为主，广大发展中国家并没有获得主体地位，发展仍然笼罩在“西方中心”的话语体系之下。

随着人们对“发展”内涵的逐步反思，20 世纪 60 年代末，美国发展经济学家托达罗指出：“发展不纯粹是一个经济现象。从最终意义上说，发展不仅仅包括人民生活的物质和经济方面，还包括其他更广泛的方面。因此，应该把发展看为包括整个经济和社会体制的重组和重整在内的多维过程。"①联合国第二个发展十年计划(1970—1980)指出："发展的最终目的是对收入和财富实行更平等的分配，以促使社会公正和生产效率增长，提高实际就业水平，更大程度地保证收入并扩大和改进教育、卫生、营养、住房、社会福利设施，以及保护环境。"其还指出："社会性质和社会结构的变迁必须同迅速的经济增长并驾齐驱，而且应切实减少现存的地区、部门和社会内部的不平等。这些目标是发展的决定性因素和最终结果。"②由此可见，发展的内涵和意义不容忽视。1972 年，被称为"人类全球问题研究超一流思想库"的罗马俱乐部在《增长的极限》研究报告中明确指出："地球是有限的，任何人类活动愈是接近地球支撑这种活动的能力限度，对不能同时兼顾的因素的权衡就变得更加明显和不可能解决。"③这不仅暗示了自然资源在社会发展中的重要意义，也告诫人类在发展的过程中要重视对地球资源的保护，坚持适度开发和综合保护相结合的原则，尊重人与自然和谐、健康发展的基本规律。

(三)20 世纪 80 年代以后的发展理论

进入 80 年代以后，随着工业化程度的不断加深，人们在发

---

① [美]迈克尔·P. 托达罗著：《经济发展与第三世界》，印金强等译，中国经济出版社，1992 年版，第 50 页。

② 转引自范燕宁等：《新时期中国发展观——兼与当代国外发展观的比较研究》，首都师范大学出版社，1999 年版，第 187 页。

③ [美]德内拉·梅多斯等著：《增长的极限》，李宝恒译，四川人民出版社，1984 年版，第 95 页。

新的发展理念加以引导。自二战以来，国外发展理论经历了诸多历史形态，产生了许多代表性的观点，重点围绕发展内容和发展本质进行深入思考，总结起来，呈现为以下几种核心观点。

(一)以单纯的经济增长为核心的发展理论

二战后，伴随发展中国家政治的独立，经济上迫切需要摆脱贫穷落后的局面，于是开始走上效仿西方发展的必经之路。这一阶段，一些经济学家、社会团体以及研究机构几乎都认为要发展就必须实现经济增长，把发展等同于单纯的经济发展过程，把经济以外的自然、人看作为经济增长服务的要素。为了追求经济增长，人可以无偿地占有自然资源，甚至不惜过度开发利用不可再生能源，导致资源濒临枯竭，严重制约着人与自然的生态平衡。

一方面，工业化催生了经济增长的现实要求。战后初期，大部分国家都面临各自的发展问题：原来经济较发达的国家陷入战后资源匮乏的局面；原来经济较落后的国家经过二战的“洗礼”，更是雪上加霜。这时候，西方经济学家提出，只有通过工业化才能摆脱各国百废待兴的状态，解决现实的发展难题。主要代表是威廉·阿瑟·刘易斯和沃尔特·惠特曼·罗斯托，他们把重点放在如何实现快速的经济增长问题上。刘易斯通过民众的意愿、制度、知识、资本量、资源和人口以及政府等六个方面来论述如何实现经济增长，正如他在《经济增长理论》导论中指出的那样：“我们的主题是增长，而不是分配。有可能产出也许增长了，而人民群众却反而比以前更为贫困，这是有可能的。我们必须考虑产出的增长与产出的分配之间的关系，但我们主要关心的是分析增长，而不是分配。……我们关心的不是产出的预算，而是产出的增长。”①这恰恰证明了在整个生产过程中，增长是排在第一位的，其他因素都可以忽略不计，一切围绕经济增长来运行。遗憾的是，当时的学者没有把“发展”和“增长”两个概念区别开来，而是等同对待。他们认为发展问题，特别是落后国家的发展问题就是经济增长问题，而经济落后则根源于工业化的历史进程。只有加快工业化进程，才能实现经济增长和社会进步。因而，他们把国民生产总值及人均国民收入的增长作为衡量发展的首要指标，得出“发展＝工业化＝经济增长”的结论。

另一方面，物质资本的匮乏是阻碍经济增长的重要因素。1953 年，美国经济学家罗格纳·讷克斯在《不发达国家的资本形成问题》一书中提出了贫困恶性循环理论，即“在资本供给方面：人均收入低→生活消费比重高，储蓄低→资本形成不足→生产规模小，生产率低→产出低→收入低。这样，资本缺少、收入低下、储蓄少三者互为因果，形成一个恶性循环。资本需求方面：人均收入低→低消费，低购买力→市场需求有限→投资引诱不足→资本形成不足→低生产率→低产出→低收入。这样，收入低下、投资不足、购买力低三者互为因果，又形成另

① ［英］威廉·阿瑟·刘易斯著：《经济增长理论》，郭金兴等译，机械工业出版社，2015 年版，第 1 页。

一个恶性循环”①。他认为，第三世界国家落后的原因是资本短缺，第三世界原有的国家贫穷导致新一轮的贫穷，同时贫穷也是导致其他一切社会问题的基本因素。由于资本短缺，导致了人们的购买能力、投资和生产能力低下，从而阻碍了这些国家的经济增长。因此，他强调各个行业要同时扩张资本存量，并且扩张到一定规模才可以产生经济效益。不过，这也只是单纯地追求经济上的量的增长，认为资本存量的增加就是发展。

（二）凸显人的主体价值的发展理论

二战后，西方学者注重的追求经济增长只是总量的增加，把国民生产总值和人均国民收入的增长看作评判经济增长的唯一标准，把实现工业化和增加投资当作经济增长的理想手段，这样的发展虽然带来了 GDP 的提高，但大部分国家的人民生活水平没有得到改善，出现了有增长无发展的局面。可想而知，这样的发展不会使第三世界国家摆脱落后的局面，反而引发了社会内部一系列现实问题，如通货膨胀加剧、失业人数增加、贫富差距拉大、社会动荡不安等。因此，西方学者开始摒弃照搬发达国家经济增长的做法，反思现实的社会发展问题，关注人的主体价值，把是否有利于人的发展作为评判经济发展合理性的重要标准。其中以佩鲁的“新发展观”和联合国环境署提出的“可持续发展观”最具代表性。

① 转引自宋勃、陈海博：《西方资本形成理论述评》，《现代管理科学》，2006 年第 12 期。

1. 整体的、综合的、内生的发展理论

1976 年国际劳工组织在日内瓦召开的世界就业大会中提出："社会发展是一个由人口、环境、政治、经济、科学技术等多种相互关联的方面组成的综合性有机整体。"[①]这就意味着发展是以人为核心的多方面的发展，而不应把发展等同于单纯的经济增长。佩鲁认为，一味地追求经济增长依然使人们囿于贫困的发展状态，这不符合发展观的内在要求，他主张发展应该是整体性、综合性、内生性的发展。所谓"整体性"，即把整个人类社会当成一个整体，这个整体由人口、环境、政治、经济、科学、技术等多种相互关联的要素组成，既要关注整体，也要兼顾整体中的个体，在整个人类社会当中把握单个群体的差异性；所谓"综合性"，即把发展过程中各单位和要素组成一个集体，发展的过程就是这个集体综合发挥作用的过程；所谓"内生性"，即提倡发展过程要立足于每个系统内部的力量，包括国家的力量与资源的开发和合理利用。这三个方面紧密相连、自成一体，紧紧围绕"人"的中心而展开，贯穿其中的核心在于人的主体价值的凸显。

和经济增长的观点不同，佩鲁认为以人为核心的发展才是合理的发展。发展可以采取不同的手段，但每一种手段的应用都应该以人的发展为前提，他强调以人为中心，把为一切人的

---

① 转引自范燕宁等：《新时期中国发展观——兼与当代国外发展观的比较研究》，首都师范大学出版社，1999 年版，第 107 页。

发展和人的全面发展作为发展的尺度和目的。“必须牢牢记住，个人的发展、个人的自由，是所有发展形式的主要动力之一。这种个人的发展和自由能够在每个人所赞成的和在其各种活动中所感受到的各种价值范围内充分实现他们的潜力。”[①]一切的发展都是为了人，并不单纯是为了追求物质利益。佩鲁还认为，只有坚持以人为中心、重视人的价值的发展，才能维护社会稳定，“一个扼杀社会成员生命的社会，并不会知道它在做的是什么，由此证明，这样的社会是轻视人的。然而，普遍地重视人则是一个社会能够正常运行和保证稳定的关键之一”[②]。除此之外，在很多第三世界国家，人力资源的不合理利用是导致其贫穷落后的一个重要因素。在佩鲁看来，人力资源是所有资源中最为宝贵的资源，充分开发人力资源所产生的作用远大于开发自然资源所产生的作用，“只有在开始探索、运用和开发人力资源的潜力之后，我们才能知道自己究竟是会变富还是变穷”[③]。有利于人的发展和主体价值的实现是经济发展合理性的前提和基础，佩鲁的新发展观和经济增长的发展观有着本质上的区别。

2. 倡导代际平衡的可持续发展理论

可持续发展就是指满足当前需要又不削弱子孙后代满足其

---

① [法]弗朗索瓦·佩鲁著：《新发展观》，张宁、丰子义译，华夏出版社，1987年版，第175页。

② [法]弗朗索瓦·佩鲁著：《新发展观》，张宁、丰子义译，华夏出版社，1987年版，第107—108页。

③ [法]弗朗索瓦·佩鲁著：《新发展观》，张宁、丰子义译，华夏出版社，1987年版，第121页。

需要之能力的发展。可持续发展观念的落脚点是人类社会，它指出发展的本质是改善人类的生活质量，提高人类的健康水平，创造一个和谐的社会环境。其实最早提出可持续发展思想的是一些反增长论者，“他们并不认同把经济增长率当作经济发展的目的，也不认同‘资源和环境问题不是紧要问题’的新古典经济学论点，而是认为经济增长最终将以资源缺乏和环境限制为上限”①。与单纯追求经济增长的发展方式不同，可持续发展倡导以人为本，追求人与自然、人与社会、人与人之间的持续、稳定、健康发展。它“要求改变传统的以‘高投入、高消耗、高污染’为特征的生产模式和消费模式，实施清洁生产和文明消费，以提高经济活动中的效益、节约资源和减少废物”②。这一时期，人们开始意识到环境的重要性，认为生产的最终目的并不是单纯追求经济增长，而是要满足人的主体需要，经济增长要服从人的发展需求。

1994 年通过的《国际人口与发展大会行动纲领》指出：“可持续的发展要求充分认识到妥善处理人口、资源、环境和发展之间的相互关系，并使它们协调一致求得互动平衡；可持续发展问题的中心是人，人有权顺应自然，过健康和生产性的生活；人民是任何国家拥有的最重要和最宝贵的资源；明确地将人口因素纳入经济和发展战略不但可以加速可持续发展的步伐，缓

① 邵磊：《可持续发展理论在西方经济学中的演进》，《金融经济》，2018 年第 6 期。
② 尹继佐主编：《可持续发展战略普及读本》，上海人民出版社，1998 年版，第 5 页。

解贫困，而且还有助于实现人口目标，提高人民的生活质量；要以无害生态的方式最佳地利用资源，尽量少地产生废物，以实现人类生产和消费等经济活动的持续性。”[①]可持续发展不仅仅是指经济方面，还包括生态和社会，只有这三个方面的发展都符合可持续发展要求的时候才算得上是真正意义上的发展。因此，这一发展观反对把单纯的经济发展作为社会发展的核心，主张人的发展与社会各要素相协调，在不影响人的现时需要和未来需要的基础上寻求经济效益和社会效益的统一。

（三）以制度安排为核心的发展理论

二战后，从社会的发展主体、发展结构、发展模式的角度来看，主要以现代化理论、依附理论和世界体系理论为代表，其共通之处在于把发展看成一种制度性的安排。三大理论的出现虽然有时间上的先后顺序，但它们绝不是代替与被代替的关系。现代化理论是一套兴起于西方发达国家但用于指导第三世界国家社会发展的理论，旨在帮助第三世界国家摆脱经济文化的落后局面，主张第三世界国家现代化是一个向欧美型发达国家的社会、经济、文化系统演变的过程，其实质是“西方中心论”。现代化理论认为，非西方国家之所以不发达是因为这些国家内部没有稳定、灵活的政治制度和社会制度，主张从其自身内部寻找落后原因。亨廷顿指出，发展中国家长期落后的根本

① 转引自范燕宁等：《新时期中国发展观——兼与当代国外发展观的比较研究》，首都师范大学出版社，1999年版，第458页。

原因不该归咎于经济方面，而是长期缺乏政治稳定和政治发展造成的，他在现代化理论的基础上提出了“政治稳定论”，主张建立起有别于极权主义的权威主义政治体系，同时主张利用一个强有力的政党来维持政治稳定。

在现代化理论假象的迷惑之下，很多第三世界国家走上了资本主义的发展道路，但在短暂的经济复苏背后，却是深层次的社会危机，经济陷入了失业、通货膨胀、货币贬值、贸易滑坡等困境之中。伴随经济困境而来的是贫富差距拉大、政局不稳以及社会动荡。在此背景下，依附理论、世界体系理论应运而生。弗兰克把依附理论内涵归纳为以下三个方面：第一，发达国家和发展中国家是“大都市”和“卫星城”的关系。在整个世界贸易体系中，西方资本主义国家始终处于中心地位，对外围的发展中国家进行剥削，导致了外围国家的欠发达，因此就有了法国学者、经济学家萨米尔·阿明在加勒比海地区、墨西哥的农田、阿根廷的农牧场和巴西的种植园看到的“另一个美洲”现象。第二，“外围国家”不发达的原因在于“中心国家”对其经济剩余的剥削。“弗兰克对智利的观察表明，智利的不发达不能归因于有些人设想的封建结构的延续，实际上这种结构从来没有存在过。”①因为在智利，国家权力主要掌握在资产阶级手里，这个阶级充当国外资本主义消费者和国内生产者的纽带，与外

① ［德］安德列·弗兰克：《资本主义与拉丁美洲的低度开发》，1967年版，第115页。转引自张敦福：《依附理论的发展历程和新进展》，《山东师大学报》(社会科学版)，2000年第1期。

国资本主义的利益密切相连。从本质上看，智利及其组织机构只是充当了外国资本主义剥削其国内经济剩余的工具而已。第三，无论是在民族国家层次还是在国际层次上，智利和整个世界的历史都在走向极化；同时互相依赖，尤其是卫星国对核心国家的依赖也在增强，两者之间在权力、财富和收入，尤其更为重要的是在政治、经济、技术能力方面的差异越来越大。[①]由此可知，依附和发展是不能同时并存的，外围国家对中心国家的依附只会导致外围国家与中心国家的差距越来越大。弗兰克认为要缩小这种差距，必须要切断与中心国家的一切联系。

20 世纪 70 年代，沃勒斯坦在依附理论的“核心国家”和“边缘国家”之间引入“半边缘”的概念，即形成了“核心—半边缘—边缘”的世界体系理论。“核心”国家是指那些工业相对来说比较发达、产业布局比较合理、拥有比较强大的资产阶级和雇佣工人的阶级，并且已经参与了非核心国家的生产过程的资本主义国家。“边缘”国家是指那些以原料生产为主，国家力量相对比较薄弱的国家，在生产的过程中往往受到“核心”国家的影响。“半边缘”国家是介于“核心”国家和“边缘”国家之间的一些国家，它的出现有助于遏制“核心”国家和“边缘”国家之间的两极分化，从而维持整个世界体系的相对稳定。但这些国家并不是永远位于“核心”“半边缘”“边缘”的固定状态之下，而是处于不断变化

---

① [德]安德列·弗兰克：《资本主义与拉丁美洲的低度开发》，1967 年版，第 117 页。转引自张敦福：《依附理论的发展历程和新进展》，《山东师大学报》(社会科学版)，2000 年第 1 期。

的历史进程中。资本主义的经济正是建立在“核心”“半边缘”“边缘”之间的不平等交换基础之上，通过攫取“半边缘”和“边缘”国家的经济剩余来维系其“核心”地位。“没有边缘，就没有核心，没有核心——边缘，就没有资本主义的发展。”现代资本主义就是一个以西北欧地区为核心，以地中海沿岸为半边缘，以东欧和美洲为边缘的世界经济体，最终经过不断扩张而覆盖全球。[①]因而，发展不单单是一种制度性的安排，更应追求一种全球利益的合理分配。

三、当代西方发展理论存在的问题和矛盾

当代西方发展理论的流派众多，涉及经济、政治、生态以及社会等方方面面。每一个新发展观的提出都有其特定的历史因素和现时需要，都深深打上了时代发展的印记。尽管如此，由于受到资本主义制度框架的限制，每一个发展观提出之后又将难以付诸实践，因为新提出的发展理论会被资本主义社会内在的一些规定所制约，所以在提出之时就已经蕴含了一些内在的矛盾冲突，这是在资本主义制度范围内无法调和的弊病。唯有扬弃资本主义生产方式，坚持社会主义制度，才能实现经济社会的全面进步和人类社会的可持续发展。

（一）资本逻辑的利益最大化原则与以人为本之间的内在矛盾

资本逻辑就是资本增殖和追求利润最大化的逻辑，即在供

---

① 赵自勇：《资本主义与现代世界——沃勒斯坦的世界体系理论透视》，《史学理论研究》，1996 年第 4 期。

需矛盾和价值规律的支配下，资本追求着无限的增殖和利润。资本不追问自身以外的东西，不追问资本增殖的人生和社会意义，资本只追问在市场中的不断运动，并在市场交易中不断增殖。资本逻辑是资本主义社会的主导逻辑，它的本质就是追求利益最大化，贯穿于资本主义发展的整个过程，只要资本主义制度存在，就有资本逻辑的存在。资本逻辑在运行过程中永远把追求利益放在第一位，其他与利益获取无关的方面都不在它的范围之内。在资本逻辑运行的过程中，人和自然是其实现增殖的手段和工具，例如，工人在表面和形式上是自由的和自己支配自己的劳动，而实际上却受到了更全面、更深刻的奴役和剥削。

资本逻辑成为资本主义社会占据支配地位的主导性原则，它是以经济为核心，利润最大化为半径的动态发展体系，并且呈现扩张和泛化的态势，日益渗透到社会生活的方方面面。资本背后隐藏的是人与人之间的社会关系，而这种关系日益打上利益化的烙印，直接冲击着资产阶级提出的“以人为本”思想。美国学者罗宾斯指出：“饥饿、贫穷、疾病流行、环境退化、对妇女儿童和少数民族的剥削、全球性的冲突等问题，根源于资本主义文化不可动摇的中心宗旨——永不停止的经济增长需要和愿望。”①在资本主义社会中，这种“以人为本”日益被抽象的

① ［美］理查德·罗宾斯著：《资本主义文化与全球问题》，姚伟译，中国人民大学出版社，2010年版，第531页。

物化标准所取代。其实，在不同的历史发展阶段，学者们都曾不同程度地强调以人为本的发展观，提倡要把人的发展放在第一位，倡导一种综合性的发展理念。但是在实际的运行当中，往往难以贯彻执行，因为“在资本主义制度内部，一切提高社会劳动生产力的方法都是靠牺牲工人个人来实现的；一切发展的手段都变成统治和剥削生产者的手段，都使工人畸形发展，成为局部的人，把工人贬低为机器的附属品，使工人受劳动的折磨，从而使劳动失去内容，并且随着科学作为独立的力量被并入劳动过程而使劳动过程的智力与工人相异化”①。同时，“不仅是工人，而且直接或间接剥削工人的阶级，也都因分工而被自己用来从事活动的工具所奴役；精神空虚的资产者为他自己的资本和利润欲所奴役；律师为他的僵化的法律观念所奴役，这种观念作为独立的力量支配着他；一切‘有教养的等级’都为各式各样的地方局限性和片面性所奴役”②。所以说，如果按照先前制定的发展观去指导生产和发展的话，资产阶级利益将会得不到保障，自身发展也将难以维系。而“以人为本意味着把人的价值、人的尊严、人的发展、人的自由作为人的根本；以人为本就是要把提升人的价值和尊严、促进人的自由作为经济发展的根本，作为社会的核心价值；以人为本就是要把人民的利

① 中共中央马克思恩格斯列宁斯大林著作编译局:《马克思恩格斯全集》(第44卷)，人民出版社，2001年版，第743页。

② 中共中央马克思恩格斯列宁斯大林著作编译局:《马克思恩格斯选集》(第3卷)，人民出版社，1995年版，第642—643页。

益作为一切工作的出发点和落脚点”[①]。因此，在资本主义生产方式存在的前提下，资本逻辑利益最大化原则与以人为本之间存在根本性的矛盾和冲突，倡导以人为本的发展观最终以无法运行而告终。

（二）消费主义行为方式与保护自然生态环境之间的内在冲突

众所周知，消费和生产这一基本范畴在人类社会发展的过程中起着不可磨灭的作用，是生产、流通、分配、交换等社会再生产的重要环节。马克思曾明确指出，在经济运行过程中，“生产媒介着消费，它创造出消费的材料，没有生产，消费就没有对象。但是消费也媒介着生产，因为正是消费随产品创造了主体，产品对于主体来说才是产品，产品在消费中才得到最后完成”[②]。但是，在当代社会，随着人们消费观念的变化，消费开始走向异化，消费主义开始在社会当中盛行。

19世纪以来，消费主义得以在西方社会蔓延开来。二战之后，消费主义思潮主要是在美国盛行，经由美国传到了欧洲和日本。随着经济全球化进程的加速，消费主义思潮也开始逐渐传到了广大发展中国家。消费主义追求的消费不是为了满足实际需要，而是为了满足由于广告的轰炸而激发、制造出来的欲望，它的实质是为了获得认同感、满足感，通过消费来显示个

---

① 陈宝：《资本逻辑的深层内涵与人的悖论式生存》，《山西高等学校社会科学学报》，2012年第4期。

② 中共中央马克思恩格斯列宁斯大林著作编译局：《马克思恩格斯选集》（第2卷），人民出版社，1972年版，第94页。

人的社会地位，越消费越有存在感，即“我消费，故我在”。马克思在《1844年经济学哲学手稿》中就指出：“工业的宦官为了攫取黄金鸟，不惜想方设法激起消费者最下流的欲念，然后让消费者主动、乖乖地从口袋里掏钱。”[①]在鲍德里亚看来，消费主义是一种生活方式，消费的目的不是为了实际需要，而是为了不断追求被实际制造出来的欲望。“人们似乎活在他们的商品之中；他们的灵魂困在他们的小轿车、高清晰度的传真装置、错层式家庭以及厨房设备之中。”[②]也就是说，在消费社会中，产品才是最根本的，而人却是微不足道的，更不用说自然界了。张传开认为：“消费主义是一种毫无节制地消耗物质财富和自然资源，并把消费作为人生最高目的的消费观和价值观。”[③]因此，消费主义倡导的是一种奢侈、浪费的物质消费，日益影响着人们的生活方式和行为模式。

由于这样一种消费主义的存在，必然会加剧人类对自然资源的过度开发和掠夺，导致地球资源枯竭、生物多样性逐渐减少、全球气候出现异常等问题，从而使整个自然环境遭到破坏，最终危及人与自然之间的生态平衡。在消费主义思潮蔓延的背景下，人们在生活方式上出现了各种攀比，这不仅加快了消费速度，加剧对时尚产品的追逐，而且也人为地提高了产品的更

① 中共中央马克思恩格斯列宁斯大林著作编译局：《马克思恩格斯全集》（第3卷），人民出版社，2002年版，第340页。

② ［美］赫伯特·马尔库塞著：《单向度的人：发达工业社会意识形态研究》，刘继译，上海译文出版社，2014年版，第9页。

③ 张传开：《超越西方消费主义》，《求是》，2008年第23期。

新换代频率，使得大量产品的使用寿命大大降低。福斯特认为："在现行体制下保持世界工业产出的成倍增长而又不发生整体的生态灾难是不可能的。事实上我们已经超越了某些严峻的生态极限。"①过量生产和过剩的消费模式给自然资源和环境带来了巨大的压力，最终也将导致一种不健康的生活方式。尽管西方国家主张的是可持续发展，但依旧没能抵制消费主义的蔓延，可持续发展的背后则是更深层次的物质资源消耗，这就与西方国家倡导的保护自然、爱护生态环境背道而驰了。

与此相对的社会主义制度中所倡导的可持续发展，由于其自身所具有的优越性，正在逐步经历从破坏式发展到可持续发展的转变。从可持续发展的践行，到"科学发展观"，再到"中国梦"中环境治理的重要部分，都一一映照在习近平总书记"绿水青山就是金山银山"的理念之中。生态环境保护已然成为世界各国重点关注的问题，而今在可持续发展经历了长久的低潮期后，我国在可持续发展的道路上越走越坚定，"中国梦"的实现，环境保护与经济发展互相促进的未来相信不久就会到来。

（三）资本主义生产方式的私有制与平等正义之间的内在悖论

在资本主义社会，任何发展理念的提出都无法摆脱资本主义制度的束缚，都没有跳出资本主义生产方式私有制的桎梏。因此，在这样的背景下倡导平等正义犹如竹篮打水，是不会有

---

① ［美］约翰·贝拉米·福斯特著：《生态危机与资本主义》，耿建新等译，上海译文出版社，2006年版，第38页。

任何效果的。尽管西方学者曾经提出了"现代化理论""依附理论""世界体系理论"，目的是想帮助第三世界国家摆脱贫穷落后的状态，彰显国际人道主义的价值情怀，但其实在资本主义社会，人们关注的是如何让发展服务于资本主义社会，如何通过发展维护资本家在整个社会当中的政治、经济核心地位，而几乎没有人去关心在整个社会的发展当中对所有社会成员是否有平等正义可言。我们不能否认这些发展理论所产生的历史进步意义，但是，只要深入探究这些发展观的实质，就会发现其内在的矛盾与冲突，并最终无法贯彻落实。资本主义私有制条件下，一切发展都以维护资本主义生产方式为核心，深深打上了意识形态的烙印，注定不能逾越资本主义发展的历史阶段。

发展理论在某种程度上也彰显着社会公平正义的发展要求，只不过资产阶级的平等正义是法权意义上的权利平等，而现实生活却充斥着各种不平等。虽然公平正义是社会制度的首要美德，但却受制于资本主义意识形态的束缚，根本上是统治阶级自身利益的合法化。因而，在资本主义生产方式私有制的前提下倡导平等正义的发展观，注定只是一个美丽的谎言，经不起社会实践的检验。

近年来，一些资本主义国家也经常打着人道主义的口号对第三世界国家进行干预，表面上打着"维护平等正义"的旗号，出于人道主义的关爱，实际上是为了维护本国的既得利益，而不是真正考虑社会的稳定和谐。例如，二战后，资本主义国家为彰显其制度的优越性，提出了"福利国家"的概念并付诸实践，政府为劳动者提供社会福利与保障，保证劳动者的合法权益不受侵害。但至20世纪七八十年代，许多西方政府无力承担逐渐高昂的社会福利和保障费用，伴随着全球金融危机的发生，“福利国家”最终破灭。2008年的金融危机再一次冲击了全球经济体系，更加印证了西方发展观的不合理。2010年欧洲出现的难民危机，就是由于美国等西方大国为了争夺在中东、北非等资源丰富的国家和地区的自然资源而展开战争造成的。由于难民大量涌入西欧，冲击了西欧国家的现有法律体系，不仅给第三世界国家的发展带来灾难，还将会影响社会的稳定和地区发展，最终打破世界和平稳定、繁荣发展的国际环境。杜牧在游览赤壁之时曾发出“折戟沉沙铁未销，自将磨洗认前朝”的感叹，实行社会主义制度的我们是否应该以史为鉴，寻求更为正确和适合人类发展的发展观？当然，目前我国提出“创新、协调、绿色、开放、共享”的新发展理念表现出了更适合国际政治经济新秩序的态势，也更符合人类发展的需求，能够给“百病缠身”的资本主义国家提供经验和借鉴。

福利国家促进了西方社会的经济发展，并且在一定程度上实现了公平和公正的目标，但是尚有许多社会问题是福利国家这一政策不能解决的，包括出资者和劳动者的关系、国家发展和市场运行的关系等都极度不稳定，这就导致了社会发展不能完全倚靠福利国家的政策来解决其中出现的问题。同时，越来越不可避免的全球化给福利国家政策带来了巨大的挑战。我们应在承认其合理性和发展性的基础上，辨别真伪，积极汲取借鉴其中有益于社会主义制度发展的部分内容，以促进社会主义制度更好地发展。

总而言之，倡导消费主义必然会导致破坏自然和生态环境，一旦形成了消费主义的观念，就会被其中的贪婪和欲望所奴役，从而深陷其中。对于社会中的个体，想要通过消费来证实本身的存在，消费主义的根深蒂固会使得个体的理想信念逐渐缺失和磨灭，而对于整个社会，群体中消费主义的蔓延则会加剧整个社会思想和自我价值的倒退。皮萨列夫曾说："思想上的错误会引起语言上的错误，言论上的错误会引起行动上的错误。"消费主义观念的形成以及作用，会导致社会中的个体表达和行为逐渐偏离正常轨道，使整个社会思想低下、浮躁成风，生态环境也会遭到破坏。从资本主义私有制的生产方式来看，资本主义的阶级划分、资本主义制度的不平等，处处都与其宣扬的自由、平等等理念相违背。相对而言，社会主义所提倡的公有制观念则更为实事求是地做到了自由和平等切实落实在生活之中。

整体而言，西方发展理论不符合人类历史进步的潮流，必然会被历史抛弃，但其中尚存有某些理念与思想值得社会主义制度借鉴。即便如此，其中的问题和矛盾也是西方发展理论最大的弊病和表现。尤为突出的便是其中的工具理性，由科学技术和理性相结合的工具理性将人异化成了工具人，极大地破坏了人类存在的意义，使人类丧失了"为人"的尊严，对社会造成了巨大的破坏。不仅在社会中的个体之间产生了分化和阶级的不平等，产生了阶级的对抗，还在全球的资本主义社会中，压榨其他国家的发展资源与机遇，使大多数资本主义国家产生了经济落后、发展不平衡、社会就业压力大、资源利用不合理以及环境污染和生态破坏等问题。

四、启示

发展是人类社会永恒的主题，是关乎国际国内局势的重大战略问题。虽然西方学者的发展理论存在片面、不均衡、难以付诸实践等弊端，但在一定程度上给资本主义各国的发展也带来了积极影响，同时也为发展中国家的前进道路提供了经验借鉴。为此，我们应在客观分析西方发展理论的基础上，深刻总结其利弊得失，进而为解决我国乃至全球的发展问题提供理论借鉴。

首先，社会持久稳定的发展需要制度的根本保证。在世界社会历史发展的大潮流中，每一种新发展观的出现无疑都是基于问题的暴露和实践的需要。但是，西方学者所提出的发展观大都囿于资本主义制度的束缚，难以真正地付诸实践，难以从根本上解决发展的问题。他们注重的只是在资本主义制度框架下的体制机制的改变，却没有看到资本主义制度本身的内在弊端。这种以资本逻辑主导下的资本主义制度，在追求剩余价值的过程中，不仅忽视了人的主体地位，而且还造成了环境污染、生态破坏、资源分配不均、阶级固化等一系列社会问题。虽然学者们不断提出新发展观去试图解决这些问题和矛盾，但是这些以资本主义思维模式运作的、无法跳出资本主义制度框架的理论观念，只是在用资本主义的逻辑来解决资本主义本身的矛盾，最后只能陷入死循环。社会主义制度与资本主义制度的本质区别在于，生产资料归全体劳动者共同所有，以实现共同富裕为本质目标。在社会主义发展的过程中，我们把政治、经济、社会和自然资源等看作一个整体，要求贯彻“创新、协调、绿色、开放、共享”的发展理念，以实现全社会乃至全球的健康、持续发展，最终实现每个人的自由发展。这种发展理念深深植根于中国特色社会主义制度和中国特色社会主义的伟大实践中，是我们立足国内、放眼全球，实现人类共同发展的长远布局。由此看来，要想实现社会长久、稳定的发展，就必须要有完善、科学、可行的制度作为根本保证。

其次，在局部的发展中形成一个联动的整体。西方单纯追求经济增长和社会结构变革等发展所带来的后果启示我们，一方面，必须意识到社会的发展绝不仅仅是经济或政治等领域单方面的增长和进步，发展是以经济为核心的社会综合式过程，要妥善处理好政治、经济、文化、社会和资源环境等各方面的关系，实现社会的整体协调发展。我们不能否认经济在社会发展中的核心地位，也不能否定政治的进步给社会发展带来的巨大推动作用。但是单纯的经济增长已经不能满足人们对美好生活的需求，我们必须认识到，发展是以经济为龙头，联动社会各方面因素协调发展的过程，社会的进步需要的是政治、经济、文化、社会、生态等领域作为一个联动整体的协同并进。另一方面，伴随全球化的日益深入，发展突破了民族国家的狭隘界限，已不单单是一国或西方几国的问题，而是涵盖所有国家，即全人类的发展问题。全球化使得国家之间的命运休戚与共，无论国家发达与否，一国的发展早已与其他国家息息相关。我们在考虑自身的发展问题时还应兼顾他国的合理利益，从全球化的视野出发，而不是一味地以自我发展为中心，提出所谓“现代化理论”“欧洲中心主义”等。因此，我们需要以“系统研究”的方法看待发展，用一种整体的思维方式实现社会各领域的综合式协调发展，从而达到全球利益的合理分配。

最后，解决发展中遇到的问题需要一个渐进式的过程。在人类追求社会进步和发展的道路上，问题和矛盾也必然会层出不穷。西方以往的发展观大多都是针对眼下问题所提出的暂时性解决方法，而不是着眼于一种长远的、良性的、可持续性的发展理念，这就决定了西方发展观的历史局限性，最终与人类社会永续发展的目标相背离。发展不是一蹴而就的过程，解决发展中的问题也并不是一朝一夕就能够完成的，注定要历经一个渐进式的曲折发展过程。如果只是一味地关注当下，急于修正眼前的错误和问题而忽视对未来发展道路的规划，社会的发展最终将会停滞不前。在社会发展的过程中，我们要注意积累先进的发展理念，总结利弊得失，坚持历时性和共时性的统一，立足于不同的社会发展阶段，着眼于人类社会的健康发展。发展不是一百年、一千年就可以完成的，而是贯穿人类历史发展过程的始终。因此，我们必须树立未来意识，以一种长远且可行的发展理念为指导，建构以人的主体价值为核心的制度体系，进而为规避“发展主义”弊端，实现人类社会的良性、持久、健康发展奠定坚实的理论基础。

总之，当代国际发展理论经历了一个从单纯的经济增长到凸显人的主体价值，再到一种制度性安排的历史过程，其中产生了诸多具有代表性的观点，在一定的社会发展阶段曾产生积极的理论效应，这种进步的意义是不可否认的。但囿于资本主义生产方式的束缚，这些发展理论本身未能摆脱资本主义意识形态的桎梏，注定与人类社会可持续发展的最终目标相背离。唯有扬弃资本主义私有制，实行社会主义或共产主义制度，才能从根本上克服这些发展观弊端，真正实现良性持久的健康发展。新发展理念的提出，是中国特色社会主义发展理念的一场深刻变革，不仅是改革开放以来国内发展问题的现实反映，也是国际社会发展经验的深刻总结，具有广泛的社会效应和重要的参考价值。我们理应在新发展理念的引导下，坚定社会主义制度的优越性，以创新培育经济发展新动力，以协调推动社会的全面进步，以绿色实现人与自然的和谐共生，以开放掌握发展主动权，以共享实现社会公平正义，进而逐步建立和完善以人的主体性为核心的制度体系，为实现中国人民乃至世界各国人民的健康福祉贡献中国力量。

（此文曾发表于《理论界》2020 年第 1 期）

【附录二】

牢牢立足社会主义初级阶段这个最大实际

党的十九大是在实现“第一个百年目标”决胜时期以及“第二个百年目标”即将开启时期的关键时刻召开的一次大会，是中国特色社会主义继往开来的大会，大会提出了“新时代”“新思想”“新矛盾”“新目标”等一系列新判断，具有强烈的现实意义与深远的历史意义。认真学习党的十九大报告，领会其精神实质，特别是准确认识与理解当前中国特色社会主义“新时代”特征，对顺利推进中国特色社会主义事业发展具有十分重要的意义。

一、正确认识历史发展阶段以及特征至关重要

“道路决定命运。”改革开放以来，几乎每一次全党重大会议都要提出“举什么旗、走什么路、以什么样的精神状态以及实现怎样的目标等问题”。对于“举什么旗”和“走什么路”的问题，继党的十八大之后，十九大报告再次旗帜鲜明地指出：“绝不走封闭僵化的老路，也不走改旗易帜的邪路。”中国特色社会主义道

路是一条适合中国国情的道路，也是可以让中国人民过上幸福生活、国家富强与民族振兴的康庄大路。道路与旗帜确定后，明确所处阶段及其特征就变得异常重要。因为，只有明确了所处阶段及其特征，才能知道我们的工作从何处入手，最终走向何方。

就中国而言，改革开放初期，邓小平通过对国内外形势的研判，特别是对社会主义国家实践经验教训的总结，审时度势地提出了社会主义初级阶段理论，并据此提出“一个中心，两个基本点”的社会主义初级阶段基本路线和“解放生产力，发展生产力，消灭剥削，消除两极分化，最终达到共同富裕”的社会主义本质论等思想，认为社会主义初级阶段基本路线一百年不动摇。为了更好地规划社会主义初级阶段发展蓝图，他明确提出了“三步走”发展战略，他说：“第一步在八十年代翻一番。以一九八〇年为基数，当时国民生产总值人均只有二百五十美元，翻一番，达到五百美元。第二步是到本世纪末，再翻一番，人均达到一千美元。实现这个目标意味着我们进入小康社会，把贫困的中国变成小康的中国。那时国民生产总值超过一万亿美元，虽然人均数还很低，但是国家的力量有很大增加。我们制定的目标更重要的还是第三步，在下世纪用三十年到五十年再翻两番，大体上达到人均四千美元。做到这一步，中国就达到中等发达的水平。这是我们的雄心壮志。目标不高，但做起来可不容易。”①时过境迁，尽管这里数字的绝对值已发生很大变

① 《邓小平文选》(第3卷)，人民出版社，1993年版，第226页。

化，但其相对值的准确性已成功说明其理论与制定的路线方针的科学性。随着中国特色社会主义实践不断走向深入，邓小平早期制定的“三步走”战略得到了进一步的丰富与发展，“后两步”已变成今天的“两个一百年”目标，小康社会也逐渐全面建成，第三个步骤更是与中华民族的伟大复兴紧密相连。这一理论的继承与发展在极大推动中国特色社会主义事业发展的同时，也振兴了人们的精神，促进了我国综合国力的提升与各项事业的全面发展。

但与此同时也引发了一些新的需要研究与思考的问题。一些同志根据我国综合国力的明显提升认为再用社会主义初级阶段定性当前我国社会主义事业发展阶段似乎已不合时宜，也有同志根据目前我国生产力大力发展与人民生活水平的不断提高，认为再用“人民日益增长的物质文化生活需要与落后的社会生产之间的矛盾”来定性当前我国社会的主要矛盾似乎已不大符合实际。这些顾虑与问题的提出，事实上需要对社会主义发展阶段问题进行新的认识与新的思考。尽管当时邓小平提出了社会主义初级阶段理论并认为中国将长期处于这一时期，但对其中的原因并没有做出系统的分析与说明，也没有提出社会主义初级阶段是不是还可以分成若干时期以及这些不同时期之间的关系是什么等。这些问题对改革开放初期的中国来说是可以理解的，因为那毕竟是几十年以后的事情；但对今天的中国来说，它已变得尤为紧迫。经过改革开放四十年的发展，我国出现了许多新情况、新特点和新问题，这些都需要有长远的分析与科学的战略定位。只有在正确的长远分析与战略定位之下，据此制定出科学合理的长期目标，我们才能以此为指导制定出合理可行的中期目标与近期目标。

二、我国仍将长期处于社会主义初级阶段

对历史阶段的划分应尊重历史发展的客观规律，应以马克思主义辩证唯物主义与历史唯物主义为指导。根据马克思主义思想，历史是一个不断发展的进步过程，其最终发展过程是合规律性与合目的性的统一，共产主义是人类征服自然与改造社会能力不断增强并由必然王国走向自由王国的过程，也是一个人自由全面发展的过程。一种旧的社会形态在其生产力合理性没有被完全释放出来之前，它是很难自然灭亡的；同样，一种新的社会形态在其生产力水平没有达到之前，它也是很难建设成功的。社会主义初级阶段实际上就是一种“不发达的社会主义”(毛泽东语)，也是“一种不够格的社会主义”(邓小平语)。社会主义初级阶段之后的社会主义，自然应该是社会主义高级阶段(真正发达与够格的社会主义)；除非若干年以后的历史发展说明，在社会主义初级阶段与高级阶段之间还需要有一个特殊的中级阶段(历史发展往往是复杂的，它不是一个直线运动过程，而是一个螺旋式上升与波浪式前进的过程，其曲折性是难以避免的)，那么，社会主义初级阶段的认定与划分更多地是相对于社会主义高级阶段而言的。凡是高级阶段社会主义本质特征尚未实现的社会主义社会，都应处于社会主义初级阶段。由

此，我们可以从以下几个方面推断我国仍将在相当长的一个历史时期处于社会主义初级阶段。

首先，我国生产力水平特别是科技发展水平还不够发达。客观地说，跟改革开放初期相比，我国的生产力取得了巨大发展，科学技术的进步也日新月异，2010 年经济总量已跃居世界第二。不过，看一个国家的生产力水平光看经济总量还是不够的，还要看经济总量与产出经济总量的投入量和投入条件等之间的关系，即劳动生产率。马克思指出，劳动生产力提高，“一般是指劳动过程中的这样一种变化，这种变化能缩短生产某种商品的社会必要的劳动时间，从而使较小量的劳动获得生产较大量使用价值的能力”①，“劳动生产力的增长无非是使用较少的直接劳动创造较多的产品，从而社会财富越来越表现为劳动本身创造的劳动条件”②。显然，我国经济总量的快速增长主要不是通过劳动生产率的提高获得的，而是通过劳动密集型与低附加值获得，其中还付出了大量能源、资源与环境等方面的代价。中国是一个人口大国，能源、资源紧缺，这样的发展方式显然不能长期维系，相当多行业和产品的核心技术都掌握在西方人手中，技术原创力明显不够；另外，我国生产力的发展还呈现出明显的不均衡、不充分现象，地区差别较大，沿海发达

---

① 中共中央马克思恩格斯列宁斯大林著作编译局：《马克思恩格斯全集》（第 23 卷），人民出版社，1973 年版，第 350 页。

② 中共中央马克思恩格斯列宁斯大林著作编译局：《马克思恩格斯全集》（第 46 卷）（下），人民出版社，1980 年版，第 360 页。

地区生产力水平较高，而西部欠发达地区生产力水平明显较低，工业生产力水平尚可，而信息生产力、科技生产力、文化生产力和服务生产力等发展不够。这些都是影响我国生产力水平总体不高的原因。

其次，我国人民物质文化生活需要满足度还不够高，人的主体性发展还有所欠缺。与改革开放初期相比，人民的收入与生活水平得到了明显的提高和改善，相信经过未来几年的精准扶贫，到 2020 年前后我国贫困人口将全面“清零”，人民的基本物质文化生活将得到有力保障。但同时也应该看到，我国还属于中等收入国家，人均收入与发达国家相比还有很大差距。根据世界银行报告，2016 年中国人均 GDP 达 8100 多美元，位居世界第 68 位，与位居世界第 8 位的美国 57000 多美元相比，相差 7 倍多。而且，我国城乡差距、地区差距和人均收入差距较大，人群收入分布未成橄榄式而成哑铃式发展状态，尽管基尼系数近几年有所下降，但一直高于世界平均水平。据中国社会科学院发布的 2016 年《社会蓝皮书》，中国收入最高的 1%家族拥有全国 1/3 的财富，收入最低的 1/4 家庭只有全国 1%的财富。较大的收入差距与不合理的人群收入分布状态尽管使我国居民需要渐渐从基本物质需求向精神需求转变，但这些发展与精神需求还是处于较低层次，至于像尊重与被尊重、自我实现等高层次的精神需要转变还很难在短时间内成为现实。更何况，在人们向较高层次需求发展的过程中还受到西方消费主义思想的影响，导致了一定程度上的精神与物质发展失衡和人的片面发展。对于社会主义高级阶段来说，光有生产力的发展显然是不够的，还必须有一定程度上的人的较为全面发展和人际关系的和谐，而要达到这种状态，自然是不可能在短时间之内实现的。

最后，我国的国际影响力、竞争力、吸引力和牵引力还不够强。改革开放四十年是我国经济飞速发展和全球地位不断提升的时期，这显然是不争的事实，但有发展和有影响，不等于真正有影响力和竞争力。中国用不到一百年的时间走完西方国家用几百年才走完的现代化道路，这已经是一个奇迹，但要想超越西方发达国家特别是最发达的国家这更是一项艰难的事业。因为在我们发展的同时，他们也在努力发展，更何况，因社会制度不同和激烈的竞争需要，他们还会想方设法牵制我国的发展。世界银行报告发布的全球各个国家的 GDP 数据显示，2016 年全球 GDP 总量为 74 万亿美元。其中，排名第一的美国占比 24.32%，排名第二为中国，占比 14.84%，排名第三、第四的分别是日本、德国，占比分别为 5.91%、4.54%。按目前我国强劲的发展势头与美国渐显下行的发展状态，也许用不了几十年我国就会超越美国，成为占全球 GDP 总量第一的国家，但人均收入的超出特别是核心技术的领先以及全球价值观影响力建设，恐怕需要更长的时间才能完成。可以想象，一个未能超越资本主义发达国家和没有很强国际影响力、竞争力、吸引力的社会主义国家是不能算作真正发达的社会主义国家(社会主义高级阶段)的。社会主义的优越性不仅表现在生产力发展和人民收入的提高上，还表现在它必将代替资本主义成为人类社会发展的真正进步力量。

三、社会主义初级阶段进入一个新时代

尽管我国还将在一个相当长的历史时期处于社会主义初级阶段，但这并不意味着目前的发展状态与特征是一成不变的。客观地讲，当前中国社会发展已经出现了许多新特点和新情况，这些新特点与新情况标志着我国已进入社会主义初级阶段的新时代。社会主义初级阶段是针对整个社会主义发展状况来说的，而整个社会主义初级阶段又可以分为若干个发展阶段与时期，就像毛泽东在新民主主义革命时期将抗日战争分成战略防御、战略相持与战略反攻阶段一样。虽然总阶段有根本相似特征，但其每一个分阶段又具有各自不同的特征与任务。只有牢牢掌握总体阶段特征，再进一步了解每个分阶段特征并把握好它们之间的联系，才能制定正确的路线方针与政策，才能保证社会主义事业稳步前进和不断发展。具体而言，中国特色社会主义初级阶段进入新时代是由以下原因与状况决定的。

第一，社会主要矛盾发生了一定程度的变化。虽然总体上说，当前我国社会的主要矛盾仍然是人民不断增长的生活需要与落后的生产与供给之间的矛盾，但它又有了新特点。十九大报告明确指出，新时代中国特色社会主义主要矛盾是“人民日益增长的美好生活需要与不均衡不充分的发展之间的矛盾”。经过几十年的努力，人民的基本物质文化生活需要已经能够得到满

足，需要面对与解决的是人民向更自由、更独立和更全面发展的需要。此时，“人民群众的需要呈现多样化、多层次、多方面的特点，期盼有更好的教育、更稳定的工作、更满意的收入、更可靠的社会保障、更高水平的医疗卫生服务、更舒适的居住条件、更优美的环境、更丰富的精神文化生活”。等这些需要基本解决后，人民的需要会向更自由、更独立和更全面发展的方向发展。就社会发展与生产力发展而言，当前在推进核心技术发展和加强科技原创力的同时，一方面应使生产力系统得到总体进步和总体跃升，将它渐渐从欠发达阶段推向中等发达阶段，从不均衡不充分发展推向相对均衡与相对充分的发展阶段，另一方面应使它向更好地满足人民群众进一步发展需要的方向迈进(当前供给侧改革就是明显表现)。

第二，我国的总体发展状况已发生了一定程度的变化。“中国特色社会主义不断取得的重大成就，意味着近代以来久经磨难的中华民族实现了从站起来、富起来到强起来的历史性飞跃。”从站起来、富起来到强起来，一方面意味着我国国内的发展已从注重发展数量到注重发展质量、从外延式发展到内涵式发展转变；另一方面意味着开放发展已从以前的以“引进来”为主向以后的“引进来，走出去”并重的转变，对国际秩序的建构从韬光养晦到有所作为转变，国际地位也由外围向世界舞台中心转变。这些变化特别是国际与对外开放方面的变化都是巨大的，需要用新思维、新思想与新思路去把握、分析与建构。

第三，社会发展方式与社会问题解决方式已发生了一定程度的变化。从以前单纯追求 GDP 数量与一般产品的丰富不同，现在的发展方式更加注意质量与以人为本，将发展、协调、共享、绿色与开放紧密结合起来，以创新发展推动社会进步与人的发展，又以社会进步与人的发展规约创新发展方向。与改革开放初期让一部分人富裕起来以及效率优先、兼顾公平的发展方式不同，现在的发展需要朝着更高质量、更有效率、更加公平、更可持续的方向前进。与以前先富可以带动后富的改革思路不同，现在的深化改革需要综合考虑效率与公平之间的复杂联动关系，最终在注重发展的同时逐步实现共同富裕。就国际而言，如何在现有的国际格局中开拓出新的路径以及如何在面对西方强劲的价值观影响下建构与提升社会主义核心价值观的世界影响等，都是摆在我们面前需要迫切回答与解决的问题。

总之，客观分析与准确掌握我国目前所处的阶段及其特征十分重要，需要我们“牢牢把握社会主义初级阶段这个基本国情，牢牢立足社会主义初级阶段这个最大实际”，并深刻理解中国特色社会主义新时代的新特点、新任务和新要求。只有这样，我们才能保证“两个一百年”目标和建设社会主义现代化强国目标的顺利实现以及社会主义事业健康快速发展。

（此文曾发表于《人民论坛》2017 年第 32 期）

【附录三】
全面理解我国发展新的历史方位及其意义

习近平总书记指出："经过长期努力，中国特色社会主义进入了新时代，这是我国发展新的历史方位。"这一重大政治论断有着十分重要的意义，既为我们党制定路线方针政策提供了时代坐标和基本依据，也为我们理解习近平新时代中国特色社会主义思想明确了历史背景和理论遵循。

一、以马克思主义时代观理解历史

中国特色社会主义进入的"新时代"不是一般历史学和哲学意义上的新时代，而是针对当前我国特殊现状和特定历史时期提出的新时代，有着特定的历史内涵和历史意义。正如习近平总书记强调的："新时代是中国特色社会主义新时代，而不是别的什么时代。"不能把中国特色社会主义进入的新时代与世界历史意义上的时代混同，前者是就中国特色社会主义发展状况与发展阶段而言的，而后者则是针对整个人类历史发展状况而言的。

当然，要弄清中国特色社会主义进入的新时代内涵，除了要弄清自身的性质与特点之外，还必须以世界历史意义上的时代认识为指导，毕竟中国的发展离不开世界的发展，它也是世界历史发展的重要组成部分。只有准确认识了世界历史意义上的时代性质与时代内涵，才能更好地理解中国特色社会主义新时代的内涵与性质。就世界历史意义上的时代而言，不同人有不同的看法，有的认为当今时代是后工业社会、信息社会，也有的认为是消费社会、后现代社会和风险社会，等等。对此，必须以马克思主义时代观为指导，马克思主义认为历史是通过生产力与生产关系、经济基础与上层建筑两对基本矛盾推动的，人们可以用生产力或政治、文化的发展划分时代，但划分时代最重要的标准必须是生产关系。由此，可以进一步区分时代性质与时代特征两个概念。时代性质是由生产关系决定的，而由生产力或政治与文化划分的时代则表现为时代特征(当然，同一种生产关系或两种对立的生产关系在不同发展阶段呈现出不同特点也可以表现出不同时代特征，或资本主义与社会主义的对立既可以表现出战争与革命，也可以表现为和平与发展，等等)；时代性质是单一性的，时代特征可表现出多面性；时代性质决定时代特征，时代特征又反作用于时代性质。就当今世界发展而言，时代性质没有发生根本变化，我们仍然处于马克思恩格斯面对的时代，具体表现仍是资本主义与社会主义存在矛盾冲突。由生产力等因素的变化发展引起的后工业社会、信息社会或风险社会等呈现出的特征虽然也影响着世界历史发展和人们的日常生活，但它们并不能从根本上决定时代性质，反而受时代性质的决定和影响。不过，虽然从总体上看时代性质没有发生根本变化，但从局部或阶段性看，它也有一定程度的变化，具体表现在两个方面：一方面，冲突方式发生了变化，由以前的战争与革命变为现在的和平与发展；另一方面，力量对比发生了变化，由马克思恩格斯时代无产阶级革命兴起，到20世纪中叶前后社会主义与资本主义势均力敌，再到冷战结束后的资本主义力量增强和社会主义力量削弱。当前中国特色社会主义发展渐渐增强了社会主义力量，逐步改变着世界发展格局。不过，对于时代性质的发展过程我们应该有这样清醒的认识：资本主义与社会主义矛盾冲突将是一个长期的过程，从总体上看，其基本趋势是由资本主义力量占主导地位、社会主义力量占弱势地位，渐渐转向资本主义力量占弱势地位、社会主义力量占主导地位并逐步代替资本主义的过程。这一过程尽管道路可能是曲折的，但前途一定是光明的。中国发展必须科学认识这一时代性质，准确把握好时代发展的“时”和“势”，使世界发展朝着有利于中国、有利于社会主义方向前进。

二、新时代的含义与成因

中国特色社会主义进入新时代，是由多方面原因决定的。

首先，它是由当前我国社会发展状况和发展方式决定的。根据一般国家现代化发展经验，当人均GDP处于3000美元至10000美元(目前这个标准已有所提高)之间，这个国家将面对

"中等收入陷阱"问题。此时前期经济快速发展积累的矛盾将集中爆发，原有的增长机制和发展模式将难以有效应对由此形成的系统性风险，经济容易失调，心理容易失衡，社会容易失序，解决不好经济发展问题，社会将处于停滞甚至倒退的状态。历史经验表明，相当多国家因无法有效解决因经济发展带来的社会综合性问题，长期徘徊于中等收入阶段，迟迟不能进入高收入国家行列。根据国家统计局发布的数据，2012 年我国人均 GDP 为 6316 美元，处于中等收入中间阶段，各种社会问题渐渐显露，长期的调整增长难以为继，出现了许多结构性的问题。为了有效面对和解决这些问题与困难，党的十八大以后，以习近平同志为核心的党中央以巨大的政治勇气和强烈的责任担当，提出了一系列新理念、新思想、新战略，出台了一系列重大方针政策，推出了一系列重大举措，解决了许多长期想解决而没有解决的难题，办成了许多过去想办而没有办成的大事，推动了党和国家事业取得历史性成就、发生历史性变革。党的理论创新实现了新飞跃，发展理念和发展方式发生有重大转变，发展环境和发展条件有重大变化，发展水平和发展要求变得更高。

其次，它是由我国奋斗目标决定的。实现中华民族伟大复兴是近代以来中国人民的最大梦想，社会主义制度建设为此奠定了坚实基础。1954 年，毛泽东、周恩来在第一届全国人民代表大会上提出"四个现代化"目标；1964 年，周恩来在第三届全国人民代表大会上提出实现"四个现代化"设想；改革开放初期，邓小平提出了"三步走"的基本实现现代化的战略构想；党的十九大到二十大是“两个一百年”奋斗目标的历史交汇期，我们既要全面建成小康社会，实现第一个百年奋斗目标，又要乘势而上开启全面建设社会主义现代国家新征程，向第二个百年奋斗目标进军。“行百里者半九十。”在我们比历史上任何时期都更接近、更有信心和能力实现中华民族伟大复兴这一伟大梦想之际，更需要凝神聚力、团结一致、奋力拼搏，新时代需要新气象、新作为、新成绩。

最后，它是由我国的国际地位与国际影响力决定的。长期以来，中国作为一个大国在国际社会发挥了积极作用，但由于综合国力和国际竞争力相对落后，我国一直是国际秩序的被动接受者，随着中国渐渐从大国走向强国，中国对世界发展的作用与贡献越来越大，国际社会也越来越希望中国就目前国际社会存在的重大问题贡献中国智慧与中国方案。目前正处于这一关键期，中国应该有所作用，以新思路、新思想、新作为逐步成为国际秩序的积极参与者、建设者和引领者。

当然，中国特色社会主义进入新时代的最主要原因是由于我国社会主要矛盾发生了变化。1956 年，党的八大提出我国国内主要矛盾是人民对于经济文化迅速发展的需要同当前经济文化不能满足人民需要的状况之间的矛盾。这一论断是符合当时我国实际的(改革开放后，我们党根据历史经验和具体国情对它进行了进一步概括，提出我国社会的主要矛盾是人民日益增长的物质文化需要同落后的社会生产之间的矛盾)。经过多年发展特别是改革开放后的巨大发展，我国生产力水平明显提高，国内生产总值稳居世界第二，2018 年已突破 90 万亿元，主要农产品产量跃居世界前列，建立了全世界最完整的现代工业体系，成为制造业第一大国、货物贸易第一大国、商品消费第二大国、外资流入第二大国。此时生产力已得到一定程度的发展，人民的温饱问题已稳定解决，物质文化生活朝着更高要求发展，同时对民主、法治、公平、正义、安全和环境方面的需求日益增长，我国社会主要矛盾已经转化为人民日益增长的美好生活需要和不平衡不充分的发展之间的矛盾。所谓“发展不平衡”，主要指各区域各领域各方面发展不够平衡，存在“一条腿长、一条腿短”的失衡现象；所谓“不充分”，主要指一些地区、一些领域、一些方面还存在发展不足的问题。我国社会主要矛盾的变化是关系全局的历史性变化，必然对党和国家工作提出了许多新要求，我们的路线方针政策也要发生相应的变化与调整。

不过，对中国特色社会主义取得的成就必须实事求是地看待。尽管国内生产总值稳居世界第二，但跟排名第一的美国相比还有较大差距，人均 GDP 更是排名世界七十多位，高科技领域竞争力不足、原创性产品不多，许多核心产业跟西方发达国家相比还有很大差距。这些事实说明我国仍处于并将长期处于社会主义初级阶段，我国仍然是世界上最大的发展中国家。在认识新时代内涵时，应该将我国社会主要矛盾等方面的“变化”与基本国情和国际地位“没有变”统一起来看待。

三、新时代的意义

中国特色社会主义进入新时代有着十分重要的意义，它不仅对中国社会发展有着较大影响，而且对世界发展乃至人类社会发展都有着较大影响。

首先，新时代的历史意义。从国内看，中国特色社会主义进入新时代，意味着近代以来久经磨难的中华民族迎来了从站起来、富起来到强起来的伟大飞跃，迎来了实现中华民族伟大复兴的光明前景。从国际看，中国特色社会主义进入新时代，意味着科学社会主义在21世纪的中国焕发出强大的生机活力，在世界上高高举起了中国特色社会主义伟大旗帜；意味着中国特色社会主义道路、理论、制度、文化不断发展，拓展了发展中国家走向现代化的途径，给世界上那些既希望加快发展又希望保持自身独立性的国家和民族提供了全新选择，为解决人类问题贡献了中国智慧和中国方案。中国特色社会主义进入新时代，以举世瞩目的伟大成就和不可辩驳的客观事实彰显了科学社会主义的鲜活生命力。

其次，新时代的发展意义。理论强党、思想建党历来是我们党的优良传统和重要法宝。在看到新时代取得成绩的同时，更需要面对出现的问题并提出系统的解决思路与方案。习近平新时代中国特色社会主义思想正是新时代发展的产物，在紧紧围绕新时代坚持和发展什么样的中国特色社会主义以及怎么坚持和发展中国特色社会主义这一基本问题的基础上，从总目标、总任务、总体布局、战略布局和发展方向、发展方式、发展动力、战略步骤、外部条件和政治保证等方面对新时代中国特色社会主义进行了整体谋划和思想概括，内容涉及改革发展稳定、内政外交国防和治党治国治军等各个方面。这一思想体系完整、逻辑严密、内涵丰富、博大精深，是我们党和国家必须长期坚持的指导思想。

（此文曾发表于《新华日报》2019 年 8 月 6 日）

【附录四】

关于新时代中国特色社会主义主要矛盾的理解与意义

党的十九大在全面总结过去五年卓著成就和存在问题基础之上，对未来我国社会发展进行了深刻分析和全面规划，提出了“中国特色社会主义已经进入新时代”和“新时代中国特色社会主义思想”等重要论断和思想[①]，并围绕新时代出现的新矛盾、新情况和新问题对未来工作进行了部署。十九大是在我国决胜全面建成小康社会和开启建设社会主义现代化强国关键时期召开的一次大会，是一次继往开来的大会，对我国未来社会的发展必将起到十分重要的作用。十九大报告提出了很多新思想、新观点和新判断，本文就其中提出的新时代中国特色社会主义社会主要矛盾的观点做出分析。

---

① 习近平：《决胜全面建成小康社会　夺取新时代中国特色社会主义伟大胜利——在中国共产党第十九次全国代表大会上的报告》(2017 年 10 月 18 日)，《人民日报》，2017 年 10 月 28 日，第 001 版。

一、“主要矛盾”基本理论和党在不同时期关于主要矛盾的论述

主要矛盾的观点是由毛泽东在1937年《矛盾论》中提出的。他说：“在复杂的事物的发展过程中，有许多的矛盾存在，其中必有一种是主要的矛盾，由于它的存在和发展规定或影响着其他矛盾的存在和发展”，又说，“任何过程如果有多数矛盾存在的话，其中必定有一种是主要的，起着领导的、决定的作用，其他则处于次要和服从的地位”，“不能把过程中所有的矛盾平均看待，必须把它们区别为主要的和次要的两类，着重于捉住主要的矛盾”。[①] 正是根据这一理论，毛泽东于1939年在《中国革命和中国共产党》中对新民主主义革命时期我国主要矛盾做出了分析并指出：“帝国主义和中华民族的矛盾，封建主义和人民大众的矛盾，这些都是近代中国社会的主要的矛盾。当然还有别的矛盾，例如资产阶级和无产阶级的矛盾，反动统治阶级内部的矛盾。而帝国主义和中华民族的矛盾，乃是各种矛盾中的最主要的矛盾。这些矛盾的斗争及其尖锐化，就不能不造成日益发展的革命运动。伟大的近代和现代的中国革命，是在这些基本矛盾的基础之上发生和发展起来的。”[②]

对毛泽东主要矛盾思想的理解应该把握以下几点。

首先，它是马克思恩格斯关于社会基本矛盾思想的深化与

---

① 《毛泽东选集》(第1卷)，人民出版社，1991年版，第320页。

② 《毛泽东选集》(第2卷)，人民出版社，1991年版，第625—626页。

发展。马克思恩格斯认为生产力和生产关系的矛盾、经济基础和上层建筑的矛盾是整个人类社会发展的基本矛盾，也是整个人类社会发展的根本动力。他们指出："人们在自己生活的社会生产中发生一定的、必然的、不以他们的意志为转移的关系，即同他们的物质生产力的一定发展阶段相适合的生产关系。这些生产关系的总和构成社会的经济结构，即有法律的和政治的上层建筑竖立其上，并有一定的社会意识形态与之相适应的现实基础。物质生活的生产方式制约着整个社会生活、政治生活和精神生活的过程。不是人们的意识决定人们的存在，相反，是人们的社会存在决定人们的意识。社会的物质生产力发展到一定阶段，便同它们一直在其中运动的现存生产关系或财产关系(这只是生产关系的法律用语)发生矛盾。于是，这些关系便由生产力的发展形式变成生产力的桎梏。那时，社会革命的时代就到来了。随着经济基础的变革，全部庞大的上层建筑也或慢或快地发生变革。"①在他们看来，人类社会发展是由这两对基本矛盾相互作用推动而不断进步发展的过程，是合规律性与合目的性统一的过程。在这一过程中，人类正是通过生产力的进步来推动社会发展和人的需要的满足，并最终实现人的自由全面发展。也就是说，在整个人类社会发展过程中，人与自然、社会的矛盾，人的需要与社会供给的矛盾一直是贯穿整个人类

① 中共中央马克思恩格斯列宁斯大林著作编译局：《马克思恩格斯选集》(第 2 卷)，人民出版社，1995 年版，第 32—33 页。

社会发展过程始终的重要矛盾。但由于阶级社会特定阶级关系的制约，人的需要与社会供给之间的矛盾主要成为统治阶级的需要与社会供给之间的矛盾，并受到统治阶级的需要和利益的压制，因而，阶级社会的主要矛盾就成了阶级矛盾。社会主义社会从根本上消灭了阶级，尽管人民内部也存在矛盾，但已不是对抗性矛盾，它可以通过社会主义社会生产关系、经济基础和上层建筑的内部调整，即社会主义社会改革和社会主义制度完善来解决。所以，整个社会主义社会的主要矛盾就应该是人民的需要与社会供给(特别是生产供给)之间的矛盾。

其次，主要矛盾规定了事物的性质或阶段性特征。尽管事物的矛盾是多样的、复杂的，但主要矛盾却起着决定作用，它规定并影响着事物的性质，并使事物的发展呈现出阶段性特征。

最后，主要矛盾的变化决定着事物性质或阶段性特征的变化。事物的主要矛盾不是一成不变的，而是变化发展的；当事物内外部条件发生变化时，事物的主要矛盾也会发生相应变化，原来的主要矛盾下降为次要矛盾，次要矛盾上升为主要矛盾，这一特点在中国新民主主义革命时期表现得非常突出。第一次国内革命战争时期，我国的主要矛盾是北洋军阀与中国人民之间的矛盾，而到了第二次国内革命战争时期主要矛盾就变为代表中国人民利益的共产党和代表大地主资产阶级利益的国民党反动派之间的矛盾。而随着抗日战争的全面爆发，中日矛盾逐渐上升为社会最主要的矛盾。抗战结束后，即第三次国内革命战争时期，中国共产党与广大中国人民同美帝国主义支持的国民党反动派之间的矛盾又再次成为国内社会发展的主要矛盾。

新中国成立后，在新民主主义社会中，随着地主阶级的消灭，资产阶级和无产阶级的矛盾就成为我国唯一的阶级矛盾，即过渡时期的主要矛盾。1956年“三大改造”完成之后，中国社会的剥削阶级已转变为社会主义劳动者，中国社会的主要矛盾就变成广大人民群众不断提高的物质文化生活水平的需要同落后的生产力之间的矛盾。所以，党的八大指出，我国国内的主要矛盾是人民对于建立先进工业国的要求和落后农业国的现实之间的矛盾，是人民对于经济文化发展的需要同当前经济文化不能满足人民需要的状况之间的矛盾，并决定当前党和全国人民的主要任务就是要集中力量解决这个矛盾。但由于受到“大跃进”和反右斗争扩大化的影响，1962年党的八届十中全会把无产阶级同资产阶级的矛盾确定为整个社会主义历史阶段的主要矛盾，强调要“以阶级斗争为纲”。这一做法一直延续到“文革”结束。改革开放后，党的十一届三中全会拨乱反正，把党和国家的工作重点重新转移到社会主义现代化建设上来。1981年党的十一届六中全会通过的《关于建国以来党的若干历史问题的决议》明确提出：“在社会主义改造基本完成后，我国所要解决的主要矛盾，是人民日益增长的物质文化的需要同落后的社会生产之间的矛盾。”党的十二大、十三大再次确认了这种提法，并把它写入党章，确定为我国社会主义初级阶段的主要矛盾，这个提法一直沿用到党的十八大。十八大报告提出：“人民日益增长的物质文化需要同落后的社会生产之间的矛盾这一社会主要矛盾没有变。”随着我国经济发展、综合国力的增强和国际地位的提升，特别是党的十八大以来我国社会的巨大发展，我国的社会主要矛盾已发生了一定程度的变化，十九大报告指出：“我国社会主要矛盾已经转化为人民日益增长的美好生活需要和不平衡不充分的发展之间的矛盾。”①

二、新时代主要矛盾的理解

对十九大报告中提出的我国社会主要矛盾的变化首先必须有一个总体上的理解，与十一届六中全会以来确定的我国社会主要矛盾相比，它只是一个量变(准确地说，应该是总的量变过程中的部分质变)，而不是质变，它是对非对抗性社会矛盾性质下的社会主义社会人民不断发展的生活需要与社会供给(主要是生产供给)之间这个社会主义社会发展总矛盾的具体体现与阶段性发展。正如上文所说，社会主义社会主要矛盾已不是阶级斗争(当然也不排除国内有阶级矛盾激化的可能以及受国际社会阶级矛盾和阶级斗争的影响而有所变化)，而是人民不断发展的生活需要与社会供给之间的矛盾。可这个矛盾也会受社会主义国家具体国情与生产力状况等多种因素影响而表现得有所不同，十九大报告中提出的我国社会主要矛盾的变化就是明显表现。

① 习近平：《决胜全面建成小康社会　夺取新时代中国特色社会主义伟大胜利——在中国共产党第十九次全国代表大会上的报告》(2017 年 10 月 18 日)，《人民日报》，2017 年 10 月 28 日，第 001 版。

具体来说，对新时代主要矛盾的变化和内涵可从以下几个方面来理解。

首先，人民不断发展的生活需求方面已发生一定程度的变化。经过改革开放四十多年的发展，我国人民的生活水平明显得到改善，人均 GDP 也得到明显提高(据国家统计局提供的数据，2016 年我国人均 GDP 已达 8200 多美元)，贫困人口数量逐年递减。仅十八大以后的五年，我国贫困人口就从 2013 年的 9800 多万减少到目前不到 4000 万，农村贫困发生率由 10.2% 下降至不到 4%，以每年递减 1000 多万的速度精准脱贫。若以这样的速度发展下去，到 2020 年我国一定能完全脱贫，从而真正实现全面建成小康社会。进入全面小康社会也意味着我国人民的基本物质文化需要已经得到解决和满足，此时人民的生活需要会向更高、更深与更广的方向发展。人们在要求更高质量的物质产品和更高水平的精神产品的同时，对安全、交往、个性发展与自我实现需要的要求程度会越来越强烈，“期盼有更好的教育、更稳定的工作、更满意的收入、更可靠的社会保障、更高水平的医疗卫生服务、更舒适的居住条件、更优美的环境、更丰富的精神文化生活”[①]。此外，对社会发展的要求也会越来越高，他们“在民主、法治、公平、正义、安全、环境等方面的

---

① 习近平在省部级主要领导干部“学习习近平总书记重要讲话精神，迎接党的十九大”专题研讨班开班式上发表重要讲话，强调高举中国特色社会主义伟大旗帜 为决胜全面小康社会实现中国梦而奋斗，《人民日报》，2017 年 7 月 28 日。

要求日益增长"[①]。此时，再用"人民日益增长的物质文化的需要"来表述我国社会主要矛盾的人民需要一方显然已不够准确，此时人民的需要更应该指向"更高质量、更高水平的生活需要和一定程度发展的需要"，所以十九大报告将它重新表述为"人民日益增长的美好生活需要"。

其次，我国生产力水平已有较大程度的提高。若与计划经济时期和改革开放初期相比，目前我国生产力水平已经明显得到提高，在工业生产力等方面我国已经进入世界前列。如果说用"产品短缺"来形容计划经济时期和改革开放初期我国生产力水平的话，那么，现在在不少行业与部门中已经出现一定程度"产能过剩"和"产品过剩"。中国制造的若干产品不仅丰富了国内市场，也丰富了国际市场，得到了许多包括不少发达国家在内的国外民众的青睐。另外，我国国民生产总值也年年上升，自2010年超过日本成为全球第二之后，2016年又高达11.39万亿美元，是日本同年的4.73万亿美元的两倍多(根据世界银行统计数据)。在这种情况下，再用"落后的社会生产"来描述我国目前生产和生产力状况显然已经很不合适。所以，十九大报告将它重新表述为"不平衡不充分的发展"。所谓"不平衡"，不仅指地区发展不平衡，也指人们收入财富的不平衡。目前我国东部沿海地区和南方地区经济较为发达，而内陆和北方地区相对

① 习近平：《决胜全面建成小康社会　夺取新时代中国特色社会主义伟大胜利——在中国共产党第十九次全国代表大会上的报告》(2017年10月18日)，《人民日报》，2017年10月28日，第001版。

落后，城乡居民收入差距较大，个人收入之间的差距就更加明显。据中国社会科学院发布的2016年《社会蓝皮书》，中国收入最高的1%家庭拥有全国1/3的财富，收入最低的1/4家庭只拥有全国1%的财富。所谓“不充分”，是指我国除工业生产力较发达之外，信息生产力、科技生产力、教育生产力、文化生产力与服务生产力等还相对落后，与发达国家相比还存在较大差距。

最后，主要矛盾的“变化”应该与国情、国际地位“没有变”结合起来理解。虽然新时代我国社会主要矛盾发生了变化，但“我国仍处于并将长期处于社会主义初级阶段的基本国情没有变，我国是世界最大发展中国家的国际地位没有变”，应该从前者的“变”与后两者“没有变”的统一中去认识和把握前者的内涵与实质。虽然我国国民生产总值不断上升并位列世界第二，但与国民生产总值18.56万亿美元的世界第一的美国相比仍有很大差距，人均收入差距更大，只是美国人均收入5.77万美元的1/7。若从产业结构来看，这里的差距就更加明显。根据国际上关于世界一般发达国家的标准，第一产业占国民生产总值的比例应不超过5%，第二产业所占比例约30%，第三产业所占比例应在65%以上。目前美国三大产业所占国民生产总值的比例分别为：约1%、20%和约79%，而我国三大产业所占比例分别为8.6%、39.8%和51.6%(以2016年统计为准)。文化产业作为一种新兴产业，它的发展更能反映一个国家的生产发展水平。根据国家统计局发布的数据，2016年我国文化产业占GDP的比重为4.07%，离支柱产业应占GDP比重的5%还有一定距离，与美国文化产业占 GDP 比重的 25%以上和日本的 20%左右还有较大差距。总之，我国生产力结构存在明显的不平衡，生产力水平总体上还处于从欠发达阶段向中等发达阶段的跃升时期。

三、新时代主要矛盾变化的意义

首先，立足社会主义初级阶段这个实际，把发展当成头等要务。主要矛盾的"变"以及国情与国际地位"没有变"这一事实说明，目前以及今后相当长一段时期之内我国主要工作仍然是要注重经济发展，把经济发展当成做好其他各项工作的第一要务。近些年来，有些同志根据我国经济发展所取得的成绩以及综合国力不断上升的事实提出，目前以及今后我国的发展应该渐渐从以生产发展为核心逐步转向经济、政治、社会、文化与生态相统一的综合发展。最近，也有一些同志根据主要矛盾的变化认为，新时代我国主要矛盾的"发展"一方(主要指"不平衡不充分的发展"中的"发展")已不仅仅是指生产的发展，还应该指政治、社会和文化等方面的发展。这些看法与观点从表面上看有一定的合理性，但实际上已把主要矛盾的"变"与国情、国际地位"没有变"割裂开来，它们只看到了前者，没有看到后者。若从三者统一的角度看，"初级阶段"这个国情更为根本，它决定着在整个社会主义初级阶段这个漫长的过程中，经济建设必须是第一位的，解放与发展生产力是整个社会主义初级阶段的根本性任务。马克思主义认为经济建设是社会发展的基础性力量，生产力是社会发展的根本动力。尽管政治建设、文化建设与社会建设也发挥着重要的作用，它们可以反作用于经济建设和经济发展，也有利于促进社会进步和个人的发展，但若没有强大的经济后盾，政治建设、文化建设与社会建设都会成为空中楼阁。改革开放以来我国社会取得的快速发展和全方位进步，就明显证明了这个根本道理。所以，十九大报告指出："全党要牢牢把握社会主义初级阶段这个基本国情，牢牢立足社会主义初级阶段这个最大实际，牢牢坚持党的基本路线这个党和国家的生命线、人民的幸福线，领导和团结全国各族人民，以经济建设为中心，坚持四项基本原则，坚持改革开放，自力更生，艰苦创业，为把我国建设成为富强、民主、文明、和谐、美丽的社会主义现代化强国而奋斗。"①

其次，立足新时代特点，认真落实新发展观和新发展理念。尽管我国处于社会主义初级阶段这个基本国情和我国是世界上最大的发展中国家这个国际地位没有变化，但我国社会主要矛盾的变化也有着特别重要的意义，它标志着中国特色社会主义已经进入一个新时代。新时代自然有新特征、新问题，也会有新要求、新部署。从发展方式上看，要更加注重发展质量与发展效益，要迫切扭转以劳动密集型为核心、以大量能源资源浪费为代价并造成一定环境污染的粗放型增长方式，将它转化到

① 习近平：《决胜全面建成小康社会　夺取新时代中国特色社会主义伟大胜利——在中国共产党第十九次全国代表大会上的报告》(2017 年 10 月 18 日)，《人民日报》，2017 年 10 月 28 日，第 001 版。

以技术密集型、环境友好型的集约型发展方式上来，要优化经济结构，转换增长动力，推动形成全面开放格局，即在中国特色社会主义新时代需要严格贯彻落实创新、协调、绿色、开放和共享的新发展理念。要以创新为龙头、协调为保障、绿色为基础、开放为条件、共享为本质的方式去理解五大发展理念的关系，使它们成为一个联动的整体，从而合力作用于我国经济与社会的发展。要“坚持去产能、去库存、去杠杆、降成本、补短板，优化存量资源配置，扩大优质增量供给，实现供需动态平衡”①，深化供给侧结构性改革，以更好的供给去满足人们日益增长的美好生活需要，要彻底改变国人出国旅游却狂买马桶盖、净化器、奶粉等国外产品的状况。在着力解决并形成发展效率的同时，要一并注重公平问题，让新的发展方式真正做到更有效率、更加公平以及兼顾两者的统一。早在改革开放初期，邓小平就提出了社会主义本质论思想，他认为：“社会主义的本质，是解放生产力，发展生产力，消灭剥削，消除两极分化，最终达到共同富裕。”②共同富裕不仅是经济发展的一个动力（共同富裕可以使中等收入以下人群的需求变成“有效需求”，从而刺激生产并拉动经济发展），更是社会主义建设与奋斗的目标与价值取向。“如果导致两极分化，改革就算失败了”③，“如果仅

① 习近平：《决胜全面建成小康社会　夺取新时代中国特色社会主义伟大胜利——在中国共产党第十九次全国代表大会上的报告》（2017 年 10 月 18 日），《人民日报》，2017 年 10 月 28 日，第 001 版。

② 《邓小平文选》（第 3 卷），人民出版社，1993 年版，第 373 页。

③ 《邓小平文选》（第 3 卷），人民出版社，1993 年版，第 139 页。

仅是少数人富有，那就会落到资本主义去了”①。经过新中国的不断建设特别是改革开放四十多年的努力，我国人民的收入和生活水平大大提高，全面小康社会渐渐建成，但我国人民收入与财富差距却拉大了很多。尽管这几年有所好转，但也一直超出了世界公认的关于收入差距基尼系数不超过 0.4 的“警戒线”。如何在精准扶贫、精准脱贫之后渐渐实现共同富裕，这已经成为一个迫切需要解决的现实问题。习近平总书记在十九届中共中央政治局常委同中外记者见面时强调：“全面建成小康社会，一个也不能少；共同富裕路上，一个也不能掉队。”这就更需要把效率与公平统一起来考虑发展问题，让我国经济、社会在更稳定发展的基础之上，让人民有更多获得感、富裕感和公平感。另外，落实新发展观和新发展理念还需要把国内市场与国际市场统筹起来规划，在着力发展国内市场的同时，也要不断开拓国际市场，要从以前以“引进来”为主的开放渐渐转向今后以“走出去”为主的开放，要渐渐改变以产品加工业为主的国际生产模式，加强新产品技术开发特别是核心技术开发，推动科技创新（特别是科技的原始创新），加大新产品国际市场覆盖率、占有率和产品附加值，改善产品售后服务方式并提升服务能力。

最后，以经济发展为龙头，带动社会各方面综合发展。经济发展自然是发展的龙头，但不等于发展的全部。在加快经济

---

① 中共中央文献研究室编：《邓小平年谱（1975—1997）》（下），中央文献出版社，2004 年版，第 1356—1357 页。

建设的同时，也要考虑到政治建设、文化建设、社会建设与生态建设的特殊性，并按社会主义本质要求以及社会主义初级阶段新时代的特性来加强和加快它们的建设与发展，尊重和遵循它们的发展和建设规律，按“五位一体”总体布局与“四个全面”战略布局统筹规划并整体推进它们的发展，并以此促进我国社会全方位进步和人的全面发展。这就需要：在政治上，健全人民当家做主的制度体系，发展社会主义民主政治；在文化上，坚定文化自信，推动社会主义文化繁荣兴盛；在社会上，提高保障和改善民生水平，加强和创新社会治理；在生态上，加快生态文明体制改革，建设美丽中国；在个人发展上，确保人民的基本权利，在不断解决人民更高质量和更高水平的物质文化需要的基础上，合理引导人民消费并树立科学消费观，让个人渐渐沿着正确的方向向自由全面的方面迈进。当然，正如上文所说，社会各方面综合发展与个人进步不能脱离社会主义初级阶段这个国情，不能脱离新时代中国特色社会主义的阶段性特征，也不能让它们直接服从经济建设和经济发展，更不能简单用经济工作规律和做好经济工作的方式来要求、衡量并指导其发展。应该在坚持社会主义本质的基础之上，让它们更加适应并促进新时代中国特色社会主义经济发展，并以经济发展的成果带动它们的发展以及社会各方面的进步和个人的发展。

总之，对新时代中国特色社会主义“主要矛盾”的认识与理解既不能超越社会主义初级阶段这个基本国情，也不能看不到它与十一届六中全会所确定的我国社会主要矛盾的区别，只有在整个社会主义初级阶段发展的连续性与阶段性统一的基础上，才能准确把握它的内涵与意义。

（此文曾发表于《贵州社会科学》2017 年第 11 期）

【附录五】
马克思主义是充满活力的科学思想

世纪之交，英国、德国曾四次评选“千年第一思想家”“千年伟人”“古今最伟大的哲学家”，马克思三次名列第一，唯有在1999年英国路透社评选千年伟人活动中以一分之差落后于爱因斯坦，名列第二。路透社评选邀请了世界各国政界、商界、艺术和学术界专家名人，并在报道评选结果时特别提到马克思的《共产党宣言》和《资本论》对过去一个多世纪全球政治和政治思想产生的深刻影响。2005年7月，英国广播公司(British Broadcasting Corporation，简称为BBC)古今最伟大的哲学家评选活动更是调查了3万名听众，这不仅说明马克思思想在西方政界、商界和学界的影响是巨大的，还说明它在广大民众中也是深入人心的，再次证明了恩格斯关于“马克思是当代最伟大的思想家”的论断。马克思思想的伟大不仅在于他一生为劳苦大众服务、为全人类解放事业奋斗终生的高尚人格，还在于其思想一直闪烁着真理光芒。

一、马克思主义是关于人类历史发展规律的科学思想

恩格斯在《在马克思墓前的讲话》中谈到马克思关于唯物史观和剩余价值学说两大发现时指出："一生中能有这样两个发现，该是很够了，即使只能作出一个这样的发现，也已经是幸福的了。但是马克思在他所研究的每一个领域，甚至在数学领域，都有独到的发现，这样的领域是很多的，而且其中任何一个领域他都不是浅尝辄止。"一般人只知道马克思主义基本原理只包括马克思主义哲学、政治经济学和科学社会主义，其实马克思涉猎并研究的领域相当多，每个领域都有独到的见解和发现，堪称为百科全书式的思想家，建立了至今为止人们难以超越的思想体系。马克思主义基本原理之所以重点强调上述三个方面，一方面是因为对于这三个方面马克思都有重要突破，产生了变革性的思想，另一方面是因为这三个方面构成了马克思对人类历史发展规律揭示的重要组成部分。马克思最早是学法律的，为人类解放事业奋斗的强烈历史责任感和浓厚的现实问题意识，使他很快转向了哲学与历史问题研究，可当碰到现实中"物质利益"这样棘手的问题时，他敏感地意识到必须转向政治经济学研究，并从此把无产阶级命运与整个人类解放事业紧密联系在一起，进一步把社会主义理论纳入研究视野之中。这三大领域问题的研究与其说是马克思兴趣使然，不如说是为了正确揭示人类历史发展规律之必然。哲学世界观与方法论式的思维使他能从整个人类历史发展的内在联系中揭示其本质，政

治经济学研究使他能更深入资本主义现实问题与内在矛盾之中，而社会主义理论与问题的研究又使他能从历史与现实矛盾中正确判断人类历史发展方向。所以，列宁指出："马克思主义理论体系是一个整体，犹如一整块钢铁，是肢解不了的。"马克思研究态度是认真严谨的，凡是涉及的问题都要尽量掌握第一手资料，并对其进行仔细研究与分析，表现出真理性与价值性、思想性与学术性的高度统一。为了揭露资本家剥削工人的秘密，马克思写作《资本论》花费了 40 年(包括前期研究与准备工作)，付出了毕生心血，阅读和利用的书籍、文献多达 1500 多种，系统整理出的资料笔记就达 20 余本，最终，终于提出了剩余价值学说。所以，列宁说："凡是人类社会所创造的一切，他都有批判地重新加以探讨，任何一点也没有忽略过去。凡是人类思想所建树的一切，他都放在工人运动中检验过，重新加以探讨，加以批判，从而得出了那些被资产阶级狭隘性所限制或被资产阶级偏见束缚住的人所不能得出的结论。"马克思主义理论的科学性不仅表现在其理论上，同时也表现在实践中。它是得到历史发展检验的真理。自《共产党宣言》发表后，国际工人运动一浪高过一浪，苏联社会主义国家的建立更是极大地推动了国际共产主义运动，一大批社会主义国家也因此如雨后春笋一样建立起来，各民族独立与解放运动也取得了前所未有的成功。冷战结束后，在西方"历史终结论"影响之下，一些人似乎认为马克思主义已经过去，可 2008 年的金融危机再次让人们想起了马克思，掀起了一个《资本论》研究热潮。原因无他，马克思主义是关于资本主义矛盾的科学，只要资本主义制度还存在，其固有的生产社会化与私有制之间的矛盾就不可能根本改变，由此引起的经济危机就会永恒存在，马克思主义也因此永远充满旺盛的生命力。

二、马克思主义是经中国实践证明的正确思想

中华民族在古代曾为人类文明与历史发展做出了不可磨灭的贡献，可近代以来随着清政府长期闭关锁国，中华民族渐渐落后于世界的发展，鸦片战争时期西方列强终于用坚船利炮敲开了中国大门，自此中国人民经历了战争频仍、山河破碎、民不聊生的深重苦难。为了实现中华民族伟大复兴，中国人民进行了千辛万苦的探索和不屈不挠的斗争，从太平天国运动到戊戌变法再到义和团运动，一次次斗争，一次次失败。孙中山领导的辛亥革命虽然推翻了长达两千多年的封建帝制，在中国建立了资产阶级共和国，但并没有改变旧中国的社会性质和人民的悲惨命运。20 世纪初，资产阶级政党政治在国内兴起，北京、上海等地曾先后出现过大大小小 300 多个政党和政治团体，但很快便在中国政治舞台上销声匿迹。

是马克思主义彻底改变了中华民族和中国人民的历史命运。随着十月革命一声炮响给中国送来马克思列宁主义，中国先进知识分子从马克思列宁主义的科学真理中看到了解决中国问题的出路，他们在把马克思列宁主义同中国工人运动的结合中自觉成立了中国共产党。从此，中国人民谋求民族独立、人民解

放和国家富强、人民幸福的斗争就有了主心骨，中国人民也从精神上由被动转为主动。中国共产党一经诞生，中国共产党人就把马克思主义基本原理同中国革命和建设的具体实际结合起来，团结带领人民经过长期奋斗，完成新民主主义革命和社会主义革命，建立起中华人民共和国和社会主义基本制度，进行了社会主义建设的艰辛探索，实现了中华民族的伟大飞跃。改革开放以来，中国共产党人进一步把马克思主义基本原理同中国改革开放的具体实际结合起来，团结带领人民进行建设中国特色社会主义新的伟大实践，使中国大踏步赶上了时代发展的洪流，实现了中华民族从站起来到富起来的伟大飞跃。随着中国特色社会主义进入新时代，中华民族更是迎来了从站起来、富起来到强起来的伟大飞跃，迎来了实现中华民族伟大复兴的光明前景。经过新中国特别是改革开放后的快速发展，我国综合国力明显增强，人民生活水平得到明显提高，国际竞争力与影响力不断攀升，世界对中国为全球做出贡献的盼望也越来越强烈。

近代以来中国发展的历史事实证明，马克思主义是正确的，只有社会主义才能救中国，只有中国特色社会主义才能发展中国。正如习近平总书记所说："实践证明，马克思主义的命运早已同中国共产党的命运、中国人民的命运、中华民族的命运紧紧连在一起，它的科学性和真理性在中国得到了充分检验，它的人民性和实践性在中国得到了充分贯彻，它的开放性和时代性在中国得到了充分彰显！"

三、马克思主义是有生命力的开放思想

马克思主义的生命力不仅在于其基本原理至今仍然正确，还在于其科学的方法论。马克思主义有思想体系，但其目的不在于建构思想体系，而是不断探索自然界、人类社会与思维发展规律。

马克思主义认为，世界是物质的，物质是运动变化的，人类的认识不能停留于一时一刻的真理性认识上，而是要根据世界历史的发展变化不断寻求和发展真理。恩格斯指出："马克思的整个世界观不是教义，而是方法。它提供的不是现成的教条，而是进一步研究的出发点和供这种研究使用的方法。"他还说，我们的理论"是一种历史的产物，它在不同的时代具有完全不同的形式，同时具有完全不同的内容"。经过一百多年的历史发展，我们所处的时代跟马克思所面对的时代既有不变，也有变化。其中"不变"是指时代性质没有发生根本变化，仍然处于资本主义与社会主义矛盾冲突之中，我们仍然生活于马克思所面对的时代；"变化"则是指冲突方式已由战争与革命转变为和平与发展，资本主义与社会主义力量对比经历了不断变化，它由马克思时代无产阶级革命兴起到20世纪中叶社会主义与资本主义势均力敌，再到冷战结束后资本主义力量占强势、社会主义力量占弱势，新时代中国特色社会主义发展又渐渐增强了社会主义的世界力量与影响力。在这种情况下，我们更需要灵活运用马克思主义，在坚持马克思主义基本原理的基础上更加注重

发展马克思主义，不断创新马克思主义理论新形态，开拓马克思主义理论新局面。当前全球化发展、现代化建设、人的发展和世界秩序重建等若干重大问题，都有待用马克思主义理论去思考和解决，也只有用马克思主义指导才能有效解决。当然，这必须是一种发展的马克思主义。马克思主义的理论品质显示它有能力完成这些工作，因为马克思主义是一个开放的思想体系，它不仅有与时俱进的品格，还可以充分吸收人类思想史上的一切优秀成果。

实践也证明，无论时代如何变迁、科学如何进步，马克思主义依然显示出科学思想的伟力，依然占据着真理和道义的制高点。正如恩格斯所说："只要进一步发挥我们的唯物主义论点，并且把它应用于现时代，一个强大的、一切时代中最强大的革命远景就会立即展现在我们面前。"

【附录六】
马克思世界历史理论和中国改革开放发展

从历史规律角度分析改革开放，对于我国今后改革开放的进一步发展具有十分重要的意义。作为学者应认真总结并加强学术研究，为改革开放提供理论支撑。

一、关于马克思主义的哲学实质及其理解问题

笔者认为有两个理论问题非常重要，第一个就是关于马克思主义哲学实质及其理解问题。有的同志认为这个问题是三四十年前讨论的问题，今天再提出来讨论似乎没有多大意义和必要。这种理解是错误的。马克思主义哲学实质问题既是老问题，也是新问题，是常问常新的问题，也是必须始终坚持和发展的问题。因为它是马克思主义基础理论，只有弄清并坚持与发展这一理论，才可能保证正确的理论与学术方向，才可能在重大理论与学术上真正有所突破，并有效指导我国社会发展。

那么，马克思主义哲学实质是什么呢？就是辩证唯物主义

与历史唯物主义，在一般意义上也可以称为实践唯物主义。也许有的同志会有这样的疑问：我们搞了这么多年马克思主义哲学研究，怎么还停留在马克思主义哲学是辩证唯物主义和历史唯物主义的认识上？这些年的哲学研究究竟有什么进步？我认为这个进步就表现在对实践唯物主义的探讨上。可以说，对实践唯物主义的探讨既深化了马克思主义哲学的思想性与学术性研究，又深化了对马克思主义哲学是辩证唯物主义与历史唯物主义的认识与理解。准确地说，实践唯物主义不是马克思主义哲学形态的科学表达（它的科学表达只能是辩证唯物主义与历史唯物主义），但又是深化马克思主义哲学研究绕不开和避不掉的中间环节。因为马克思恩格斯正是通过对实践及其问题的理解才形成科学的世界观与方法论。这就需要回到马克思在《关于费尔巴哈的提纲》中那段著名的话："全部社会生活在本质上是实践，凡是把理论导致神秘主义的神秘主义东西，都能在人的实践中以及对这个实践的理解中得到合理的解决。"[①]马克思正是通过对实践及其理解发现了历史发展的一个重要特征，即历史的发展就是一个人类主体在实践的基础之上，不断征服与改造自然客体与社会客体并发展自身的过程，历史的发展是合规律性与合目的性的统一。但若仅仅停留于此（不少西方马克思主义者和一些国内学者就是这样理解的），马克思历史思想与黑格尔

---

① 中共中央马克思恩格斯列宁斯大林著作编译局：《马克思恩格斯选集》（第1卷），人民出版社，1995年版，第60页。

的历史哲学相比，就不可能表现出根本性的进步。（尽管不少学者争辩说前者是建立在对实践唯物主义理解之上，而后者是建立在对实践唯心主义理解之上，但唯物主义与唯心主义的区别并不表现在对历史重要特征词语的理解与解释上，而是表现在其根本内容上）马克思进一步通过把实践区分为生产实践与社会实践等重要形式，并把生产实践作为历史发展的重要基础，进而形成了把社会关系归结为生产关系，把生产关系归结为生产力的唯物史观。也就是说，历史唯物主义是实践唯物主义进一步深化和科学化的结果。如果说实践的观点对马克思主义历史观（在一定意义上可以说实践对社会历史的形成与发展具有本体性质，但不能说历史中的一切都是由实践形成的，其中还有自然的作用。实践本体论即使在历史观上也是站不住脚的）与认识论（实践的观点是马克思主义认识论首要、基本的观点）都很重要的话，那么就自然观而言则跟实践无关。因为，自然界的存在早在人类产生之前就存在；人类可以在某种程度上改变自然界的存在方式，但改变不了自然界的性质与规律。因此，用实践唯物主义指称马克思主义哲学并不准确，也不科学。当然，如此说也不是要否定实践唯物主义的意义。它不仅对辩证唯物主义与历史唯物主义的深化理解有重要作用，也对当前社会实践的推动与哲学理论的创新发展有重要作用。毕竟人类的一切都是通过实践得以形成的，以往的一切可以通过对实践的理解加以说明，未来的一切都要通过实践得以创造。通过实践及其理解既可以释古，也可以拓新。

另外，实践联系着主观与客观、社会与个人，因而对它的研究既可以掌握历史规律，又可以解释人的发展。当前对现代性和主体性等问题的研究都需要通过对它的理解来加以说明。当然，在利用和深化实践唯物主义理论时仅仅通过对实践做唯物主义解释显然是不够的，必须以辩证唯物主义与历史唯物主义做根本指导。若仅仅把实践作为理论解释的一个名词甚至对它做唯心主义解释，更是一种错误倾向。

二、马克思的世界历史理论

第二个问题是马克思的世界历史理论。今天，我国的改革开放走向了关键时刻，从国际上看，从以前跟跑走向并跑甚至领跑，从被动型慢慢走向主动型，特别是美国慢慢“退群”后，中国如何引领世界，中国如何进一步拓展改革开放，都是需要加以认真思考和对待的问题。此刻，我们更需要思想，更需要科学理论的指导。在此，我们不能不从马克思的思想当中去寻找根据。关于马克思主义的世界历史理论，笔者提出三个观点。

(一)马克思世界历史理论的一般观点

目前随着逆全球化与反全球化势头的出现，人们对全球化的未来表现出一定程度的担忧：全球化究竟是一时现象，还是人类历史发展的必然？对此，马克思恩格斯早在一百多年前就给出了明确的答案：资本主义开辟了全球化进程，并将人类历史带进世界历史。他们指出，资本主义大工业“创造了交通工具和现代化的世界市场，控制了商业，把所有的资本都变为工业资本，从而使流通加速(发达的货币制度)、资本集中。……它首先开创了世界历史，因为它使每个文明国家以及这些国家中的每一个人的需要的满足都依赖于整个世界，因为它消灭了以往自然形成的各国的孤立状态”①，“过去那种地方的和民族的闭关自守和自给自足状态已经消逝，现在代之而起的已经是各个民族各方面相互往来和各方面相互依赖了”②。也许全球化与世界历史发展进程会出现这样那样的曲折，但作为总体发展趋势却是不可逆转的。在这种情况下，一个国家要么主动进入世界历史过程，要么被动卷入世界历史过程，人类终将形成一个紧密的整体。我们只能根据世界历史发展规律去寻找自己的道路和发展。

(二)马克思世界历史理论与社会主义革命和建设

按照马克思世界历史理论，社会主义革命应该在全球取得胜利。可历史发展往往具有一定的特殊性和偶然性，尽管西方国家不断进行社会主义革命，但革命最终并未取得成功。此时东方国家却成了资本主义最薄弱的环节。列宁根据当时的形势判断适时提出了一国胜利论并取得了成功，这是列宁一生中的重要贡献之一。列宁一生中还有另一个贡献，即思考并回答了落后国家如何建成社会主义问题。列宁清楚地知道苏联的社会主义与马克思恩格斯设想的社会主义有很大差别，社会主义革

---

① 中共中央马克思恩格斯列宁斯大林著作编译局：《马克思恩格斯全集》(第3卷)，人民出版社，1960年版，第68页。

② 中共中央马克思恩格斯列宁斯大林著作编译局：《马克思恩格斯全集》(第4卷)，人民出版社，1958年版，第470页。

命虽然成功了，但建设社会主义的任务却更加艰巨，因为当时苏联的生产力水平与西方国家有较大的差别，社会主义最终不能建立在落后的生产力水平之上。尽管先进的生产关系可以积极推动生产力的发展，但由于生产力发展有着自身独特的规律，必须用有助于生产力发展的方式去发展生产力。

由此，列宁就提出了新经济政策。新经济政策从总体上看有两方面的内容：一是根据当时国内生产力水平适当发展与之相适应的商品经济，二是与西方发达国家进行经济交流，以此学习与借鉴其先进的科学技术，并最终推动国内生产力水平的提高。但列宁的这一构想最终并未变成现实。在苏联推行并实施的是斯大林模式。对斯大林模式这里不做专门评价，当撰文另述。不过，需要指出的是，尽管斯大林模式有不少问题，但对建立和巩固社会主义制度与国家政权却起到了十分重要的作用，也有力地推动了苏联经济发展。何况，随着众多社会主义国家相继取得革命成功，西方国家不仅不与社会主义国家进行经济交流，还对其进行封锁与牵制，如此，想利用与西方发达国家进行经济交流的方式去发展生产力的想法几乎成了空想。全球化与世界历史发展进程出现了曲折。随着冷战的结束及和平与发展时代的到来，新一轮全球化得以迅猛发展。中华人民共和国成立后特别是改革开放四十年的历史经验证明，只有融入全球化进程，中国经济才能得到高速发展。尽管中华人民共和国成立后的三十年我国社会发生了翻天覆地的变化，但与西方发达国家相比差距不是缩小了，而是增大了，只有在改革开放后的四十年间，中国经济在高速增长的同时才开始不断缩小与西方发达国家的差距。

(三)马克思世界历史理论与我国改革开放的发展

第一，要处理好社会主义和资本主义的关系。在全球化时代，我们要树立正确的时代观，并以此指导我国的改革开放。从世界历史发展角度看，时代性质和时代特征是两个不同的概念。时代性质由生产关系决定，而时代特征则由生产力和生产关系表现出的阶段性特征等因素决定。从总体上看，时代性质是最根本的，是我们正确把握时代的依据；但时代特征也十分重要，是我们做出重大决策的重要参考。从当前世界历史发展状况来看，我们的时代性质仍然表现为资本主义与社会主义的矛盾冲突，具体表现是资本主义生产方式占主导、社会主义生产方式占弱势，并渐渐产生社会主义生产方式，最终以社会主义生产方式取代资本主义生产方式的过程。资本主义与社会主义的矛盾冲突既可以表现为战争与革命，又可以表现为和平与发展。这就是时代特征的内容。当前和平与发展的世界环境来之不易，我们应珍惜并尽力维护这个时代特征。时代性质告诉我们：当前资本主义生产方式仍然处于主导地位，我们应该学会与资本主义长期共存并利用资本主义有利因素发展壮大社会主义社会，社会主义最终不可能建立在落后的生产力基础之上，社会主义生产力发展只有在与资本主义交流与竞争中才能得到充分实现。由此，我们要积极推进全球化，利用以资本为龙头的资本主义发展来增强中国经济的实力，增大社会主义力量。现在大家都在研究资本逻辑，资本自然有因追求利润最大化而带来异化等弊端，但它也有解放生产力和提升劳动者能力等积极的一面。改革开放四十年的成绩离不开资本逻辑的作用，我们应该正确对待资本逻辑，积极利用其正面因素，限制其负面影响。

第二，要正确处理好国际关系和全球关系。在目前国际关系中，民族国家是处理国际关系的主体，每个民族国家都以民族国家的利益作为核心来处理国际关系和国际问题。可随着全球化的发展，人类渐渐成为你中有我，我中有你的命运共同体，特别是非传统安全出现后，这种命运共同体意识渐渐增强了。国际关系和全球关系有联系也有区别，前者以每个民族国家为单元，后者则以全球整体利益为核心。如果每个国家都以处理国际关系的方式来处理全球关系，那么全球共同问题和共同利益就不可能得到解决，和平赤字、发展赤字和全球治理赤字不仅会影响每个国家的发展，还会威胁到整个人类的生存基础。当然，如果只以处理全球关系的方式处理国际关系，那么也自然会影响到一个国家的核心利益。尽管目前国际关系中有不少合作，但竞争更是常态，甚至有些国家为了维护其全球整体与长远利益不惜采用“零和博弈”与“负和博弈”的方式来处理国家关系。应该看到，虽然目前资本主义生产方式占主导，不同国家之间的竞争十分激烈，但随着全球化与世界历史的发展，合作与“正和”因素会渐渐增强。全球化进程从资本主义开始，但最终结果却是社会主义，社会主义是资本主义矛盾的产物，也是资本逻辑最终走向反对自身的结果。正如列宁所说：“社会主义现在已经在现代资本主义的一切窗口中出现，在这个最新资本主义的基础上，每前进一步的每一个重大措施中，社会主义都直接而实际地显示出来了。"①社会主义因素也许起先主要表现在全球关系的处理中，但随着全球化的发展以及资本逻辑负面作用的不断出现，它也会逐步表现在国际关系的处理中。

第三，需要处理好国内与国际两个大局的关系。如果说改革开放初期我国是以改革推动开放的话，那么，新时代则要以开放深化改革。应该立足马克思世界历史理论，瞄准世界市场，改变与世界市场发展不相适应的政策与机制，大力引进国际资本，参与国际竞争，以此不断提高我国科技水平与生产力水平，增强国际竞争力，毕竟真正的综合能力只有在参与国际竞争中才能得到增强。为此，应该妥善处理好国内与国际两个大局，以国内的稳定与发展促进国际交流与发展，同时也以国际交流与发展能力的增强促进国内包括生产力发展和人民生活水平提高的综合能力的提升；应该建立多种预警机制，增强化解各种重大风险的能力。目前美国反全球化势力抬头，这对中国既是挑战，也是机遇，我们要利用好这个机会，利用国际资本追求利润最大化的有利一面和全球化发展渐渐会产生社会主义因素等积极方面，尽量规避资本追求利润最大化的不利一面和国际关系中的"零和博弈"与"负和博弈"做法等不利因素，努力推动并构建合理的国际经济政治新秩序。让中国的发展有利于世界，

---

① 《列宁全集》(第3卷)，人民出版社，1973年版，第164页。

也让世界的发展有利于中国。

总之，这是一个需要总结也需要理论创新的时代，是一个需要发展也必须发展的时代，理论工作者任重而道远。

（此文曾发表于《思想教育研究》2018 年第 12 期）

【附录七】

把握意识形态工作的正确方向

一般来说，意识形态是指特定阶级或社会集团对特定的社会经济基础和政治制度的反映从而形成的一种思想体系，它有着建构人们精神家园、引领社会发展方向和指导现实社会建设等多重功能，对一个政党、一个国家、一个民族的生存发展至关重要。意识形态不是可有可无的现象，它是有着阶级和阶级差别社会的必然存在。意识形态存在的必然性既有社会发展方面的原因，也有个人需要的原因。

从社会发展的角度来看，任何社会要想稳定自己的政治制度，就必然需要对其政治制度加以合理性与合法性的论证，并以此建构社会认同、统一民众思想，而为此提供“理由”和“证明”的东西就是意识形态。从个人发展来看，任何社会中的个人都需要一套理论图式来指导其社会行为或社会活动，建构其人生意义和信念信仰，这套理论图式一般也是意识形态。因此，像一些西方学者鼓吹的“意识形态终结论”是错误的。在当今世界霸权与反霸权斗争十分激烈的情况下，意识形态不仅不可能终结，而且其斗争还会愈演愈烈。其实，认真剖析“意识形态终结论”就会发现，与其说它想终结所有意识形态，不如说它想终结与其对立的意识形态。换言之，“意识形态终结论”就是一种意识形态，它在批驳其他意识形态的同时，维护的却是自身的意识形态。尽管每一种意识形态都在为自身辩护并提出了所谓“合理”的理由，但并不是每种理由都是站得住脚的，更不是说意识形态评判缺乏客观标准。正如马克思所说：“我们判断一个人不能以他对自己的看法为根据，同样，我们判断这样一个变革时代也不能以它的意识为根据；相反，这个意识必须从物质生活的矛盾中，从社会生产力和生产关系之间的现存冲突中去解释。”对一个人和一个时代的评价是如此，对一种意识形态的评价更是如此。意识形态是有科学与非科学、进步与落后之分的，其评判标准就是历史规律和阶级利益。凡是代表历史前进方向和先进阶级利益的意识形态就是进步的意识形态；反之，就是落后的意识形态。从今天社会的发展来看，社会主义意识形态就是先进和科学的意识形态，资本主义意识形态就是落后和非科学的意识形态。社会主义意识形态的先进性和科学性不仅在于它符合历史进步的方向，更在于它代表了最广大人民群众的利益。尽管如此，社会主义意识形态不会因为其理论具有先进性，其现实与实践也自动具有先进性，这其中需要不同国家及其政党根据不同历史发展状况和自身实际不断进行理论、道路和制度的创新。

改革开放四十年来，中国特色社会主义取得了巨大成就，不仅经济总量升为世界第二，人民生活水平得到显著改善，政治、文化、科技和教育等领域也取得了巨大发展，综合国力明显提升，社会主要矛盾也由人民日益增长的物质文化生活需要与落后社会生产之间的矛盾转化为人民日益增长的美好生活需要与不均衡不充分发展之间的矛盾，中国特色社会主义的世界贡献力与影响力也越来越强。不过，在看到成绩的同时，也不能忽视存在的问题和面临的风险。可以说，随着中国特色社会主义进入新时代，我们面对的经济、政治、文化、社会和生态等方面的风险越来越大。其中，意识形态风险尤为突出。正如习近平总书记所说，“意识形态工作是党的一项极端重要的工作”，“能否做好意识形态工作，事关党的前途命运，事关国家长治久安，事关民族凝聚力和向心力”。随着我国经济社会的深刻变革和利益格局的深刻调整，人们思想的独立性和差异性明显增强，意识形态领域多元思想的交流、交融、交锋将长期存在，如何以主流意识形态引领社会思潮、凝聚思想共识成为一项十分艰巨的任务。此外，随着中国特色社会主义世界影响力不断增强，国际利益格局发生相应的调整和变化，“中国威胁论”甚嚣尘上，西方意识形态对我国的渗透、围堵和遏制也不断增强，如何在错综复杂的思想文化斗争中维护意识形态安全成为一项十分繁重的政治任务。面对新时代意识形态建设与斗争的新情况和新特点，我们需要有“乱云飞渡仍从容”的战略定力，始终抓住意识形态建设与斗争的根本点和着眼点——坚持以人民为中心。以人民为中心的思想既是马克思主义意识形态先进性的鲜明特征，也是批驳“意识形态终结论”等西方形形色色意识形态理论的有力思想武器与实践武器。“意识形态终结论”者一直用“虚假意识”指称意识形态，认为马克思主义等意识形态只是用浮夸的理论和诱惑的情感鼓动人心，并不能解决现实问题。以人民为中心的思想以切实回答和解决“我是谁、依靠谁、为了谁”的方式，真真切切地解决了人民的利益和人民的发展等问题，用实际行动反驳了西方形形色色的意识形态理论。

新时代意识形态工作要强化以人民为中心的思想，需要把握以下几点。

首先，始终坚持马克思主义指导思想和中国特色社会主义共同理想。马克思主义和中国特色社会主义是我国意识形态建设和发展的“魂”和“根”，正是坚定地坚持马克思主义指导思想和中国特色社会主义共同理想，我国才取得了革命和建设的成功以及改革开放的巨大成绩。历史已经证明并将进一步证明马克思主义是正确的理论，中国特色社会主义道路是符合历史发展规律的正确道路。马克思主义自产生后尽管受到种种诘难，国际共产主义的发展也出现过严重曲折，但即使在西方“历史终结论”名噪之时，在20世纪与本世纪之交英国四次千年思想家评选中马克思仍名列前茅。2008年金融危机之后，西方越来越多的人开始研究马克思，渐渐掀起了一个不大不小的马克思研究热潮。中国特色社会主义既是符合历史发展规律的先进制度，也是适合中国国情的最合适的制度；它是历史的选择、人民的选择，是世界性与内生性的统一，是历史逻辑、理论逻辑与实践逻辑的统一。正是在马克思主义的指导和中国特色社会主义的指引之下，中国人民才从站起来走向了富起来，不但如此，它们还是未来实现民族复兴、国家富强和人民幸福的最大保障。

其次，要立足人民精神需求和以人民喜闻乐见的方式方法开展意识形态工作。马克思在《〈黑格尔法哲学批判〉导言》中指出："理论一经掌握群众，也会变成物质力量。理论只要说服人，就能掌握群众；而理论只要彻底，就能说服人。所谓彻底，就是抓住事物的根本。但是，人的根本就是人本身。"[①]以人民为中心的思想要求意识形态工作要确立人民的主体地位，要立足于人民所思、所想和所需，要把解决人民的精神困惑、丰富人民的精神世界作为工作着力点。随着新时代我国社会主要矛盾的变化，人民的精神需求会进一步提升，精神生活在人民追求美好生活过程中的地位会越来越重要，这就要求意识形态工作应更多关注人民的精神生活，着眼于人民的精神发展，不仅要帮人民释疑解惑，树立正确的世界观、人生观和价值观，还需要关注人民的情趣、情感、情操，树立正确的道德观、审美观和生活观。当然，意识形态工作不可能一味地迎合人们需要，更何况人民需要有多个层次、多个方面，不同人的需要层次程度和实现方式也不完全相同。意识形态更重要的是对社会发展

---

① 中共中央马克思恩格斯列宁斯大林著作编译局：《马克思恩格斯选集》(第1卷)，人民出版社，2012年版，第9页。

规律的反映，它也只能根据特定社会可能提供的方式去尽量满足不同层次人民的需要。意识形态这种社会性质决定了它最重要的宣传方式应是由外向内的“灌输”。即便如此，也应该把以人民为中心的思想贯彻其过程始终。应该向人民讲清楚哪些需要是合理的，哪些需要是不合理的，哪些问题是现在可以解决的，哪些问题是目前无法解决而需要经过长期努力才能解决的，并赢得人民的理解和谅解。另外，在宣传和教育方式上也要注意“说理”与“陈情”相结合，尽量以人民喜闻乐见的方式宣传党的路线、方针和政策。

最后，要把解决思想问题与实际问题结合起来。马克思说过：“思想一旦离开利益，就会使自己出丑。”思想问题自然要靠思想的方式去解决，但仅此显然是不够的，它必须和现实问题的解决结合起来，以人民为中心不只是一个理论问题，更是一个现实问题和实践问题。习近平总书记指出：“人民不是抽象的符号，而是一个一个具体的人，有血有肉，有情感，有爱恨，有梦想，也有内心的冲突和挣扎。”意识形态工作自然要做好人民的思想工作，但相当多的思想问题都是由现实问题所引发的。当现实问题解决后，一些思想问题自然就得到化解。贯彻以人民为中心的思想，就是要更多地关注人民的生活、人民的困难和人民的发展，着力解决人民群众最关心的教育、就业、社保、医疗、养老、居住等方面的问题以及他们对民主、法治、公平、正义、安全、环境等方面的要求。当然，贯彻以人民为中心的思想最重要的是要关注和解决人民的收入分配和利益问题。在社会主义初级阶段不可能实行平均主义的分配方式，一下子实现共同富裕也是不可能达到的，这就要求保护高收入人群的合法收入，壮大中等收入群体的队伍，改善低收入人群的生活状况，让每个人都能在享受到改革开放成果和有获得感的同时逐步缩小不同群体之间的收入差距，最终实现共同富裕。

总之，新时代意识形态工作必须坚持以人民为中心，做到长期性与阶段性、社会性与人民性、物质性与精神性的统一，努力做到内容、形式、方式、方法的创新，最大限度地调动和激发人们的热情，凝聚共识、增强信心，不断提高马克思主义意识形态的说服力、感召力、传播力和影响力。

（此文曾发表于《光明日报》2018 年 10 月 22 日）

【附录八】

美好生活的世界历史意义

党的十九大报告指出，中国特色社会主义进入新时代，我国社会主要矛盾已经转化为人民日益增长的美好生活需要和不平衡不充分的发展之间的矛盾。这一社会主要矛盾的变化既是以往发展的产物，又对新时代发展提出了更高的要求。美好生活是物质生活相对富裕后追求的更加自由平等和有尊严与美德的高品质生活，它的实现既同个人的努力与一定的社会条件密切相关，也与国际社会发展状况紧密相连。

近年来，随着反全球化与逆全球化势力的抬头，人们对经济全球化的未来与趋势深表忧虑，这自然是一种可以理解的现象。因为经济全球化与人们的切身利益相关。凡经济全球化的受益者自然会拥抱和投入经济全球化，凡经济全球化的受损者自然会拒绝甚至反对经济全球化。不过，仅凭利益取向和主观喜好进行判断并对待经济全球化显然不是一种科学的态度，对经济全球化及其发展趋势的认识必须要上升到世界历史研究的高度，这就需要回到马克思的世界历史理论。早在一百多年前，马克思恩格斯就明确指出："资产阶级，由于开拓了世界市场，使一切国家的生产和消费都成为世界性的了。……过去那种地方的和民族的自给自足和闭关自守的状态，被各民族的各方面的相互往来和各方面的相互依赖所代替了。物质的生产是如此，精神的生产也是如此。"在他们看来，在资本主义产生之前，各民族国家虽然也有一定程度的交流与接触，但并未形成统一的世界历史；正是因为资本主义大工业创造了交通工具和现代化的世界市场，才开创了真正意义上的世界历史。自此以后，各民族国家不管其意向如何，都会主动或被动地将自己纳入这一历史进程。当然，世界历史自产生后也有一个程度不断拓展的过程，目前的经济全球化就是世界历史在深度和广度上发展的过程与结果。就一国而言，其可以选择加入或脱离经济全球化，但从历史发展的整体趋势看，经济全球化进程和人类日益联结成为一个密不可分的整体趋势是不可阻挡的。由于种种原因世界历史发展的过程也不可能是一帆风顺的，总会出现这样那样的曲折，但这不会从根本上改变其必然发展趋势。

面对世界历史发展进程，脱离与反对经济全球化都不是明智之举，正确的做法应该是融入经济全球化，以马克思主义世界历史理论为指导，立足本国实际，积极利用经济全球化发展的有利因素，减少和规避经济全球化发展中的不利因素，从而推动民族国家的发展和人类历史的进步。

世界历史不仅影响着民族国家的发展与强盛，也影响着个人的发展与自我价值的实现。按照马克思的世界历史理论，个人发展的最高状态是自由全面发展。这既需要一定的社会条件做保障，也需要个人能力的提升与发展。自由与幸福都不可能从天而降，它们需要通过人们的劳动去实现与创造；而劳动就涉及一个劳动能力问题。劳动能力的增强不是仅仅通过个人努力就能实现的，必须通过社会发展去培育。只有通过具体的生产过程和广泛的交往，个人潜能才能得到充分展现，个人能力才能得到有效培养。马克思指出："培养社会的人的一切属性，并且把他作为具有尽可能丰富的属性和联系的人，因而具有尽可能广泛需要的人生产出来——把他作为尽可能完整的和全面的社会产品生产出来。"而这种生产显然在一国之内是无法完成的，需要广泛的国际交往和自由合理的国际生产与分配秩序。另外，马克思所理解的个人自由全面的发展还必须超越旧式分工的束缚，让人们自主地选择工作、生活和活动。显然，这一理想距离现实生活还很遥远，但它对我们今天提出的美好生活的理解却有着指导意义。

美好生活一定是自由生活，这里的自由既指社会赋予每个人更多自由平等发展的权利，也指个人可以自主地发展个性、品质和多方面能力；美好生活一定是和谐生活，这里的和谐既指物质生活与精神生活的和谐，也指个人发展与社会发展的和谐。由此，美好生活是一个没有上限却有下限的概念，没有一定的物质基础做支撑的生活不是美好生活，但只有物质上的富裕没有精神充实的生活也不是美好生活。同样，只有个人发展没有社会发展的生活不是美好生活，反之亦然。由于人的需要是多方面、多层次的，社会对此的满足程度也有一个不断提升与拓展的过程，因而美好生活的追求与实现过程就是一个不断发展与提升的过程。

从世界历史发展的角度看，它对美好生活的实现有着重要意义。

首先，和平与发展是实现美好生活的客观条件。美好生活只有在世界整体呈现和平与发展的情况下才有可能实现。随着世界历史的发展和经济全球化进程的加速，人类已经形成一个你中有我、我中有你的密切整体，国家之间相互联系和相互依存的程度空前加强。在这种情况下，局部战争都可能引起世界的整体动荡，虽然目前世界总体背景是和平与发展，但也潜藏着霸权主义和冷战思维等非和平因素，局部战争时有发生。另外，随着恐怖主义、气候变化、网络安全和重大传染性疾病等在全球持续蔓延，这些都给人类和平与发展的环境增加了不少不确定性因素。当前和平与发展的环境来之不易，需要各国精诚合作、用心维系。只有不断增加和平力量，积极发展全球伙伴关系，推进共商、共建、共享的全球治理观，实施普惠式发展，才能维护与巩固这种良好的世界环境。只有持续拥有这种良好的世界环境，人们才有可能去追求并实现美好生活；否则，即使实现了美好生活，也会因世界环境的破坏而受到影响。

其次，全球经贸与交往是实现美好生活的强大动力。美好生活实现的社会条件与个人能力都需要在国际交流与合作中去实现。历史唯物主义认为，生产力是历史发展的根本动力，经济发展决定包括个人能力和个人发展在内的社会整体发展。只有拥有先进的生产力，才能拥有先进的产品和健康的生活方式。在当前科技发展日新月异和生产力发展越来越取决于科技发展的情况下，只有加入国际贸易与合作，才可能拥有先进的科技、先进的生产力和先进的产品。也许竞争是残酷的，但不加入竞争就不可能得到先进的科技和先进的生产力，也不可能增强社会发展的能力和动力。试想在一个产品虽丰富但都是旧式产品的国度，人们的生活能称得上美好生活吗？另外，从个人发展的角度看，参与全球合作与生产也是提升个人能力和实现最广泛交往的较佳路径。个人美好生活要靠个人能力的提升去实现，只有在全球合作与竞争中才可能最大限度地挖掘并培养个人的各种能力。

最后，文明交流与互鉴是实现美好生活的内在要求。美好生活是物质生活相对富裕后人们追求的高品质的生活，此时文化在人们需求中的地位就会不断增强。这种文化需求不仅表现在精神生活的充盈和人格的完善中，还表现在产品品质与健康的生活方式、消费方式与娱乐方式中。文化多样性是实现文化需求与文化发展的重要条件。尽管各民族文化的价值追求、信念信仰与审美特征各不相同，但文明没有优劣之分，只有在平等对话与交流的条件下，不同文明才可以共存共融、相互促进，并有效地满足人们的多种精神需求，推进人类文明的发展与繁荣。

改革开放四十多年，中国的发展得益于经济全球化，也给世界发展增添了活力。面对世界历史发展和经济全球化进程中出现的种种问题，中国政府积极倡导构建人类命运共同体，努力推进“建设一个持久和平、普遍安全、共同繁荣、开放包容、清洁美丽的世界”。中国人民追求并实现美好生活，“不是要营造自己的后花园，而是要建设各国共享的百花园”。中国人民追求美好生活的过程也是造福世界人民的过程。中国人始终认为，世界好，中国才能好；中国好，世界才更好！而所有这一切都需要我们珍惜和维护好世界和平与发展的基本格局，统筹国内与国际两个大局，在做好国内发展的同时，把新发展理念推向世界，让更多国家和人民认同和践行新发展理念，并以此为指导积极进行全球治理，构建世界发展新秩序，不断引导世界经济向良性方向发展。

（此文曾发表于《光明日报》2019 年 1 月 21 日）

【附录九】
以红船精神助推践行新发展理念

中国古代哲学家朱熹曾说："知之愈明，则行之愈笃；行之愈笃，则知之益明。"以创新、协调、绿色、开放和共享为核心的新发展理念既是对长期以来国内外发展经验和教训的深刻总结，也是对当前我国发展面临的突出问题的深刻反思，是指引我国未来经济和社会走向更高质量、更有效率、更加公平和更可持续发展的指导性思想。践行新发展理念，既需要理论引领、制度保障、科技驱动，也需要文化培育和滋养。作为红色文化源头的红船精神，不但可以从整体上彰显新发展理念的意义，还可以培育广大干部群众的行为特征和精神品质，有利于形成全民践行新发展理念的生动局面。

一、以红船精神彰显新发展理念的根本意义

只有经历过辉煌的民族，才真正懂得发展的意义；只有经受过痛苦的民族，才真正渴望新的发展。作为有着五千年历史

的中华民族曾傲然屹立于世界民族之林，为人类文明与社会发展做出过不可磨灭的贡献，可近代以来由于清政府腐败和长期闭关锁国政策，中华民族渐渐落伍于世界，直到鸦片战争时期西方列强用坚船利炮轰开了中国的大门。自此以后，中国陷入半殖民半封建社会的黑暗深渊，中国人民经历了战乱频仍、山河破碎、民不聊生的深重苦难。对于这段让每一个中国人想起都极为心痛的历史，作为改变中国历史命运的工人阶级先锋队，中国共产党人一开始就深深理解“落后就要挨打”“只有发展才能实现民族复兴”的道理。红船精神所代表和昭示的时代高度有着深厚的发展内涵，它不仅要求科学发展，还要求持续发展。事实上，鸦片战争爆发时期离历史上所谓康乾盛世并不久远，历史资料也显示当时我国的国民生产总值并不落后于西方，但之所以遭到列强的入侵，是因为我们的科技水平落后，核心竞争力与综合国力不强。这就要求我国当今的发展既要保证数量，更要保证质量，形成一种符合时代潮流的发展观。近代历史发展还显示，过去的发展不等于现在的发展，现实的辉煌不等于未来的辉煌。发展应该做出制度性安排，从而使其得以健康持久，这些都是新发展理念的题中应有之义。

二、以红船精神促进创新发展

中国共产党的诞生本身就是中华民族发展史上最大的创新之举，毛泽东曾称之为“开天辟地的大事变”。不仅如此，整个中国共产党发展史就是一部不断求索与创新的历史。从革命时期农村包围城市革命道路理论的形成到中华人民共和国的建立，再到改革开放后中国特色社会主义事业的发展，无一不是艰难求索和重大创新的结果。它们不但在中华民族发展史上有着特殊的意义，甚至在整个人类发展史上也有着重大意义。红船精神的创新意义表现在它以中国共产党诞生的创新之举开拓了中国共产党人不断创新的历史进程。这种创新历程不仅表现在革命道路、社会制度与发展道路上，而且还表现在革命形式、社会体制和发展方式上。另外，中国共产党的成功之举还在于它很好地将创新工作与群众路线结合起来，在发动群众的过程中充分尊重群众，发挥他们的首创精神。抗日战争时期中国共产党依靠人民力量开展的地道战、地雷战、麻雀战等作战形式，虽然作战规模不大，却使敌人陷入人民战争的汪洋大海。解放战争时期，人民群众的创新精神同样发挥了不可或缺的作用。陈毅元帅曾经这样形象地说："淮海战役的胜利，是人民群众用小车推出来的。"尽管革命时期的创新工作与改革开放时期的创新工作有很大不同，但其基本的创新精神、创新思路和创新方式还是富有启迪意义的，尤其是其发动和发挥群众的首创精神十分有利于目前大众创业、万众创新局面的形成。

三、以红船精神推进协调发展

中国共产党成立之前，已诞生一些地方党组织，党员也有五十余名，中国共产党成立就是为了更好地发展与壮大党的队伍，领导和协调全国革命。党的一大之后，党的队伍逐步壮大，党的地方组织也渐渐得到发展，党领导的工人运动迅速开展起来并很快掀起了革命高潮。从 1922 年 1 月到 1923 年 2 月，中国共产党领导的工人运动持续时间就达十三个月之久，爆发的工人罢工斗争达一百多次，参加罢工的工人人数达三十万以上。中国共产党的协调发展工作不仅表现在对自身建设和全国革命的领导上，还表现在对正面战场与敌后战场、前方与后方、革命与建设等多方面关系的解决上，尤其表现在不同时期对不同社会阶级关系的思考与处理上。为了中华民族的前途和命运，为了有力地打击侵略者，中国共产党还曾两次与国民党合作。这些宝贵的经验与做法，经过漫长革命战争的洗礼，已逐步上升为党的领导方法与工作方法。这些宝贵的经验与做法无疑对中国特色社会主义进入新时代有力推动区域协调发展、城乡协调发展、物质文明和精神文明协调发展以及经济建设和国防建设融合发展有着重要的指导意义。

四、以红船精神推动开放发展

鸦片战争后屈辱的历史使中国的先进知识分子认识到必须放眼世界去寻找救国救民的真理，闭关锁国是没有出路的，必须把解决中国问题的出路放到世界历史开放的进程中去思考。马克思主义之所以深入人心并可以解决中国问题，是因为它揭示了人类历史的发展规律，代表了历史发展的前进方向。中国共产党的成立自然是中国先进知识分子长期求索和努力的结果，同时也是共产国际指导与帮助的结果。1920年春，共产国际就曾派代表来中国了解五四运动后中国革命运动发展的情况以及能否有条件建立共产党组织的问题。1921年6月初，共产国际代表马林和尼克尔斯基先后到达上海，与中国共产党早期代表讨论筹建中国共产党，并参加了中共一大会议。之后，共产国际又多次派代表来到中国指导中国革命，中国共产党也派出代表加入共产国际，成为共产国际的一个支部。尽管此后共产国际因"左"倾理论给中国革命带来了损失，但从总体上看，共产国际的指导与帮助促进了第一次国共合作，推动了中国大革命高潮的到来和抗日统一战线的建立。中国共产党也深深明白，只有加入世界无产阶级革命运动和世界反法西斯统一战线，才能有效地促进中国革命的成功。与此同时，中国革命的发展也极大地推动了世界无产阶级革命运动的发展和世界反法西斯主义斗争的胜利。新中国成立后，由于西方国家的封锁和中苏关系的破裂，中国一度陷入封闭半封闭状态。改革开放后，随着国际形势的缓和与发展，以邓小平为代表的中国共产党人果断提出并推进改革开放。对于新时代开放的意义与开放的程度，习近平总书记在多个国内外重要场合一再表示："中国开放的大门不会关闭，只会越开越大。"

五、以红船精神促实共享发展

党的一大纲领明确写着"援助工人阶级"，组织"工人、农民和士兵"，以"社会革命"消除"社会阶级"。这就决定了中国共产党从诞生时起没有自己的私利，而是一个全心全意为人民谋幸福的政党。中国共产党之所以得到广大人民群众的拥护与爱戴，不仅仅是因为其全心全意为人民服务的宗旨，还因为它始终把这一宗旨落实在行动之中，通过实际行动解决群众实际困难，为群众谋福利。中国共产党通过相信群众、发动群众和依靠群众，取得了一个又一个革命斗争的胜利；又通过革命成果让群众共享，极大地调动了人民群众投入革命的积极性，增强其主动性和能动性。中国共产党深深懂得，革命是一个漫长的过程，群众幸福的实现也是一个渐进式过程。由此，在不同革命时期，采取了不同政策，以最大可能团结一切可以团结的力量，有力地分化和打击敌人。仅就土地政策而言，土地革命时期、抗日战争时期与解放战争时期就有所不同。为了形成最广泛的爱国统一战线，抗日战争时期采取了“地主减租减息，农民交租交息”政策。这既调动了农民的革命积极性，也团结了地主一致抗日，从而保证了抗日战争的最终胜利。这些思路与做法对新时代做好“全民共享、全面共享、共建共享和渐进共享”有着重要的启迪意义。

作为红色文化的源头，红船精神以其开天辟地、敢为人先的首创精神，坚定理想、百折不挠的奋斗精神和立党为公、忠诚为民的奉献精神，成为中国共产党人的思想财富和精神标识，也渐渐进入了广大人民群众的心灵深处。红船精神的含义是多方面的，但又是统一的。正是因为其多方面性与统一性的结合，才能使我们在宣传落实新发展理念的同时，把它当成一个统一的整体推进。由于红船精神有着广泛的群众基础，因而通过结合宣传可以有效地形成践行新发展理念的广泛群众实践。

【附录十】
试析德里克的发展主义批判论

阿里夫·德里克(Arif Dirlik)是当代西方著名的后殖民理论批评家和社会历史问题研究专家，其《跨国资本时代的后殖民批评》和《全球现代性：全球资本主义时代的现代性》等著作对现代性、全球化、资本主义与社会主义等核心问题进行了深入探讨，有着较大的国际影响。德里克也是一名中国问题研究专家，在《革命与历史：中国马克思主义历史学的起源(1919—1937)》和《后革命时代的中国》等著作中对中国现代革命史与社会主义发展等问题进行了较系统的研究，并提出了一些深刻而独到的见解。本文主要就其对发展主义的批判做一简要分析与评论。

一、德里克对发展主义的批判

(一)发展主义是一种意识形态

通过对当今世界现状特别是经济现状的分析，德里克认为

“全球化”与“发展”这两个关键词已成为当今世界历史发展一体两面的称谓。在马克思及其之后相当长一段历史时期，“全球化”还明显以资本为龙头而带有剥削与殖民性质，二战以后它似乎离开了剥削特别是殖民的轨道而与“发展”紧紧捆绑在一起。在“全球化可以带来发展”和“发展进一步促进全球化”的双重逻辑作用下，发展主义成为发达国家和广大发展中国家的共同追求。整个世界似乎已陷入追求发展的赛马游戏之中而不能自拔，除了国家职能与经济发展方式之外，连知识结构安排与生活方式设定等都与发展密切相关。可在德里克看来，发展显然不是最终目的，只有合理的生活方式以及人、自然与社会的协调和谐发展才应是人类的永恒追求。因此，发展主义显然是一种意识形态。他说：“我采用的术语是‘发展主义’(developmentalism)，以区别‘发展’一词，并强调，这是一种意识形态导向，其特征是对发展的拜物教。或者说，这是崇拜某种自然(甚至可以说是‘神圣’)力量发展的拜物教；但凡有人要抵抗或质疑这种拜物教，就会被贬低为鼓吹社会停滞或贫困。这种意识形态遮掩了形塑‘发展’理念的诸多历史力量，而且还掩盖了始终支撑着人类意识的诸多社会、政治力量。”“我们已经不再谈论单纯的‘发展’，而是谈论一种名为‘发展主义’的意识形态，也即卡尔·曼海姆所说的‘世界观’，或者更恰当的说法——‘宇宙观’。”①曼海姆曾指出：“‘意识形态’概念反映了来自政治冲突

① [美]阿里夫·德里克著：《发展主义批判论》，朱新伟译，载王晓明等主编：《热风学术》(第七辑)，上海人民出版社，2013 年版。

的一个发现，即统治集团可以在思维中变得如此强烈地把利益与形势密切联系在一起，以致它们不再能看清某些事实，这些事实可能削弱它们的支配感。在‘意识形态’一词中内含着一种洞悉，即在一定的条件下，某些群体的集体无意识既对其本身，也对其他方面遮掩了真实的社会状况，从而使集体无意识得到稳定。”①也就是说，德里克明显是在否定意义上使用意识形态概念指称发展主义的。

（二）发展主义的十大危害

若要追问发展主义带来的问题，德里克认为这自然是不胜枚举，可他还是尽力列举了其中危害最大的十个问题。

第一，环境问题。德里克认为，发展与环境的矛盾是人们最关注的问题，因为它不仅影响着人们的生活，更影响着发展的限度。尽管可持续发展思想改变了资源的利用方式，但它只是暂时缓解了资源的利用压力，使其从一些领域转向了另一些领域。资源的滥用和技术革新不仅引发了资源大战，还导致了诸多动植物灭绝，影响了生态环境和人类生活质量。

第二，经济问题。随着新自由主义政策在全球推行，金融资本获得了支配权，这使资本市场变得束手无策，生产以及商业活动变得不可控制，从而使整个社会处于贝克所讲的“风险社会”与马克思所讲的周期性经济危机之中。与此同时，随着消费

① ［德］卡尔·曼海姆著：《意识形态与乌托邦》，黎鸣等译，周纪荣等校，商务印书馆，2000年版，第41页。

主义的盛行，国家与资本联手推动商品生产与商品消费，结果是许多经济活动与决策远离人们的日常生活，形成了数十亿人的失业、受剥削和被边缘化，导致了人类学家胡佩霞(Patricia Uberoi)所谓的阶级、性别和种族的"竞争性消费"。

第三，城市化和农业社会问题。德里克认为，伴随着现代性发展带来的声势浩大的城市化运动，许多第三世界国家急速扩建"巨型城市"，从而导致了连政府都无法解决的环境、治理、健康和人类生存等紧迫问题。此外，快速城市化还引发了农业社会的被破坏或被边缘化，使得大量农业人口流入城市和包括食品生产在内的农业生产被追求垄断利润的农产品工业所支配。他认为，尽管中国成功地遏制了贫民窟增长(这只是一个特例)，但其可利用的耕地面积已经逼近食品供应安全的红线。

第四，殖民主义问题。德里克认为，与19世纪不同，当今世界已经进入尊重主权与平等的后民族国家与后殖民时代。尽管此时在某种意义上说已不再存在国家之间的帝国主义或殖民主义，但随着全球化的发展，由资本在全球的流动又形成了国际性的新阶级结构。它往往以项目合作的名义得以形成，并以发展的必要性来为自己辩护。此外，此时的殖民主义不仅表现在空间上，更表现在生活上。网络在成为人们使用的工具的同时，也成为日常生活殖民化的最有效手段。

第五，战争与霸权问题。随着冷战的结束，世界并没有进入真正意义上的和平阶段，在"文明"取代社会主义成为新的假想敌的过程中，"恐怖主义"作为隐秘的敌人被发明了出来。在他看来，随着社会主义阵营的解体，新兴权力中心以发展之名又引发了新一轮冲突。其中，资源战争成为地区冲突的主要原因。

第六，民族国家问题。德里克认为，当今世界民族国家不仅没有随着全球化的发展而消亡，反而在全球化、文明融合的考验下得到加强。随着世界人口流动与移民现象的不断增强，民族国家认同与治理的难度不断加大。面对这一状况，相当多的国家都采用了从人群监控至限制公民权利的压迫性措施。由此，公民身份以及与此关联的民主制度陷入危机。

第七，不平等问题。德里克认为，尽管发展主义不是全球不平等现象加剧的结果，但它却使全球化所带有的极度不平等变得难以治理。财富越来越集中于少数人手中，贫富差距日益加深并不断向全球蔓延。尽管作为政治语言现象的阶级由于意识形态的设计从政治话语中消失，但由妇女、少数民族和原住民等带来的问题不断凸显。全球化产生了新的不平等问题，数以百万计的人口迫于生存需要被迫离开家园去他国寻找生机，可结果却在新家园被剥削和污名化。最严重的是在新自由主义全球化政策影响下出现了“无保障阶级”，他们原是一批有稳定生活的中产阶级，正是全球化的发展让他们渐渐过上岌岌可危的生活。另外，新自由主义释放出的贪欲和社会契约的断裂，共同促使了腐败在全球的蔓延。

第八，教育问题。德里克认为，全民教育本是民族国家振兴与发展的需要和产物，可在资本需求主宰下它正经历着商业化转型，高等教育渐渐转变为全球增长产业。不少争创世界一流的大学都在其网站上标注"全球化""全球化大学"等词语，以此表明其关注的是公共责任，培养的是"全球化公民"。

第九，文化问题。德里克认为，当今全球化发展已不同于以往，相当多的国家已认识到本土文化对现代性发展的重要性，并试图以本土文化诠释发展且给发展输入内在动力，以此寻求"另类现代性"。可在他看来，尽管不同文化对现代性发展给予了不同理解，但从总体上看这些文化并没有完全按自身的价值诠释发展，反而以发展的逻辑诠释它们自身，目前在相当多发展中国家甚至比发达国家更盛行"消费文化"就是例证。

第十，普遍主义问题。德里克认为，尽管西方国家是现代世界经济与社会发展的龙头，可当前世界却对欧美国家预设的科学、民主和人权等价值的普遍性提出了质疑与挑战，不同国家在批判西方价值普遍性的同时又纷纷用本土方式解读现代性，因而助长了一种相互冲突的特殊主义。全球世界难以达成一种更高的普遍主义，唯一共享的价值观就是追逐财富、权力以及无休止地扩散消费文化，由此导致了民主、公共性与人类的危机。

二、德里克对全球现代性出路的思考

（一）发展主义既跟资本主义有关，也跟现代性发展有关

在德里克看来，对于发展主义存在的问题只有揭示与批判显然是不够的，更需要找出其中的原因，并以此为据寻找到现代社会正常发展的另类路径。对于发展主义产生的原因，德里

克显然不同意把它简单归结为资本主义。在他看来，发展主义跟资本主义关系自然十分紧密，甚至可以说是资本主义推动了发展主义，但从目前来看，紧紧抓住这一点显然是不够的。他说："这些问题可以说是资本主义的产物，或至少是受到了资本主义的影响。另一方面，我们也很难肯定，一旦资本主义被废除、改造或去全球化，这些问题就会自动消失。因为，其社会、政治和文化力量已经深入各个地区，成为自主性力量。"①而要真正抓住问题的要害，自然要转换到比资本主义更根本的现代性及其问题的考察上来。他认为现代性是人类追求自主与发展的表现，其实质具有进步意义，可现代性的发端却与欧洲中心主义及资本主义联系在一起。"现代性"一词是欧洲人的发明，显然带有明显的欧洲中心论色彩与资本主义性质。西方国家用它们的军事、经济与文化力量打开了世界市场，开辟了全球化进程，但同时也带来了大规模的世界战争，形成了殖民主义。可到了二战以后，随着第三世界反抗运动的加强，殖民主义渐渐退出了历史舞台，现代性与全球化发展也进入了一个新的阶段——全球现代性。德里克指出："我想要强调把当代全球现代性理解为一种后欧洲中心的秩序。那种我们一般将其与现代性等同起来的欧洲中心的现代性塑造了全球现代性，同时又被全球现代性所替代。这是我坚持全球现代性是殖民现代性的完成

① [美]阿里夫·德里克著：《发展主义批判论》，朱新伟译，载王晓明等主编：《热风学术》(第七辑)，上海人民出版社，2013年版。

的一个根本理由。在一个层面上，全球现代性是殖民主义的终结，是促使先前被殖民的地区走向现代性的那种去殖民化活动的产物，这种现代性是殖民主义现代性的替代者。”[①]除了摆脱殖民现代性的殖民主义外，德里克认为全球现代性还表现为不同国家都力争从本土视角诠释现代性的特征，现代性步入“可选择”现代性与本土化的过程之中。在此，他批评了后殖民主义者强调文化多元化与混杂性的观点和多元现代性理论。他认为全球现代性表现出的文化多样性只是其表面特征，实质上它背后潜藏着更深的一元性——资本主义与消费文化。表面上看欧洲价值观已普遍受到批评，但其消费文化价值观却深深地影响着全球。发展中国家所强调的文化多样性实际上只是西方消费文化发展自身与资本牟取利润的一个筹码。另外，全球现代性不仅没有消灭资本主义，还使资本主义进入一个更高阶段——跨国资本主义。他说：“我们也不能忽视一点，即那些文化所赋予的东西(它们为这些观点辩护)已经被彻底灌输了生产与消费的日常价值，这些正是资本主义社会的特征。欧洲与北美在这些价值的发明与传播中仍扮演着主要角色，即使它们已不再直接提供传播那些价值的主体。生产与消费在跨国机构(它们中间那些最重要的跨国公司大多在欧洲或美国)之间的全球化，正在创造着一个‘跨国资本家阶级’，他们不仅有着相似的职业，还有

① [美]阿里夫·德里克著：《全球现代性的再思考》，楼巍译，《厦门大学学报》(哲学社会科学版)，2011年第4期。

着相似的教育和生活方式。近年来最重要的发展就是大学教育的跨国化，不仅越来越多的第三世界的人走进了第一世界的精英大学，第一世界还为第三世界输出了教育模式，输出了现实的大学校园的模型……在这个视角中，自身就由跨国公司所发明的多元文化似乎变成了一种在一个共性背景(没有这个背景，差异性将会是毫无一样的)中管理差异性的方法。"[①]尽管现代性并非与资本主义永恒地捆绑在一起，但从现代性起源特别是现状——全球现代性来看，它与资本主义紧密地联系在一起。尽管当前的资本主义采用了更公平的财富分配等形式缓和了其内在矛盾，还在20世纪70年代后提出了可持续发展思想，但资本追逐利润的本质使资本主义无法真正实现可持续发展。相反，资本借助高科技手段使发展主义问题在当前表现得更加突出。因此，要真正克服发展主义意识形态，就必须从对资本主义及其现代性的批判中去寻找出路。

(二)发展主义的克服需要社会主义支撑

对资本主义及其现代性的批判，就自然会让人们想到社会主义。因为社会主义虽然也重视发展，但它更根本的关怀却是人类的福祉，只有社会主义才能为解决当前资本主义社会包括发展主义在内的内在矛盾提供最合适的另类思想。但德里克明显对社会主义前途又表现出某种担忧，因为当前社会主义存在

---

① [美]阿里夫·德里克著：《全球现代性的再思考》，楼巍译，《厦门大学学报》(哲学社会科学版)，2011年第4期。

的问题特别是苏东社会主义演变的事实让他明确提出了回到"实际存在的社会主义"既不合适又不可能的思想。不过，尽管如此，他认为围绕社会主义构想现代性的另类路径还是十分必要的。为此，他特意介绍并分析了印度发展研究中心创始人拉吉尼·科达利(Rajni Kothari)的相关思想。科达利认为当今世界的诸多问题归根结底可以追溯到发展的意识形态，这种意识形态基于对科学与技术的盲目信仰并使之成为全球意识，由此将整个世界推向一条抛弃人类福祉、不可持续的道路。他指出："所有这些(问题)背后的根本缺陷是思想：如果这个世界是按照某种方式构造的，那是因为这种已经主宰世界上百年甚至更久的思想观念是错误的。多年来，整个世界都笼罩着一种思想，以为一切社会最终都要实现这样一个终极目标——一个富裕的城市化、工业化国家，由专家通过'理性的'官僚机构来管理世俗事务，并以资本密集型技术作为支撑。即使在今天，尽管这种模式已造成数十年的灾难与剥削，但赶超'发达'国家和走相同道路的观念仍顽强地坚持着。"①为了从根本上克服发展主义意识形态，科达利认为仅仅寻找"另类现代性"是不够的，需要寻找并建设"另类发展"——"现代性之外的另类道路"。为此，他特意从三个层面提出了自己的构想。首先，需要转变生活方式。为了克服消费文化带来的无限制消费与资源浪费

① Rajni Kothari. *Rethinking Development*: *In Search of Humane Alternatives*, New Delhi: Ajanta Publications, 1988, p. 5.

的局限，他提出了节制欲望以满足人类基本需求的方法。其次，需要空间重构。为了克服全球现代性带来的集中式大都市化倾向，他设想国家可以建设若干地区，让每一个地区围绕在一个中型城市周围，最终使社会各阶层在平等进行经济交往的过程中都能从现代社会生活中受益。再次，需要生产体系与技术重组。为了克服资本主义现代性陷入不能自拔的追求发展的赛马游戏中，他设想通过支持生产计划与技术配套的方法重构生产体系。他建议把国家发展作为一个整体，生产与管理权力下放到中型城镇和乡村内地，就地发展教育和解决就业，让医疗卫生机构普益大众，使经济增长活力发源于广大人民的购买力，而不是中产阶级的消费产业及其出口导向经济。对这些观点德里克没有做深层分析与评价，但从其引证过程可以看到他显然是赞同的。

也许科达利的思想是深刻的，但它毕竟只是一种构想，并没有变成现实。于是，德里克把目光转向了现实中的中国。面对国际上关于中国是走社会主义道路还是资本主义道路的争论，他首先面临一个如何给中国社会性质定性的问题。显然，他不认为当代中国正在走传统的社会主义道路，也不赞同不少西方学者认为的那样当代中国已走向资本主义道路。就此，他特意发明了一个新概念——后社会主义，以此来定位当代中国社会性质。对于所谓“后社会主义”，他这样解释说：“(1)社会主义作为一种政治元理论失去了自身的统一性，这是因为社会主义信念在其历史发展中逐渐被削弱，也因为社会主义国家觉得有必要把'现实存在的社会主义'与资本主义世界秩序的要求结合起来，还因为社会主义在实践中因国情不同而带有各国的特色；(2)社会主义与资本主义的结合受到各国'现实存在的社会主义'结构的制约，这种结构是所有此类结合的一个历史前提；(3)这个前提是要对结合的过程保持警惕，确保不会导致资本主义的复辟。后社会主义也必然是后资本主义的，这并不是在经典马克思主义的社会主义是一个后于资本主义的历史发展阶段意义上说的，而是在社会主义代表一种对资本主义经验的反应和一种克服资本主义发展缺陷的尝试的意义上说的。这种对资本主义在历史上的缺陷的意识不仅决定了后社会主义自身的缺陷，也制约了它诉诸资本主义方法来消除这些缺陷的努力。因此，无论在多大程度上利用资本主义来提高'现实存在的社会主义'的表现，后社会主义都试图避免回到资本主义。"①

在他看来，正因为中国坚持了"后社会主义"道路，所以它可以一方面充分吸收与借鉴资本主义的发展优势，在融入全球资本主义之中壮大自身，另一方面又不陷入发展主义意识形态，而且坚持自身独立的带有社会主义内涵的发展观(如科学发展观、和谐社会与生态文明等)。近年来，随着中国综合国力的增强与世界地位和影响力的提升，德里克建议中国应该在全球经济发展中发挥更多的作用——重建全球经济的

---

① 转引自[美]阿里夫·德里克著：《重访后社会主义：反思中国特色社会主义的过去、现在和未来》，吕增奎译，《马克思主义与现实》，2009 年第 5 期。

基础，有效改变全球经济发展方向。他认为，鉴于中国在广大发展中国家的影响力，中国有可能影响这些国家经济发展的方向并从根本上改变它们的发展观。尽管中国暂时难以改变西方发达国家的发展主义意识形态，但由于这些发达国家继续发展需要消费包括中国在内的广大发展中国家的多种资源，若这些发展中国家的发展观有所改变，将最终直接或间接地影响发达国家的发展观。他说："中国在此作为发展中国家也可以扮演领导者的角色，仍然有可能区分开消减贫困和对发达资本主义社会中产阶级生活的效仿。然而，要做到这一点，不仅必须质疑全球资本主义的幻想，而且还要批判社会主义观念中那些使社会主义的可能性交付给资本主义的发展主义的历史遗产。在人类历史这个特殊的关头上，尽管社会主义继续从未来那里汲取诗意的想象，但是正如马克思所说的，它还必须从过去中寻找创造未来的线索。"①

（三）发展主义的克服需要现代性改造

至此问题还没有完结，德里克认为对发展主义意识形态的批判与全球现代性出路的寻找，还应该进一步从对资本主义现代性与其他现代性关系的剖析中推进。在他看来，尽管欧洲现代性开辟了全球现代性的先河，但越来越多证据表明现代性并不是欧洲人的专利，欧洲现代性实际上是多种全球性交互作用

① ［美］阿里夫·德里克著：《重访后社会主义：反思中国特色社会主义的过去、现在和未来》，吕增奎译，《马克思主义与现实》，2009 年第 5 期。

的产物，只是欧洲现代性用殖民主义方式扼杀了其他可能的现代性。尽管殖民主义现代性已经结束，但以欧洲为核心、与资本主义相结合的现代性又使殖民性问题继续存留并变得更加复杂。要想彻底抵制殖民主义及其发展主义意识形态，光批判与抵制资本主义是不够的，还应该进一步强化与认同全球范围内的本土意识与原住民(indigenous people)意识。德里克认为，现代性最终是要实现人类福祉的，这一目的就决定它不能不关注并解决本土与本土意识问题。因为，在他看来，土地与在土地上劳作的人们有着密切的关系，这种关系既是精神的，又是物质的；让土地与在土地上劳作的人们分离不仅会导致共同体的解体，还会导致其文化的灭绝。更为重要的是，本土意识和原住民意识还与克服发展主义意识形态的另类发展思想一脉相承。他说："原住民的知识观与构想另类发展观所需要的那种知识是同调的，这种另类发展正是我前面在介绍印度知识分子对科技的批判时所谈到的。原住民社会当然展现了各种各样的文化实践，但在这些差异背后也有着某些共同的预设，这些预设绝不只限于原住民，也是许多传统所具有的特征，即重申文化、社会存在和自然环境之间有着紧密的、有机的联系(中国的道家即是现成的一例)。这些预设必然会对我们的认知方式提出质疑，并要求一种不是服从于资本或国家的目的，而是追求人类生存与正义的知识。由于'文化、求知与生活是环环相扣的'，所以这些信念是没有什么知识与伦理的区别的。这种建立在'地方生态学'基础上的认识论，同样也假定了一切现象——因而也就是知识本身——都有着整体的相关性。”①

三、德里克发展主义批判论的贡献与局限

（一）德里克发展主义批判论的贡献

从理论上说，自人类产生以后就一直面临着生存与发展的问题。只是人类早期主要面对的是自然的异己压力与外民族入侵，后来才渐渐变成自身的需要与发展需求。客观上说，只是人类进入现代性后，发展问题才成为真正主题。哈贝马斯曾这样说过：“黑格尔发现，主体性乃是现代的原则。根据这个原则，黑格尔同时阐明了现代世界的优越性及危机之所在，即这是一个进步与异化精神共存的世界。因此，有关现代的最初探讨，即已包含着对现代的批判。”②

由于现代性确定了主体性原则，因而它就必须通过发展的方式确定并推动主体发展。正像德里克所说的那样，现代性是由欧洲人发动的，因而当它推向世界直至全球时就明显带有欧洲中心论色彩。可欧洲现代性是与资本主义同时起步的，因而欧洲人在推进现代性进程从而带来自身发展的时候，也把世界带入了殖民主义统治阶段。经过第三世界国家若干年反对殖民主义、争取民族解放与独立的斗争，特别是世界范围内社会主

---

① ［美］阿里夫·德里克著：《发展主义批判论》，朱新伟译，载王晓明等主编：《热风学术》（第七辑），上海人民出版社，2013年版。

② ［德］于尔根·哈贝马斯著：《现代性的哲学话语》，曹卫东等译，译林出版社，2004年版，第19—20页。

义运动的兴起，终于在20世纪中叶基本结束了德里克意义上的殖民主义。独立以后的民族国家自然会把发展问题迫切提上日程。于是一次大规模追求发展的浪潮又在世界范围内形成。20世纪90年代前后，随着东欧剧变以及西方资本主义内部改革与调整，新一轮追求发展的浪潮在全球范围内再次兴起。其实，追求发展本无可厚非，这是人类改造自身与改造社会的需要，但当发展走向片面甚至成为唯一目的的时候，它就可能成为一种需要批判和纠正的意识形态。公允地讲，德里克对发展主义的分析与批判是很深刻的，开出的药方也十分有效。若要总结他对此的主要贡献，自然要谈到他对现代性、全球化、资本主义与发展主义关系的分析。与其他研究发展问题的思想家不同，德里克既反对把现代性与资本主义彻底统一起来，又反对把它们完全分割开来的研究方法。在他看来，若只看到现代性与资本主义的统一，那就难以解释全球现代性中种种对现代性的不同理解与做法；可若只看到现代性与资本主义的分离，那就会忽视全球现代性中潜藏的统一趋势与霸权力量。在此，他曾专门批评了以斯皮尔瓦克等后殖民主义理论家提出的"混杂性"理论。在这些理论家看来，西方会用他们自己的价值观对东方国家进行殖民宣传，还会用他们所理解的东方对东方国家进行后殖民渗透。为了反对与抵制西方国家的殖民与后殖民统治，他们主张东方国家应该有自己对现代性独立的价值理解，以"多元性"抵制西方现代性的"一元性"。与此类似的观点还有以艾森斯塔德等为代表的多元现代性观点。可在德里克看来，这些后殖民主义理论家只看到现代性的多样性一面，而忽视了现代性的统一性一面。这种统一性不但是指现代性有其共性，还指当前全球现代性受到了资本主义的统率性影响。表面上看，混杂与多元现代性的主张抵制了欧洲现代性的霸权影响，实际上它最终被资本发展所需要的文化多样性收编而纳入资本主义发展体系。对此，他曾以儒学复兴为例加以说明，他说："儒学复兴最好被视为全球后殖民话语在东亚的表征。出于同样的原因，儒学复兴比起其他本土历史的后殖民复苏（和与此同时对欧洲中心主义的挑战），更鲜明地显露出后殖民批评中的意识形态陷阱，尤其是意识形态可能在权力结构（后殖民批评的对象）中扮演同谋的角色。我曾讲过，普遍认同的后殖民批评试图挑战现存权力结构，但这是以在全球资本主义下进行新的文化建构为代价的。就儒学复兴而言，它与当代权力结构的关系既直接又明确，因为复兴的是一些社群的意识形态遗产；这些社群近来在全球资本主义的背景下获得优势地位，同时对全球资本主义的形成有所贡献。这意味着，儒学复兴使人们注意到，在后殖民知识分子的地盘，即文化'边界'上，不仅居住着激进的文学和文化批评家，还居住着文化背景同样复杂的知识分子掮客。他们操纵着新的资本主义建构中的权力。在这一建构中，'边界'至关重要，但不是作为文化隐喻，而是作为实际生产和交换关系的场所。'边界'可能是通向解放的隐喻性场所，也可能是不同权力的意识形态间谈判的地点。”[①]正因为现代性有自身的共性以及受当前资本主义影响的统一性，所以，德里克在寻找克服发展主义意识形态的全球现代性出路时才把更多注意力放在社会主义理论特别是实践上。

（二）德里克发展主义批判论的局限

当然，德里克关于发展主义批判理论也存在如下局限。

首先，未能弄清现代性及其发展本质。尽管德里克对全球现代性及其与发展关系的分析有一定深度，但他似乎未能深刻揭示现代性及其实质。在他的论著中能够清晰地看到现代性与发展的关系（似乎发展应该是现代性题中应有之义），现代性与人类福祉的关系，以及现代性与人、自然及社会的和谐，等等，但似乎很少看到他对这些关系与现实矛盾之间的辩证处理。事实上，从理论上分析与处理它们之间的关系还是相对容易的，可一旦面对现实问题就会变得异常复杂与艰难。且不说西方国家的发展主义，单就发展中国家的发展主义来说（如果它们的确存在德里克所说的发展主义的话），问题就不像他所想象的那么简单。现代性要解决主体发展问题，而主体发展问题既包括物质需要，又包括精神需要与交往需要等多个方面。有时为了解决一种需要，可能就不得不暂时牺牲其他方面的需要。让一部分人或某项事业先发展起来，并不等于否定其他人和其他事业

① ［美］阿里夫·德里克著：《后革命氛围》，王宁等译，中国社会科学出版社，1999年版，第228页。

的发展，更不能说是一种德里克所说的发展主义。因为，只有一部分人或某些关键事业先发展起来，才可能有力量去解决其他人和其他事业的发展。看一种发展观是不是德里克所说的发展主义，既要看其暂时目的，更要看其长远目的。（当然，其中必要的制度保障是十分关键的。只有建立根本制度保障，才能让这种发展策略有序进行；否则，就可能出现崩盘，彻底滑向德里克所说的发展主义）德里克在没有认真分析发展观具体状况的情况下，只凭现象就下结论，显然过于轻率。更为重要的是，对广大发展中国家，尤其是曾经深受殖民主义统治与剥削的国家而言，民族国家现代性比个人现代性实现更加重要与迫切。因为，只有民族国家强大，个人发展才有可能实现并得到保障。而民族国家要强大，唯有走发展之路。当然，民族国家发展之路也要确立发展红线，若触碰了这些红线，导致生态破坏、资源枯竭或两极分化，那就会适得其反。那时不仅民族国家得不到发展，还可能出现严重的社会动荡，导致民族国家分裂，甚至再次滑向被殖民的危险境地。

其次，忽视历史发展规律研究。尽管德里克在分析全球现代性中的本土主义时多次谈到应该走向一种更高层次的普遍主义（在他看来，没有这种更高层次的普遍主义，这些多元主义就会造成全球的混乱甚至冲突），但这种更高层次的普遍主义究竟是什么，他并没有明确说明。尽管他曾明确指出只有社会主义才能从根本上解决全球现代性中发展主义意识形态问题，但对于社会主义究竟如何具体解决这一问题，他似乎也没有提出具体可行的建议。虽然他高度认可中国的发展观并在某种意义上把克服发展主义意识形态的希望寄托在中国的发展上，但他似乎对当前中国的发展状况又很不满意甚至忧心忡忡。他说："中国人民享受着过去二十年来高速发展的果实。不过，人们的喜悦之情同时伴随着愈发剧烈的焦虑——发展开始失控，似乎摧毁了它所创造的成果，并对未来造成了同等深刻的不确定性。"①社会主义在他心中似乎不是历史发展的必然，只具有某种理想乌托邦的寓意。他在论述中国"后社会主义"性质时曾说："为了把'现实存在的社会主义'结构合理化，后社会主义竭力保持未来的社会主义是人类的共同目标的模糊信念，同时又否认它在当前的社会政策中具有任何内在的决定作用。"②究其原因，德里克并不承认历史发展有其客观规律。虽然我们也充分肯定历史发展中人类行动选择性的作用，但这一点并不以否定历史发展有客观规律为前提。尽管当前现代性发展有更多各国政府的选择性因素，但资本主义对当今全球化的实质性影响是不能否定的。当今世界的主要矛盾仍然是资本主义与社会主义的冲突，只是这个冲突已从以前的战争与革命演变为今天的和平与发展。在和平与发展这个时代主题中，我们又不得不承认目前世界还处于以资本主义生产关系占主体、社会主义生产关系占

---

① [美]阿里夫·德里克著：《发展主义批判论》，朱新伟译，载王晓明等主编：《热风学术》(第七辑)，上海人民出版社，2013年版。

② 转引自[美]阿里夫·德里克著：《重访后社会主义：反思中国特色社会主义的过去、现在和未来》，吕增奎译，《马克思主义与现实》，2009年第5期。

从属地位的阶段。全球化发展的未来必然是社会主义生产关系渐渐增强并逐步取代资本主义生产关系的过程。但就目前而言，社会主义力量还不够强大，它只能在充分借鉴与吸收包括资本主义在内的人类一切优秀成果的基础之上，通过融入全球经济来发展壮大自身。只有当社会主义在全球经济与综合事务处理上的能力真正增强了，才能通过其控制力与影响力改变全球发展模式，让全球经济与社会发展真正步入健康的发展轨道。在社会主义还没有具备这一实力之前，试图改变全球发展模式也许只是一种奢望。尽管如此，包括中国在内的社会主义国家一方面要不断确定与巩固科学的发展观，防止滑入发展主义陷阱，另一方面又要积极地以自己的科学发展观影响全球。

总之，作为一个严谨和严肃的思想家，德里克对发展主义问题的剖析与批判是深刻的，其中不少地方值得我们警醒，其另类发展的构想对建设中国特色社会主义发展观有着积极的参考与借鉴价值。

（此文曾发表于《江汉论坛》2017 年第 8 期）

参考文献

一、专著

1. 中共中央马克思恩格斯列宁斯大林著作编译局：《马克思恩格斯文集》(第1—10卷)，人民出版社，2009年版。

2. 中共中央马克思恩格斯列宁斯大林著作编译局：《马克思恩格斯选集》(第1—4卷)，人民出版社，2012年版。

3. 中共中央马克思恩格斯列宁斯大林著作编译局：《列宁选集》(第1—4卷)，人民出版社，1995年版。

4. 中共中央文献研究室：《毛泽东选集》(第1—4卷)，人民出版社，1991年版。

5. 中共中央文献研究室：《邓小平文选》(第1—3卷)，人民出版社，1993年版。

6. 中共中央党史和文献研究院(中共中央文献研究室)：《习近平谈治国理政》(第1—3卷)，外文出版社，2014、2017、2020年版。

7. 中共中央宣传部：《习近平总书记系列重要讲话读本》，学习出版社、人民出版社，2016年版。

8. 中共中央宣传部：《习近平新时代中国特色社会主义思想学习纲要》，学习出版社、人民出版社，2019年版。

9. 罗荣渠：《现代化新论：世界与中国的现代化进程》，商务印书馆，2004 年版。

10. 黄楠森等主编：《有中国特色社会主义文化研究》，山东人民出版社，1999 年版。

11. 黄楠森等主编：《马克思主义哲学史》(第 1—8 卷)，北京出版社，1991—1996 年版。

12. 陈先达：《历史唯物主义与中国道路》，北京师范大学出版社，2019 年版。

13. 丰子义：《现代化的理论基础：马克思现代社会发展理论研究》，北京师范大学出版社，2017 年版。

14. 薛汉伟：《时代发展与中国特色：当代社会主义在中国的兴起》，北京大学出版社，1996 年版。

15. 李崇富、李建平主编：《科学发展观与历史唯物主义》，人民出版社，2006 年版。

16. 汪习根主编：《发展、人权与法治研究——新发展理念与中国发展权保障暨联合国〈发展权利宣言〉通过三十周年纪念》，武汉大学出版社，2017 年版。

17. 顾海良主编：《中国特色社会主义理论体系研究》，中国人民大学出版社，2009 年版。

18. 袁吉富：《和谐发展哲学初探》，人民出版社，2016 年版。

19. 孙代尧等：《协调发展研究》，高等教育出版社，2018 年版。

20. 林智钦主编：《绿色发展革命》，中国经济出版社，2018 年版。

21. 邓纯东主编：《共享发展思想研究》，人民日报出版社，2018 年版。

22. 桂世镛：《改革开放发展的理论与实践》，中国言实出版社，2018 年版。

23. 中国人权研究会：《共享发展：更好造福各国人民》，五洲传播出版社，2018 年版。

24. 中央党校哲学教研部编著：《五大发展理念——创新 协调 绿色 开放 共享》，中共中央党校出版社，2016 年版。

25. 夏春玉主编：《中国高质量发展：基于新发展理念的指数评价与比较分析》，东北财经大学出版社，2018 年版。

26. 李京文、汪同三主编：《中国经济增长的理论与政策》，社会科学文献出版社，1998 年版。

27. 何亚非：《风云激荡的世界——从全球化发展看中国的机遇与挑战》，人民出版社，2017 年版。

28. 世界环境与发展委员会：《我们共同的未来》，王之佳等译，吉林人民出版社，1997 年版。

29. 庞元正、丁冬红主编：《当代西方社会发展理论新词典》，吉林人民出版社，2001 年版。

30. 鲍宗豪、张华金等：《科学发展观论纲》，华东师范大学出版社，2004 年版。

31. 范燕宁等：《新时期中国发展观——兼与当代国外发展观的比较研究》，首都师范大学出版社，1999 年版。

32. 尹继佐：《可持续发展战略普及读本》，上海人民出版社，1998 年版。

33. 张雷声、张宇主编：《马克思的发展理论与科学发展观》，经济科学出版社，2006 年版。

34. 高鸿业、刘凤良主编：《20 世纪西方经济学的发展》，商务印书馆，2004 年版。

35. 中国 21 世纪议程管理中心可持续发展战略研究组：《全球格局变化中的中国绿色经济发展》，社会科学文献出版社，2013 年版。

36.《国外理论动态》编辑部组编：《当代资本主义生态理论与绿色发展战略》，中央编译出版社，2015 年版。

37. 北京师范大学经济与资源管理研究院、西南财经大学发展研究院：《2014 人类绿色发展报告》，北京师范大学出版社，2014 年版。

38.[印度]阿马蒂亚·森著:《以自由看待发展》,任赜、于真译,刘民权、刘柳校,中国人民大学出版社,2002 年版。

39.[美]塞缪尔·亨廷顿著:《文明的冲突和世界秩序的重建》,周琪等译,新华出版社,2010 年版。

40.[美]塞缪尔·亨廷顿著:《变化社会中的政治秩序》,王冠华等译,沈宗美校,上海人民出版社,2008 年版。

41.[美]C. E. 布莱克著:《现代化的动力》,段小光译,四川人民出版社,1988 年版。

42.[美]约瑟夫·熊彼特著:《资本主义、社会主义与民主》,吴良健译,商务印书馆,1999 年版。

43.[美]艾伯特·赫希曼著:《经济发展战略》,潘照东、曹征海译,经济科学出版社,1991 年版。

44.[美]讷克斯著:《不发达国家的资本形成问题》,谨斋译,商务印书馆,1966 年版。

45.[美]丹尼尔·W. 布罗姆利著:《经济利益与经济制度——公共政策的理论基础》,陈郁等译,上海人民出版社,1996 年版。

46.[美]施里达斯·拉夫尔著:《我们的家园——地球》,夏堃堡译,中国环境科学出版社,1993 年版。

47.[美]约瑟夫·S. 奈著:《硬实力与软实力》,门洪华译,北京大学出版社,2005 年版。

48.[美]德内拉·梅多斯等著:《增长的极限》,李宝恒译,四川人民出版社,1984 年版。

49.[美]丹尼尔·贝尔著:《意识形态的终结》,张国清译,中国社会科学出版社,2013 年版。

50.[美]印德尔米特·吉尔、霍米·卡拉斯等:《东亚复兴:关于经济增长的观点》,黄志强等译,中信出版社,2008 年版。

51.[美] 菲利普·克莱顿、贾斯廷·海因则克著:《有机马克思主义——生态灾难与资本主义的替代选择》,孟献丽等译,人民出版社,2015 年版。

52.[美]施坚雅主编:《中华帝国晚期的城市》,叶光庭等译,中华书局,2000年版。

53.[美]康威·汉得森著:《国际关系:世纪之交的冲突与合作》,金帆译,海南出版社,2004年版。

54.[美]保罗·巴兰著:《增长的政治经济学》,蔡中兴等译,商务印书馆,2014年版。

55.[美]约瑟夫·熊彼特著:《经济发展理论》,何畏、易家详等译,商务印书馆,1991年版。

56.[美]爱德华·B. 巴比尔著:《低碳革命:全球绿色新政》,彭文兵、杨俊保译,上海财经大学出版社,2011年版。

57.[美]詹明信著:《晚期资本主义的文化逻辑》,陈清侨等译,生活·读书·新知三联书店,1997年版。

58.[英]特里·伊格尔顿著:《马克思为什么是对的》,李杨等译,新星出版社,2011年版。

59.[英]戴维·佩珀著:《生态社会主义:从深生态学到社会正义》,刘颖译,山东大学出版社,2012年版。

60.[英]亚当·斯密著:《国富论》,富强译,北京联合出版公司,2014年版。

61.[英]安德鲁·韦伯斯特著:《发展社会学》,陈一筠译,华夏出版社,1987年版。

62.[英]威廉·阿瑟·刘易斯著:《经济增长理论》,郭金兴等译,机械工业出版社,2015年版。

63.[英]威廉·阿瑟·刘易斯编著:《二元经济论》,施炜等译,北京经济学院出版社,1989年版。

64.[英]约翰·汤姆林森著:《全球化与文化》,郭英剑译,南京大学出版社,2002年版。

65.[英]安德鲁·多布森著:《绿色政治思想》,郇庆治译,山东大学出版社,2012年版。

66.[英]特德·本顿著：《生态马克思主义》，曹荣湘、李继龙译，社会科学文献出版社，2013年版。

67.[英]彼得·迪肯著：《全球性转变——重塑21世纪的全球经济地图》，刘卫东等译，商务印书馆，2007年版。

68.[英]乔纳森·休斯著：《生态与历史唯物主义》，张晓琼、侯晓滨译，江苏人民出版社，2011年版。

69.[英]戴维·皮尔思、杰瑞米·沃福德著：《世界无末日——经济学·环境与可持续发展》，张世秋等译，中国财政经济出版社，1996年版。

70.[英]克莱夫·庞廷著：《绿色世界史：环境与伟大文明的衰落》，王毅等译，上海人民出版社，2002年版。

71.[德]卡尔·曼海姆著：《意识形态与乌托邦》，黎鸣等译，周纪荣等校，商务印书馆，2000年版。

72.[德]奥斯瓦尔德·斯宾格勒著：《西方的没落》，张兰平译，陕西师范大学出版社，2008年版。

73.[德]罗莎·卢森堡著：《资本积累论》，彭尘舜、吴纪先译，生活·读书·新知三联书店，1959年版。

74.[法]弗朗索瓦·佩鲁著：《新发展观》，张宁、丰子义译，华夏出版社，1987年版。

75.[法]托马斯·皮凯蒂著：《21世纪资本论》，巴曙松等译，中信出版社，2014年版。

76.[法]埃米尔·涂尔干著：《社会分工论》，渠敬东译，生活·读书·新知三联书店，2017年版。

77.[法]让·鲍德里亚著：《消费社会》，刘成富等译，南京大学出版社，2014年版。

78.[瑞典]冈纳·缪尔达尔著：《亚洲的戏剧——南亚国家贫困问题研究》(重译本)，方福前译，首都经济贸易大学出版社，2001年版。

79.Gunnar Myrdal. *Economic Theory and Underdeveloped Regions*, New York: Harper & Row, 1957.

80. Pamela S. Chasek, David L. Downie, and Janet Welsh Brown. *Global Environmental Politics*, Boulder, Colo. : Westview Press, 2005.

81. Lucian W. Pye, Sidney Verba. *Political Culture and Political Development*, Princeton: Princeton University Press, 1965.

82. John Bellamy Foster. *Ecology Against Capitalism*, New York: Monthly Review Press, 2002.

83. Rajni Kothari. *Rethinking Development: In Search of Humane Alternatives*, New Delhi: Ajanta Publications, 1988.

84. John Alwyn Mathews. *Greening of Capitalism: How Asia Is Driving the Next Great Transformation*, Stanford: Stanford University Press, 2014.

二、报纸、期刊文章

1. 黄楠森：《关于科学发展观和构建社会主义和谐社会理论的哲学思考》，《北京大学学报》(哲学社会科学版)，2007 年第 5 期。

2. 庞元正：《创新发展是实现科学发展的必然要求》，《学术探索》，2013 年第 4 期。

3. 俞可平：《科学发展观与生态文明》，《马克思主义与现实》，2005 年第 4 期。

4. 顾海良：《新发展理念与当代中国马克思主义经济学的意蕴》，《中国高校社会科学》，2016 年第 1 期。

5. 郝立新：《中国特色社会主义实践的战略布局和发展理念》，《中国特色社会主义研究》，2015 年第 6 期。

6. 肖桂清、刘玉芝：《中国特色社会主义制度体系的逻辑分析》，《马克思主义研究》，2012 年第 8 期。

7. 胡鞍钢、张新：《创新发展：国家发展全局的核心》，《中共中央党校学报》，2016 年第 2 期。

8. 袁祖社：《“五大发展理念”的理论品质与实践新境界》，《学术研究》，2017 年第 1 期。

9. 肖巍：《生态伦理学何以可能》，《复旦学报》(社会科学版)，2000 年第 2 期。

10. 何建坤等：《在公平原则下积极推进全球应对气候变化进程》，《清华大学学报》(哲学社会科学版)，2009 年第 6 期。

11. 朱步楼：《论共同富裕目标与现阶段的贫富差距》，《马克思主义与现实》，2001 年第 1 期。

12. 陈学明、罗骞：《科学发展观与人类存在方式的改变》，《中国社会科学》，2008 年第 5 期。

13. 简新华：《发展观的演进与新发展理念》，《当代经济研究》，2017 年第 9 期。

14. 刘万华：《开放发展具有丰富深刻的内涵》，《红旗文稿》，2016 年第 1 期。

15. 潘岳：《可持续发展与文明转型》，《资源与人居环境》，2008 年第 2 期。

16. 邱耕田：《以整体性思维看待发展新理念》，《光明日报》，2016 年 1 月 20 日，第 13 版。

17.《发展观的历史沿革和发展——国际上的几种发展观》，《求是》，2004 年第 5 期。

18. 崔秋灏：《论当代国外发展理论的历史嬗变与现实启示》，《生产力研究》，2009 年第 5 期。

19. 何丽君：《新形势下坚持开放发展的内在逻辑与实践路径》，《当代世界与社会主义》，2016 年第 2 期。

20. 任平、陆树程：《走向新现代性的科学发展观——对当代中国发展观变革的哲学反思》，《苏州大学学报》，2004 年第 3 期。

21. 徐春：《以人为本与人类中心主义辨析》，《北京大学学报》(哲学社会科学版)，2004 年第 6 期。

22. 黄英娜、叶平：《20 世纪末西方生态现代化思想述评》，《国外社会科学》，2001 年第 4 期。

23. 魏恩政、解芳：《人类对传统发展观的反思和新发展观的确立》，《东岳论丛》，2005 年第 3 期。

24. 李建群、刘晓勇：《西方左翼两种典型的可持续发展研究范式》，《中国人民大学学报》，2015 年第 3 期。

25. 刘福森：《发展合理性的追求》，《北京师范大学学报》(社会科学版)，2007 年第 1 期。

26. 胡大平：《作为不可能任务的现代性》，《社会科学战线》，2019 年第 3 期。

27. 赵自勇：《资本主义与现代世界——沃勒斯坦的世界体系理论透视》，《史学理论研究》，1996 年第 4 期。

28. 吴宣恭：《五大发展理念是社会主义基本经济规律内涵的深化拓宽和高度概括》，《马克思主义研究》，2016 年第 8 期。

29. 上官酒瑞：《论五大发展理念的整体性特征——一种认识论的分析》，《科学社会主义》，2016 第 4 期。

30. 王诺：《唯发展主义批判》，《读书》，2005 年第 7 期。

31. 郁建兴：《发展主义意识形态的反思与批判》，《马克思主义研究》，2008 年第 11 期。

32. 宋黔晖、黄力之：《“以人为本”：社会主义发展模式对资本逻辑的超越》，《上海行政学院学报》，2012 年第 1 期。

33. 邹升平：《创新发展中国特色社会主义政治经济学的辩证法——兼与蔡继明教授商榷》，《改革》，2016 年第 4 期。

34. 陈向义：《论国内可持续发展理论研究的局限性》，《社会科学辑刊》，2002 年第 2 期。

35. 李冉：《深刻认识和把握以人民为中心的发展思想》，《马克思主义研究》，2017 第 8 期。

36. 秦刚：《中国特色社会主义道路的价值取向》，《中国特色社会主义研究》，2016 年第 5 期。

37. [美]阿里夫·德里克著：《发展主义批判论》，朱新伟译，载王晓明等主编：《热风学术》(第七辑)，2013 年第 7 期。

38.[美]阿里夫·德里克：《重访后社会主义：反思中国特色社会主义的过去、现在和未来》，《马克思主义与现实》，2009 年第 5 期。

39.[美]罗斯·特里尔：《“四个全面”：国家治理现代化的战略布局》，《学习时报》，2016 年 9 月 29 日。

40.[德]沃尔夫冈·施密特：《中国经验值得分享》，《人民日报》，2016 年 9 月 26 日。

41. Jeffrey G. Williamson. *Regional Inequality and the Process of National Development: A Description of the Patterns*, *Economic Development and Cultural Change*, The University of Chicago Press, Vol. 13, No. 4, Part 2, Jul., 1965.

42. P. N. Rosenstein-Rodan. *Problems of Industrialization of Eastern and South-Eastern Europe*, *The Economic Journal*, Blackwell Publishing for the Royal Economic Society, Vol. 53, No. 210/211, Jun.-Sep., 1943.

43. Francois Perroux. *Economic Space: Theory and Applications*, *The Quarterly Journal of Economics*, Oxford University Press, Vol. 64, No. 1, Feb., 1950.

44. John Bellamy Foster. *Capitalism and Ecology: The Nature of the Contradiction*, *Monthly Review*, New York, Vol. 54, No. 4, Sep., 2002.

45. Costas Panayotakis. *Nature, Dialectics and Emancipatory Politics*, *Capitalism Nature Socialism*, West Virginia University Press, Vol. 12, No. 2, Jun., 2001.

46. Victor Wallis. *Beyond "Green Capitalism"*, *Monthly Review*, New York, Vol. 61, No. 9, Feb., 2010.

47. Paul Burkett. *Marx's Ecology and the Limits of Contemporary Ecosocialism*, *Capitalism Nature Socialism*, West Virginia University Press, Vol. 12, No. 3, Sep., 2001.

后　记

这本著作是北京市社会科学界联合会中国特色社会主义研究中心与北京市社会科学基金重大项目“五大发展理念的科学内涵与实践路径研究”的最终成果。

为了更好地丰富和呈现研究成果的内容，特增加了10篇附录，这些文章都是在该项目研究过程中衍生出来的，算是项目研究的阶段性成果，它们从不同角度增强或深化了我们对该项目论题的认识与理解。其中，《当代国外发展理论的历史演进及其启示》一文对当代西方国家发展思想进行了总结、梳理和评价；《牢牢立足社会主义初级阶段这个最大实际》《全面理解我国发展新的历史方位及其意义》与《关于新时代中国特色社会主义主要矛盾的理解与意义》三篇文章对新时代中国特色社会主义所处阶段与社会性质等问题进行了分析；《马克思主义是充满活力的科学思想》《马克思世界历史理论和中国改革开放发展》和《把握意识形态工作的正确方向》进一步论述了马克思主义理论的科学性与生命力；《美好生活的世界历史意义》和《以红船精神助推践行新发展理念》从另一个侧面论证了新发展理念的科学性与践行方式；《试析德里克的发展主义批判论》则从世界历史视角对发展理念、发展方式与发展目的等问题进行了反思与评析。

本书由杨生平负责内容设计、参与每一章节内容的讨论和修改，并完成统稿定稿工作。具体撰稿如下：第一章，杨生平；第二、三章，张晶晶；第四、五章，杨芳。附录中的《当代国外发展理论的历史演进及其启示》由郭馨、粟丽玉完成，其余皆由杨生平完成。另外，首都师范大学出版社罗菁编辑为本书的出版付出了大量心血，在此表示感谢！

杨生平
2020 年 7 月 10 日